FILMBIBLIOTHEK

Edgar Reitz
Drehort Heimat

Arbeitsnotizen und Zukunftsentwürfe
Herausgegeben von Michael Töteberg

Verlag der Autoren

Die Deutsche Bibliothek – CIP-Einheitsaufnahme

Reitz, Edgar:
Drehort Heimat : Arbeitsnotizen und Zukunftsentwürfe / Edgar
Reitz. Hrsg. von Michael Töteberg. – Frankfurt am Main : Verl. der
Autoren, 1993
(Filmbibliothek)
ISBN 3-88661-143-4

© Verlag der Autoren, Frankfurt am Main 1993
Alle Rechte vorbehalten, insbesondere das Recht des Nachdrucks in
Zeitschriften oder Zeitungen, des öffentlichen Vortrags, der Übertragung durch Rundfunk, Fernsehen oder Video, der Übersetzung auch
einzelner Teile.
Repros: Firma Dettloff GmbH, Pfungstadt
Gesamtherstellung: Druck- und Verlags-Gesellschaft mbH,
Darmstadt
ISBN 3-88661-143-4

Inhalt

Heimat. Ein Entwurf	9
Die Schönheit der Nebensachen *Aus dem Produktionstagebuch zu »Heimat«*	21
Die Zweite Heimat. Ein Entwurf	136
511. Drehtag *Aus dem Produktionstagebuch zu »Die Zweite Heimat«*	147
Drehort Heimat. *Ein Gespräch*	155

Anhang

Filmographie	273
Bibliographie	279
Editorische Notiz, Anmerkungen	292

Heimat. Ein Entwurf

Vorbemerkung

Die folgenden Geschichten haben jeweils Spielfilmlänge. Sie beschreiben Momentaufnahmen, keine Familienchronik. Die Chronik ergibt sich sozusagen in der Vorstellung. Sie ist die gedankliche Voraussetzung für das Zustandekommen der einzelnen Geschichten. Jede der Geschichten kann so gebaut werden, daß sie autonom ist und der vorausgehenden und nachfolgenden Geschichten nicht bedarf, um verständlich zu sein: dennoch in der chronologischen Abfolge eine Art »Deutsches 1900«.

Die Hauptfigur, Maria Simon, ist exakt an der Jahrhundertwende geboren und immer so alt wie die Jahreszahl.

Alle Geschichten spielen im gleichen Hunsrückdorf oder beziehen sich darauf. Die weltgeschichtlichen oder überregionalen Ereignisse spiegeln sich gelegentlich darin, sind aber nicht das Thema. Es geht nicht darum, ›dieses Jahrhundert am Beispiel eines Dorfes‹ zu schildern, sondern umgekehrt, die zum Teil rätselhaften, zum Teil derb-komischen, zum Teil aber auch völlig unseriösen Geschehnisse so absolut zu setzen, daß man deswegen unwillkürlich nach der übrigen Welt fragt. Es wird manche Widersprüche zum Geschichtsbild geben, vieles ist aber in einer solchen Harmonie mit der Welt, daß man sich fragen muß, warum das von den Lebenden niemand bemerkt. Weltgeschichte aus der Frosch-Perspektive, exakte Erinnerungsarbeit absichtlich planlos herstellen, das sind die Voraussetzungen für dieses Familienepos. Man darf diese Geschichten nicht verwechseln mit Familienserien.

Die Familie wird hier nicht als Vorwand benutzt, sondern sie ist eine Realität. Gerade deswegen handeln so viele Geschichten auch davon, daß man aus den Familien ausbricht, daß man sie zerstören möchte, daß man weggeht. Dem entspricht dann das sehnsuchtsvolle Motiv der Rückkehr.
Eine andere erzählerische Hauptfigur ist der heute neunundsiebzigjährige Paul Simon, über den im Sommer 1979 seine Enkelin Marlies (unverheiratet) sagt. »Der hat das ewige Leben.«

1. Geschichte

Heimat

Es ist in der Zeit unmittelbar nach dem Ersten Weltkrieg. Paul Simon, etwa 19 Jahre alt, aus französischer Gefangenschaft entlassen, kehrt in sein Heimatdorf zurück. Paul hat den Weg vom Entlassungsort im Saargebiet bis hierher zu Fuß zurückgelegt. Er trägt noch die Uniform, Lametta abmontiert, sehr zerschlissen. Am Waldrand angekommen, steht er vor dem Heimatort:
Ärmliches, für diese Gegend typisches Dorf ohne Bahnstation mit ca. 200 Einwohnern. Hier hat sich nach dem äußeren Eindruck seit Jahrhunderten nichts verändert. Von Wäldern umgeben liegen die schiefergedeckten Häuser, gruppiert um eine Kirche und umgeben von einem Fleckenteppich von kleinen asymmetrischen Feldern.
Es ist Herbst. Pauls Heimkehr wird im Dorf fast nicht zur Kenntnis genommen, obwohl jeder, der ihm begegnet, ihn kurz mustert oder ihn eines Blickes würdigt.

Das Haus seiner Eltern liegt in der Nähe der Kirche. Es sieht aus wie ein kleines Bauernhaus, eingeklemmt in eine Reihe größerer Bauernhäuser. Neben der Haustür gibt es eine Stalltür und daneben ein kleines Scheunentor. Die Dorfschmiede, die Pauls Vater gehört, besteht aus einem schuppenartigen Anbau. Ein großer Amboß steht davor, neben dem Amboß ein kleiner Misthaufen.

Die Szene der Heimkehr im Familienkreis schildert diese eigenartige Mischung von herzlichem Zusammengehörigkeitsgefühl und Armut an Ausdrucksformen dafür. Pauls Vater, der vielleicht 50 Jahre alt ist, ist ein alter Mann, seine Mutter, abgearbeitet, Mittelpunkt des Hauses, eine alte Frau. Seine Schwester Pauline, eine junge Frau mit immer entzündeten Augen. Sein Bruder Eduard war nicht Soldat, obwohl er älter ist. Er leidet an Schwindsucht. Pauls Vater ist über die Rückkehr des Sohnes besonders erfreut, weil dieser der einzige gesunde Erbe und von der körperlichen Verfassung her geeignete Nachfolger im Schmiedehandwerk ist.

Paul erhält keine Gelegenheit, sich vom Krieg zu erholen. Er wird sofort in die zu dieser Jahreszeit anfallenden Arbeiten eingespannt. Es gibt Aufträge, Fuhrwerke zu reparieren, Pferde zu beschlagen, eisernen Hausrat anzufertigen. Pauls Vater spielt mit dem Gedanken, einen Handel mit landwirtschaftlichen Maschinen anzufangen. Der kranke Bruder Eduard handelt mit Nähmaschinen, fährt mit seinem Motorrad in die Nachbardörfer, verkauft Ersatzteile und macht Reparaturen.

Das Verhältnis zwischen Paul und seinem Bruder entwickelt sich rasch – aufgrund ihres gemeinsamen Interesses für die völlig neue Rundfunktechnik. Paul hatte in seiner kurzen Militärzeit eine Funkerausbildung genossen und in diese neueste Entwicklung Einblick bekommen.

Zusammen mit Eduard fährt er eines Tages in die Kreisstadt und besorgt Bauteile für seinen ersten Rundfunkempfänger. Die beiden verbringen fast den ganzen Winter mit ihrer Bastelarbeit und dem Studium von Fachliteratur, die sie sich besorgen.

Im Dorf gibt es einen »dicken Bauern«, der mit 20 Hektar Land als reich gilt. Der Bauer Wiegand, der dadurch zur Sensation wird, daß er als erster in der ganzen Gegend ein Auto kauft. Die Entfernung seines Hofes zur Kirche beträgt eineinhalb Kilometer. Auf dieser Strecke fährt er sonntags mit Frau, seiner 18jährigen Tochter Maria und dem zehnjährigen Sohn zur Messe. Die Dorfbewohner bleiben neugierig vor der Kirche stehen, bis Wiegand kommt. Maria ist die Hoferbin, eine reiche Partie für die jungen Männer der Gegend.

An diesem Sonntag gelingt es Paul, die Dorfjugend, die vor der Wirtschaft herumlungert und die Messe schwänzt, von Wiegands Auto wegzulocken. Durch eine noch größere Sensation: Er hat in der Wohnstube sein Detektorradio mit großen Spulen und einem Drehkondensator fertiggestellt. Die Jugendlichen versammeln sich draußen vor dem Fenster, und jeder darf einmal den Kopfhörer aufsetzen, den Paul aus dem Fenster reicht. Auch der kleine Wiegand ist unter diesen Neugierigen. Als die Messe aus ist, wird Maria losgeschickt, um ihren kleinen Bruder zu holen. Bei dieser Gelegenheit sehen sich Paul und Maria zum ersten Mal. Sie setzt sich kurz auch einmal den Kopfhörer auf, muß aber dann mit dem Bruder, den sie an der Hand hinter sich herzerrt, zum Auto des Vaters. Pauls Radiobastelei ist Gesprächsthema Nummer eins geworden. Eduard, der sich als neue Leidenschaft eine Fotokamera zugelegt hat, fertigt Momentaufnahmen dieser Szenen an, in denen Dorfbewohner sich vor dem Hause Simon versammeln, mit

Kopfhörer auf den Ohren, oder um als neuester Entwicklung einem großen Trichterlautsprecher zuzuhören, der ebenfalls im Fenster aufgestellt wird.
Paul trifft bei seinem Vater auf Unverständnis, als er ihm eröffnet, daß er mit dem Bau von Radioanlagen eine neue Erwerbsmöglichkeit aufbauen möchte. Die ersten Aufträge werden auch schon an ihn herangetragen. Er soll einen Empfänger für den an allem Neumodischen interessierten Bauern Wiegand bauen. So kommt Paul in Wiegands Haus. Eine Arbeit, die er nur an Sonntagen machen kann, und da die Zeit nicht reicht, bastelt Paul bis spät in die Nacht. Maria versorgt ihn nachmittags mit Kuchen, abends mit Resten vom Abendessen der Familie und läßt sich von Paul die Funktion des Detektors und der anderen Bauteile erklären. Die Sache fasziniert sie wegen der Rätselhaftigkeit der unsichtbaren Vorgänge. Sie wacht im Morgengrauen auf, als erste im Hause, und findet den übernächtigten Paul Montag früh mit fahlem Gesicht und dem fertigen Gerät vor. Paul berichtet ihr, daß er in dieser Nacht einen Mann in London husten gehört hat. Ein unglaubliches Erlebnis und für Paul ein sensationeller Erfolg, was die Fernempfangsleistung angeht.

Paul ist nicht der geschäftstüchtige Typ, der ein Gerät baut und verkauft, sondern ein leidenschaftlicher Bastler, der nie fertig werden kann und infolgedessen noch lange im Hause Wiegand ein- und ausgeht, um dieses Gerät immer weiter zu perfektionieren. Es gelingt dem alten Wiegand vorerst gar nicht, selber mal Radio zu hören. Paul baut die beste Hochantenne zwischen Hausgiebel und Birnbaum und ist jetzt in der Lage, nachts heimlich zusammen mit Maria aufregende Fernempfangserlebnisse zu haben. Dabei werden die beiden ein Liebespaar.

Durch Marias kleinen Bruder wird diese Idylle zum Drama. Er lauert den beiden eines Nachts auf und verrät sie. Der alte Wiegand wirft Paul hinaus. Der Kontakt zwischen den beiden Familien wird abgebrochen.
Pauls Vater sieht in diesen Ereignissen die Chance, seinen Sohn endlich wieder von den Spinnereien zurückzuholen in den traditionellen Handwerksbetrieb. Die Liebenden verhalten sich nach außen hin gehorsam, heimlich finden sie aber Möglichkeiten, den Kontakt aufrechtzuerhalten, wenn auch unter entsetzlichen Strafandrohungen. Der alte Wiegand hat sich eine Ehe zwischen seiner Tochter und dem Sohn des reichsten Bauern im Nachbarort ausgedacht. Diese Verbindung wird auch bereits nach außen hin dokumentiert: bei einer Tanzveranstaltung auf der Kirmes und durch gegenseitige Familieneinladungen.

Paul findet Verständnis und heimliche Hilfe bei seiner Mutter, die ihn gegenüber dem Vater deckt, wenn er sich mit Maria nächtens im Garten für fünf Minuten trifft. Es werden Überlegungen angestellt, miteinander in Funkkontakt zu bleiben, ein Plan, der unrealisierbar bleibt.

Pauls Bruder Eduard hat sich in diesem Sommer auf einem seiner Motorradausflüge in der Kreisstadt an einer nationalistischen Aktion gegen die französischen Besatzungstruppen beteiligt. Da er denunziert worden ist, wird er verhaftet und in Alzey in der Pfalz in ein Gefängnis gesperrt. Paul und sein Vater machen mit den Fahrrädern einen Besuch im Alzeyer Gefängnis und finden dort Eduard in einem so schwerkranken Zustand vor, daß er sofort in einem Krankenhaus untergebracht werden müßte. Vater Simon ist wochenlang beschäftigt mit seinen Bemühungen, den Sohn aus dem Gefängnis frei und in die richtige ärztliche Behandlung zu bekommen. In dieser Zeit erfährt Paul, daß Maria schwanger ist. Über der Familie droht außer der schon vorhandenen Not auch noch der Skandal.

In dieser Situation erweist sich Pauls Mutter als eine für ihre Verhältnisse erstaunlich unabhängige und umsichtige Person. Sie wagt es als einzige, den despotischen Wiegand mit dem Problem vertraut zu machen.

Aber es gibt keinen glücklichen Ausgang. Maria wird aus dem Elternhaus vertrieben und enterbt. Pauls Mutter sorgt dafür, daß Maria im Hause Simon leben kann.

Es ist gelungen, Eduard in einem Sanatorium unterzubringen. Paul und Maria besuchen ihn dort. Eduard, der nicht mehr lange leben wird, trägt beim gemeinsamen Spaziergang im Sanatoriums-Garten einen dandyhaften Anzug nach der neuesten Mode der zwanziger Jahre mit Strohhut und weiße Lackschuhe mit Gamaschen und Spazierstock. Es wird ein Foto angefertigt. Die schon sichtbar schwangere Maria hakt sich bei Eduard ein.

An diesem Sonntag hat Marias kleiner Bruder heimlich das vom alten Wiegand in der Wut zertrümmerte Radiogerät auf dem Boden versteckt.
Während die anderen in der Kirche sind, versucht der Junge, das Radio in Gang zu bringen und experimentiert mit den elektrischen Drähten herum. Durch Funken, die dabei entstehen, entzündet sich das Heu. Der Junge, mit Kopfhörern auf den Ohren tief versunken, bemerkt erst sehr spät, was passiert ist – er ist schon vom Feuer eingeschlossen. In seiner Panik rennt er einfach los. Noch mit den Kopfhörern auf dem Kopf und mit qualmender Jakke erscheint er im Kuhstall und wird dort von einem Knecht in Empfang genommen. Die Scheune steht in Flammen. Beim Eintreffen der Nachricht rennen die Leute aus der Kirche. Es gelingt, das Wohnhaus zu ret-

ten, aber Scheune und Stall brennen ab. Der völlig verstörte Junge, der immer noch die Kopfhörer aufhat, wird aufgegriffen und zu seinem Vater gebracht. Der alte Wiegand benutzt diese Gelegenheit – beim Anblick der Kopfhörer –, noch mal alle Schuld an seinem Elend seiner Tochter Maria und vor allem Paul zu geben.
Bei ihrer Rückkehr ins Dorf werden Paul und Maria von Dorfbewohnern gewarnt. Der alte Wiegand ist verschwunden, und man sagt, er habe eine Axt mitgenommen. Man bangt um Paul und Maria. Die beiden werden über Nacht im Hause Simon versteckt. Dort gibt es die ganze Nacht Zank und Streit mit dem alten Simon, der in seiner Aufregung Paul und Maria aus dem Hause verbannt.

Auf Betreiben von Pauls Mutter wird das Liebespaar in den Marktflecken M. gebracht. Nach einer bescheidenen, unauffälligen Hochzeit wohnen die beiden in einem Zimmerchen, das Pauls Tante zur Verfügung stellt, bis das Kind geboren wird. Der kleine Junge erhält den Namen Anton. Paul ernährt sich und Maria, indem er anstelle seines kranken Bruders Eduard als Vertreter von Singer-Nähmaschinen über die Dörfer fährt – wobei er sein Heimatdorf meidet.
Er und Maria haben aber in zunehmendem Maße das Verlangen, in das Heimatdorf zurückzukehren. Sie wollen ihr Kind der Familie zeigen, und Paul ist auch mit seiner Vertretertätigkeit unglücklich. Eines Tages wagen sie zum ersten Mal, in ihr Dorf zurückzukehren.
Paul, Maria und das Kind stehen am gleichen Waldrand, an dem Paul stand, als er aus dem Krieg zurückkehrte. Sie sehen ihr Heimatdorf in dem kleinen Tal liegen. Dort läuten die Glocken.

Anmerkung zum ersten Teil

Atmosphärisch geht es darum, das Leben in einem kleinen deutschen Dorf zu schildern, das in der Mentalität und den Lebensgewohnheiten noch archaische Züge trägt. Gleichzeitig rückt diese Existenzform in Distanz durch die neue Erfindung des Radios. Die Beschäftigung mit diesem damals vollkommen neuen technischen Bereich muß sehr ernst genommen werden. Nur so zeigt sich die subtile Komik der Ereignisse, die diese Radiobeschäftigung auslöst. Was hier gemeint ist, ist wirkliche Vertiefung und nicht ein Spiel mit diesem technischen ›Oldtimer‹. Die Liebesgeschichte und die kuschelige Wärme im Heimatdorf entstehen durch den innigen Charakter von Pauls Mutter. Beide sind eher kritische, nicht an den Traditionen hängende Menschen und verkörpern trotzdem das Heimatgefühl, das es sonst nur noch in der Totalen gibt: im Anblick des Dorfes, vom Waldrand her gesehen. Die Beziehungen der Dorfbewohner untereinander sind ansonsten erstaunlich kühl, fast grob. Der rigide Familienzusammenhalt ist in der armen Gegend bestimmt durch ökonomische Interessen.
Bei der Ausführung der Geschichte wird noch mehr die Rede sein von der Armut des Landstrichs, von der Arbeit der Menschen, von der Rolle der Kirche und von der Angst, die im sexuellen Bereich herrscht. In den Dialogen wird auch der Erste Weltkrieg präsent sein in dem Maße, wie ihn die Landbevölkerung erlebt hat. Die auch hier spürbare Gegenwart der französischen Besatzung im Rheinland wird in die Geschichte integriert. Es bleibt nicht nur bei der Episode, die zur Inhaftierung von Eduard führt. Bei der Entwicklung der wirtschaftlichen Lage spielt auch die Inflation eine Rolle, die im zweiten Teil ihren Höhepunkt erreicht. (Problem, die Sanatoriumskosten für E. nicht aufbringen zu können ...)

Die Krankheit Eduards soll auch dargestellt werden als Hinweis auf den schlechten Gesundheitszustand dieser Landbevölkerung als Ergebnis einer Umbruchssituation. Ein Naturzustand ist zerbrochen, eine Aufklärung nach dem Wissensstand des 20. Jahrhunderts hat aber nicht stattgefunden. Alle diese Menschen warten im Grunde auf ein Ereignis, das ihnen eine neue Perspektive gibt. Dieses Ereignis kann nur von außen kommen.

Das private Glück wird in einem sehr deutschen Sinne verstanden, es heißt: eine Heimat und ein Zuhause haben.

Die Schönheit der Nebensachen
Aus dem Produktionstagebuch zu »Heimat«

24. September 1980
Ich erinnere mich plötzlich, was das für ein Körpergefühl ist. Diese schwere Mühle auf das Stativ zu heben. Den Schwenkkopf zu lockern und dieses phantastische Gewicht auf dem verchromten Schwenkhebel zu spüren. Die Arretierungen des Schwenkkopfes (verchromte Hebel) erzeugen ein metallisches Schlaggeräusch, wenn man sie lockert, die alte Fahrspinne mit den Gummirädern, auf der wir uns auf den Gängen des Frankfurter Polizeipräsidiums bewegt haben 1965, dann in dieser Hamburger Wohnung mit dem alten Parkett-Fußboden mit einer kleinen Holzstufe, die zu der Fensternische emporführte. Mein geliebtester Kamera-Standpunkt in »Mahlzeiten«. Dieses vielflächige Altbaufenster mit dem Blick in die Hamburger Straße hinab, wo jeden Tag die Funkstreife vorbeifuhr. Einmal haben wir durch das Fenster gefilmt, wie man gegenüber mit der Ambulanz einen todkranken Mann abgeholt hat. Die Fensterscheiben waren beschlagen von der Feuchtigkeit, die unsere Aufregung hervorgebracht hatte, und Elisabeth, die haßgeliebte Hauptfigur, mußte ein Herzchen in das Kondenswasser an der Scheibe malen und mit dem Finger darunterschreiben »Ich liebe dich«.
Das alles mit der schweren Blimp-Kamera. Reaktionen, die Sekundeneinfälle zu verwirklichen hatten.
Heute drehen sie alle mit der BL-Kamera, wollen, wenn sie Spielfilme machen, so schnell sein wie die Fernsehteams, wollen trotzdem nicht wie das Fernsehen sich verhalten.
Ich habe neulich Alexander Kluge gesagt, unsere Blimp-Kamera ist wirklich überholt inzwischen. Wir sollten

mit der Zeit gehen und eine BL anschaffen, eine gute Investition!
Auf der Photokina habe ich gesehen, daß sie bei ARRI schon wieder eine neue BL 3 anbieten: »Noch leichter, noch leiser.« Dann gibt es die neue Movie Cam aus Wien. Ein feinsinnig netter, fröhlich blickender Glatzkopf, der Herr Bauer aus Wien, Konstrukteur eines elektrischen Wunderwerks für 200.000,- DM.
Beinahe hätte ich die Kamera gekauft mit den Gefühlen, mit denen ich mir einen BMW gekauft hätte. Aber auf dem Rückweg im Auto (meine alte DS, zwölf Jahre alt, wird bei der Produktion ihr 13. Jahr erleben) habe ich gemerkt, daß ich einen Fehler begehen würde, und dann habe ich mit Alexander Kluge beschlossen, gerade jetzt die alte BL 2 zu kaufen, die beste Kamera von gestern.
Und jetzt beginnen wir zu drehen und kaufen gar nichts, sondern nehmen die klapprige, alte, saumäßig schwere Blimp.
Solche Entscheidungen ergeben sich aus den Verhältnissen. Der Kopf will immer noch ganz woanders hin, aber die eigene Vorgeschichte steuert viel stärker.
Hier soll ein fast 15stündiger Film entstehen, der eine Erinnerung an die eigene Kindheit und darüber hinaus an die Zeit vor der eigenen Geburt ist. Was für eine Logik, daß man da plötzlich gezwungen wird, die älteste Kamera seines Lebens zu benutzen. Was wir mit dieser Kamera tun können: Wir können das meiste, worauf heute Wert gelegt wird, nicht!
Wenn wir mit dem Rücken zur Wand filmen in kleinen Räumen, füllt die Kamera das halbe Zimmer. Wir sind »näher drauf« als man möchte. Ein extremes Weitwinkel-Objektiv paßt nicht in den großen Kasten hinein. Wir können nicht schnell aufbauen oder schnell an einen anderen Ort gelangen. Aber: Während die Mühle aufgebaut wird, haben wir viel Zeit mit den Leuten zu sprechen, wir können in aller Ruhe unser Licht bauen, da

wir ja ohnehin nicht schnell sein können. Alles, was wir filmen, ist schon Vergangenheit, schon Rekonstruktion, schon Inszenierung, wenn wir es drehen können. Wir sind immer hinter den Ereignissen her, haben also immer die Aufgabe, in den Bildern zu erzählen, was geschehen ist, und nicht das, was geschieht. Alles rückt in die Vergangenheitsform, alles wird Geschichte, selbst wenn es nur die kleine Erinnerung an die vergangene Viertelstunde ist. Eine solch große Kamera aus den Anfangsjahren zwingt uns zu erzählen.
Etwas in Erfahrung bringen, ist der eine Vorgang, er spielt sich in unseren Köpfen ab, etwas filmen, ist der andere Vorgang, er spielt sich durch Bewältigung der Technik und durch Nachinszenierung ab.
Sind nicht früher alle Dokumentarfilme so gemacht worden? Filme wie »Männer von Aran« oder »Louisiana Story« sind so unendlich verschieden von dem, was das Fernsehen heute Dokumentarfilm nennt.
Ein absurder Gedanke, vor unserer großen Kamera ein Interview abzuziehen. Als könnte irgendjemand das verkörpern, was hier Berichterstattung heißt. Kein Interviewer, auch nicht der Regisseur, ist identisch mit diesem erzählerischen Ich, das im Bauch unserer alten Blimp-Kamera lebt. Ein Stück Filmgeschichte, ein Stück unserer eigenen Geschichte, die nicht nur meine Geschichte ist.

31. Oktober 1980
Es scheint für das Gelingen eines Films entscheidend zu sein, daß diejenigen, die ihn machen, das Werk nicht zu sehr wollen, nicht zu sehr den Mittelpunkt ihrer gedanklichen Absichten fixieren. Es geht darum, daß man die Randaufmerksamkeit behält.
Wille, Willenlosigkeit, Loslassenkönnen, die Dinge schleifen lassen können, in der Lage sein, das, was man tut, als Nebenwerk zu empfinden: Nicht der Wille, nicht

die Anstrengung macht uns fähig, etwas zu leisten, sondern unser Können und unser geistiger Horizont.
Der bildet sich aber nicht bei der aktuellen Gelegenheit, nicht, wenn wir uns in der Arbeit Leistung abverlangen. Wir können miteinander nur so gut sein, wie wir schon sind, wenn wir beginnen mit der Arbeit. Wenn wir uns entspannen und nicht anstrengen, wird das herauskommen, wozu wir fähig sind. Es ist aber sicher, daß wir durch Anstrengung, durch Willensaufbietung und durch Fixierung auf das, was gerade unser Pensum ist, unsere Leistungsfähigkeit vermindern.
Die Dreharbeiten zum »Schneider von Ulm« hatten vor allem den Fehler, daß die Beteiligten, der Kameramann, der Ausstatter, der Hauptdarsteller, die Kostümdame oder ich als Regisseur, daß wir alle von uns verlangten, ein zentrales Hauptwerk hervorzubringen. Jeder von uns starrte seine eigene Tätigkeit an als etwas, was in optimaler Weise geleistet werden mußte. Alle erwarteten auch innerhalb ihrer eigenen Sparte ein Spitzenwerk.
Das Ergebnis war, daß wir völlig unempfindlich wurden für das, was am Rande passierte, für die vielen kleinen inspirierenden Ereignisse, Erlebnisse, Vorgänge außerhalb der inszenierten Bildgrenzen und die kleinen Regungen in den Gesichtern der Nebendarsteller, der Komparsen.
Anstrengung macht blind, Konzentration auf einen bestimmten gewollten Inhalt macht blind für die Ästhetik der Nebensachen. Es ist auffällig, daß Bilder, in denen kein Sinn enthalten ist, von großer Schönheit sind.
Ein Beispiel, das mir auch bei unserer Mustervorführung gestern in Simmern auffiel: Es gibt eine Sequenz, in der sieht man am Eingang des Hahn-Air-Base in Lautzenhausen den Peter mit seinem weißen Opel Admiral ankommen. Er umfährt das Rondell. Im Hintergrund startet ein Düsenjäger. Peter fährt zu der Würstchenbude, dort steigt er aus, kauft sich ein Würstchen. In der

Würstchenbude: Alfred und Frau Rabe, die sich beide nach ihm umdrehen, hinausgehen, in das Auto von Frau Rabe steigen und dann zum Schlagbaum vor dem Air-Base-Gelände fahren. Diese Sequenz hat Spielfilmcharakter, die Bewegungen der Personen, die Bilder sind unglaublich leer, und von dieser Leere geht Faszination aus. Keine Geste, keine Bewegung, kein Wort das hier gesprochen wurde, hat einen Sinn, nichts transportiert einen gedanklichen oder abstrakten Inhalt, alles ist nur Bewegung, Luft, Raum, nur das Außen ist zu sehen und ist schön.
Sinnlose Bilder sind leere Bilder.
Sie entstehen dort wo man kein »Thema« verfilmt.
Unsere Absicht war es damals, den Flughafen Hahn zu porträtieren. Frau Rabe, die Pressesprecherin des Flughafens und Alfred, der Sportmasseur aus dem amerikanischen Freizeitcenter, sie sollten uns einführen in die Verhältnisse und sollten Beispiele werden für deutsche Arbeitnehmer bei den Amerikanern. Hier in dieser Sequenz aber tauchen sie nur auf, begeben sich nur von dem einen Ort zum anderen, bewegen sich nur, blicken, bemerken einen anderen Menschen, der ankommt, sein Würstchen ißt.
Dies ist weniger als eine Einleitung. Es sollte nur eine räumliche Begegnung zwischen der einen Figur und den neuen Figuren sein; aber auch dazu war es nur die Einleitung.
Es gibt eine Schönheit der Nebensachen im Film.
Was haben wir früher erlebt, wenn wir mit den Freunden in Ulm drehten, wenn wir bereit waren, die Kamera umzudrehen, das abzubilden, was hinter der Kamera oder neben der vorbereiteten Szene sich ereignete. Schönheiten, humorvolle Szenen und ganz unerwartete, unglaubliche Gesichter mit unglaublichem Ausdruck. Sobald man all diese Entdeckungen zum neuen Thema erhebt, versucht, dieses Thema zu vertiefen, also zur

neuen Hauptsache zu machen, verlieren sie die Schönheit, werden bösartig nah, verlieren ihre Poesie und werden begreifbar.
Die neue Hauptsache ermöglicht neue Nebensachen.
Das könnte eine Dramaturgie werden.
Welche Dramaturgie?
Die Dramaturgie des menschlichen Auges, des menschlichen Hirns. Wir wissen ja von unseren Augen, daß sie in den Randbezirken der Netzhaut viel weniger Nervenenden enthalten, daß also Dinge, die am Rande der Netzhaut abgebildet werden, weit weniger deutlich aufgelöst werden. Sie werden mit viel weniger Einzelinformationen ans Hirn übermittelt als die zentral abgebildeten. Aber gerade deswegen hat sich das Hirn darauf eingestellt, diese Randinformationen aus unserem Gesichtsfeld zu verstärken, große Aufmerksamkeit auf die Randwahrnehmung zu werfen. Möglicherweise, weil unseren Vorfahren von den Rändern des Gesichtsfeldes her immer wieder auch Gefahr drohte. Die willentliche Aufmerksamkeit ist nicht auf die Ränder zu lenken. Eine Verstärkertätigkeit im Hirn ersetzt das Bewußtsein, Randereignisse werden so verstärkt, daß wir schnell und reflexartig darauf reagieren und handeln, ehe wir begriffen haben.
Alexander Kluge erzählte mir kürzlich, daß Indianer die Angewohnheit haben, sich direkt von vorn anzuschleichen, genau von dort, wo der Feind hinsieht. Dort ist die Erregbarkeit des Gegners am geringsten, obwohl die willentliche Beobachtung in dieser Richtung am größten ist.
Das liegt daran, daß die deutliche, bewußte Abbildung im Hirn ohne Verstärkung stattfindet.
Möglicherweise ist eine Dramaturgie der Nebensachen eine Dramaturgie, die diesem physiologischen und psychologischen Zusammenhang Rechnung trägt.
Wir leben in zahllosen Lebensumständen mit Randereignissen, Angebote an die Randwahrnehmungen. Den

Randwahrnehmungen zu folgen und immer von der Hauptsache auf die Nebensache zu springen, das könnte ein dramaturgisches Konzept werden, um von den Theorien, von der gesellschaftskritischen Rechthaberei wegzukommen.
Richtig ist diese Erkenntnis sicher auch für den Umgang im Team oder mit dem Team. Die Teams sollten nicht, wie das Team vom »Schneider von Ulm«, sich selbst als Hauptsache setzen oder die jeweilige Tätigkeit als Hauptsache willentlich fixieren.
Entspanntheit und Offenheit sind wichtige Voraussetzungen.
Leute, die nichts besonderes erwarten, die an den Ort des Geschehens kommen mit dem, was sie gelernt haben, ohne daß sie von dieser momentanen Tätigkeit einen Höhepunkt im Leben erwarten, die sich einfach nur mit der Aufgabe im ganz alltäglichen Sinne konfrontieren, die nicht auch noch den Willen in sich tragen, eine große Harmonie und begeisterte Umarmungsstimmung füreinander zu produzieren, sondern die nichts erwarten, die leer und entspannt zusammenkommen, vielleicht ist ein solches Team, das außerdem unterbesetzt sein sollte, das zum Experimentieren gezwungen sein sollte, die beste Kraft, produktiv etwas Neues zu schaffen.

1. November 1980
Thema Ambivalenz

Beim Schreiben der Drehbücher haben wir versucht, möglichst lebendige, von ihren eigentümlichen Erfahrungen geprägte Menschen zu zeigen. Nun kann ich mich hier wieder auf die Anschauung stützen, mich an das erinnern, was ich als Kind gesehen habe. Oft ist es der Gestus, ist es die Stimme, ein bestimmtes schrilles Lachen, die Art und Weise, in der Leute von einem Thema zum anderen springen. Es sind auch Beobachtungen

der eigentümlichen Nervosität oder der Ausstrahlung von Ruhe und Wärme, die einzelne Menschen haben. Ich versuche zu portraitieren, ohne mir vorher einen Begriff zu machen. Das ist keine analytische Arbeit, eher eine Art Imitation. Was mich immer fasziniert hat, ist die unverwechselbare Eigentümlichkeit gewisser Leute im Hunsrück; kurz davor, Dorforiginale zu sein, gerade noch an das Verhalten der Familie oder der anderen Gäste im Gasthaus angepaßt. Es ist also das Individuelle, das Einmalige an den Leuten, was mir den Eindruck von Lebendigkeit gibt. Was die Leute an Ansichten äußern, interessiert mich meist weniger als die Aufgeregtheit und die Bewegung der Arme, der Gesichter, die so etwas begleitet. Darin scheint das Leben zu stecken. In den Ansichten und Meinungen äußern sie meist nur die Mühe, sich zu schützen. Es scheint gefährlich zu sein, mit seinen Gefühlen nackt vor den Mitmenschen zu stehen.
So ähnlich wollte ich die Geschichte erzählen in »Heimat«: Leben in Bewegungen, indem man seine Stimme erhebt, indem man einfach losrennt etc., das alles im Kontrast zu den Zeitereignissen, zu denen die Menschen eigentlich keine Beziehungen aufnehmen können.
Weder die Inflation von 1923, noch der Boom von 1927, noch die staatlich angeheizte Weihnachtszeit 1935, ja nicht einmal der Krieg, werden treibende Kräfte für dieses Leben. Man verhält sich allen diesen Zeitereignissen gegenüber nie angemessen. Oder wie ist das mit dem Mitmachen?
Die Figuren eindeutig zu lieben oder zu hassen, mißlingt, und ich bin ihnen gegenüber dennoch nie gleichgültig. Ich erinnere mich, daß ich als Kind unter diesen Menschen gelebt habe und daß ich heute auf meine Weise auch so bin: Jemand, der liebenswert und hassenswert in einem ist, dennoch als Partner möglich. Sobald ich den Gefühlen eine eindeutige Richtung geben will (was

mich vielleicht glücklicher machen würde, wenn es gelänge), werden aus der Partnerschaft (auch aus der filmischen Beobachtung) sofort viele Eigenschaften ausgeschlossen. Wer kann sagen, daß er seine Mutter nur liebt oder nur haßt? Wer kann schon sagen, daß das, was er gern beobachtet, was ihn beim Hinsehen aufregt, ein eindeutiges Gefühl in ihm weckt, das so simpel ist wie Haß oder Liebe? In der Praxis gelingt so etwas in Momenten, aber nie dauernd.
Der von Alf Brustellin aufgestellte »Antiflopkanon« fordert Eindeutigkeit der Gefühle. Wenn ich die Filmgeschichte betrachte, so gibt es genug eindrucksvolle (erfolgreiche) Filme, die tatsächlich mit solchen eindeutigen Figuren arbeiten. Helden und Schurken, Liebhaber, Betrüger, Kinder, Eltern, die sie verlassen, etc. Märchen sind nicht realistisch. Sind Märchenfiguren Porträts von lebenden Menschen? Sicher nicht, bestenfalls geben sie einzelne Eigenschaften wieder und verkörpern sie. Gewiß gibt es diese Sehnsucht nach Eindeutigkeit der Gefühle, sicher ist auch die Realität, die uns dies immer wieder nicht bietet, oft quälend, aber sie ist unsere einzige Erfahrung, und nur aus der Erfahrung können wir zwischen Ideen und Wirklichkeit unterscheiden. Ideenträger sind Märchenfiguren.
Sicher ist, daß »Heimat« in keinem Sinn als Märchen geplant ist. Dennoch bleibt bei dieser Diskussion ein Bedürfnis übrig, noch im Rahmen des Möglichen und solange dies nicht zum Märchen hinführt, die Gefühle zu sortieren.
Ich möchte bei der Bearbeitung der Bücher eindeutiger entscheiden, welche Figuren zumindest beim Machen geliebt werden und welche nicht. Dies alles bezieht sich nicht auf die Sorgfalt und die Liebe beim Erzählen, eine Einstellung, die auch einem Schurken gegenüber schön ist.

24. Januar 1981
Schon wieder eine Begegnung mit der internationalen, also der amerikanischen Ästhetik. Sie ist der eigentliche Terror.

Es heißt ja, daß die deutschen und überhaupt die regionalen Themen inzwischen gut verkäuflich seien, die Amis seien aufmerksam auf den deutschen Film geworden, aber sie nehmen uns die deutsche Machart übel. Das wollen einige Leute ändern. Wenders, Schlöndorff lernen das inzwischen. Man vergleiche die »Reise nach Wien« mit der »Blechtrommel«! Der wesentliche Unterschied liegt in der Machart. Show-Business-Regeln angewendet auf unsere Erinnerung. Was ist das? Das ist der tiefste Verlust, der Verlust der eigenen Sprache. Gerade jetzt, im Augenblick des Erfolges, verlieren wir die Identität, die Heimat wird zum letzten Mal und dafür ganz enteäußert. In die internationale Konkurrenzsprache, das Amerikanische, übersetzt, so wird sie vermarktet. Ich beginne zu begreifen, was das ist, wenn ich durch den Hunsrück streife.

Der Dokumentarfilm »Geschichten aus den Hunsrückdörfern« zeigt die Leute, die dort leben, die die Heimat (noch) nicht verlassen haben. Die Serie wird zeigen, daß fast alle weggehen, die Heimat verlassen.
Was ist der Unterschied zwischen Leuten, die die Heimat verlassen und denen, die dort bleiben?
Als Kinder sind sie noch ziemlich gleich. Man lebt in einer Welt, in der alles schon vorhanden ist, womit man zurecht kommen muß, wenn man ein Handwerkerkind ist, wie ich. Das Ziel aller persönlichen Anstrengungen ist, Anerkennung und Achtung, vielleicht sogar Liebe bei denen zu erwerben, die man täglich vor sich sieht, der Familie, den Nachbarn, dem Dorf, den Leuten, mit denen das Dorf in anderen benachbarten Dörfern ver-

kehrt. Das sind die Orientierungen. Dies alles sind feste, kaum fluktuierende Verhältnisse.

Bei den Bauern kommt hinzu, daß sie sich seit Generationen an bestimmten Orten befinden. Es wäre für den Bauern absurd, unvorstellbar, woanders als dort zu leben, wo man seine Äcker hat, wo das Haus steht, wo die Familie lebt, die zur Hilfe bei allen Arbeiten und Aktivitäten verpflichtet ist. Was man sät und pflanzt, gedeiht nur so gut, wie es die Natur zuläßt, wie es der Zeitpunkt zuläßt, zu dem gesät wird. Und diese Natur ist nur hier und nur an diesem Ort und nur in diesem Jahr so, wie sie sich zeigt. Manchmal friedvoll, der Feldfrucht gewogen, manchmal bösartig gegen den Bauern gerichtet. Ob man in einem fruchtbaren, milden Land lebt oder in rauhen, wechselhaften Gegenden wie dem Hunsrück, das ändert nichts an diesem unveränderbaren Zustand. Der Bauer lebt gebunden an Ort und Zeit ohne jede Wahl. Das gilt für ihn auch dann noch, wenn er Kunstdünger, Insektizide und Maschinen einsetzt. Was er noch aus persönlichem Antrieb tun kann, ist, seinen Fleiß, seine Kenntnisse anwenden, die Geduld, die er aufbringt. Letztlich muß er zusehen, wie es wächst, die Familie muß zusehen, wie man sich abmüht mit dem, was man besitzt, ererbt oder hinzuerwirbt an Vieh, Land, Gebäuden etc., die Ernährung der Angehörigen, das richtige Wirtschaften und die Vermehrung der Erträge sind zunächst etwas, was traditionell getan wird. Wenn man persönlich noch etwas mehr tun will, tut man das im Hinblick auf die Gemeinschaft, in der man lebt. Durch Fleiß und Bedacht erwirbt man Achtung und Anerkennung. Die einzigen Werte, die man versteht und auf die man sich beruft, sind der Hof, das Land, der Besitz an Maschinen, Hilfsmitteln, vor allem aber die Familie und ihre Arbeitskraft. So definiert der Bauer auch Reichtum. Ein »dicker Bauer« ist einer, der viel von alledem besitzt.

Nie könnte ein Bauer denken, daß er auf all dies verzichten könnte. Zumindest nicht, wenn er Bauer bleiben will. Und weil es das nicht gibt, denkt er auch nicht über sich selbst als Person nach in dem Sinne, wie es die Städter tun, daß er sich fragt, was bin *ich* wert?
Was die alte Kultur der Bauern und Handwerker hervorbrachte, entsprach den Lebenszusammenhängen der jeweiligen Region. Tätigkeiten, die bezogen waren auf andere, die man unmittelbar kannte, die Familien, das Dorf, die Nachbarschaft. Alles spielte sich an einem Ort ab. Man stellte nicht die Frage, ob es richtig ist, hier zu leben, sondern man gestaltete den Ort unbewußt. Kultur ist hier gemeinsame Sprache, gemeinsamer Gestus. Wenn hier etwas Neues erfunden, etwas Schönes gemacht, veranstaltet oder sogar gefeiert wird, weiß man, wem zuliebe man es tut, wessen Achtung man braucht, um leben zu können. Dabei bleibt es völlig gleichgültig, ob das außerhalb des Lebensraumes noch verstanden oder geschätzt wird. Diese Kultur ist so vielfältig wie die Dialekte, die gesprochen werden, die es ja auch nur geben konnte, weil die anderen Gegenden, die andere Dialekte sprechen, fast gleichgültig sind. Da sprechen die Häuser, die Gebrauchsgegenstände, die Kleidung und Umgangsformen, die Tänze, die Feste, die Lieder, die Arbeitsmethoden, die Bilder, die Geschichten, die man erzählt, alle sprechen sie Dialekte.
Ein armer und ein reicher Bauer unterscheiden sich in der Hinsicht kaum voneinander. Sie unterscheiden sich nur in dem Bewußtsein von ihrem Besitz, der sichtbar größer oder kleiner ist. Es ist die größere Ackerfläche, der größere Hof, sonst ist alles gleich. Arm und reich ist nicht das gleiche Problem wie in den Städten. Es gibt Regeln, die »Sach«, wie man im Hunsrück sagt, nicht zu gefährden durch falsche Heirat, mißratene Kinder etc. Ist einer geizig, schrullig oder bösartig, macht das nichts, solange er seine Arbeit auf dem Hof in der traditionellen

Weise tut und im Dorf noch nützlich ist. In diesem Milieu und in solchen festen Orientierungen sind die bäuerlichen Kulturen überall auf der Erde entstanden. Was hier im Zusammenwirken zwischen bäuerlichem Leben und dörflichem Handwerkerleben entstanden ist, ist für viele deutsche Landschaften entscheidend. Sie spricht ihre eigene Sprache und ist nur dort verständlich, wo sie gesprochen wird. Diese Kultur ist die ältere, aber auch die gefährdete.

Wenn einer aus diesem Milieu weggehen will, wird ihm als erstes klar, daß er nichts von all dem mitnehmen kann, was das Lebensgefühl des Bauern und seiner Familie ausmacht. Ort, Hof, Felder, Wissen vom Umgang mit dieser Erde, diesen Menschen, Freund und Feind, alles was Lebensinhalt war, kann man nicht mitnehmen. Sie müssen mit verlassen werden. Was kann einer, der weggeht nun überhaupt noch mitnehmen? Was gibt ihm die Hoffnung aufs Überleben? Es gibt nur eine Antwort: Er sieht die Chance zum Überleben *in sich selbst*. Er ist gezwungen, sich selbst als Wert zu setzen, in sich selbst eine Energie oder eine Ware zu sehen, die man in der Welt verkaufen kann, um davon zu leben. Die vielen Bauernsöhne und -töchter, die die Dörfer verlassen haben, weil die Höfe die vielen Kinder nicht ernähren konnten, mußten so denken, mußten als Arbeiter in der Industrie ihre Arbeitskraft vermarkten. Zwangsläufig wurden sie selbst zur verkäuflichen Ware und gingen, aus dem Hunsrück kommend, in die Bergwerke im Ruhrgebiet, im Saarland, oder die Frauen gingen »in Stellung« oder auf den Strich, (es ist ja bekannt, wieviele Mädchen vom Lande Prostituierte werden). Folge dieser Logik, nichts als sich selbst zu besitzen, um es zu verkaufen. Die Begabteren, die Geschickteren unter diesen Weggehern werden nur die geschickteren Händler mit der Ware »ich«. (Ich sollte mich nicht scheuen, diesen Zusammenhang auch bei mir zu sehen.) Die Bauern haben früher meist ihre Kinder ausgezahlt, sie mit etwas Geld auf den Weg geschickt, die anderen, solche wie meine Eltern, haben ihre Kinder die besseren Schulen besuchen lassen, sie so mit »Reisegeld« ausgestattet. Wer auf die Schulen geschickt wurde, weiß um vieles besser, wie das »Selbstgefühl« durch Schulen hochgezüchtet wird. Man wird sich selbst ein besserer Wert, man findet in sich selbst eine Fülle von Geisteskräften, die man als besonderen Wert mit sich umhertragen kann.

Was die Leute aber aus den Dörfern getrieben hat, ist bestimmt nicht nur die Not gewesen. Es ist auch die Kunde, die man von Glückskarrieren erhalten hat, von denen, die mit nichts als sich selbst weggezogen sind und es zu Reichtum und Ansehen gebracht haben. Beides, Reichtum und Ansehen, sind aber nach Vorstellungen der Dörfler ganz andere Werte als das, was die Betreffenden, die weggehen, draußen erwerben. Die »Weggeher« machen eine individuelle Karriere, bei der es um die bemerkenswerte Leistung des einzelnen geht. Das spielt sich in den Industriestädten ab und vor allem in der Neuen Welt, in Amerika. Wer, wie Paul Simon, in der Neuen Welt ein Unternehmer wird, der also ein »reicher Onkel aus Amerika« wird, erwirbt sein Vermögen in der Fremde, auch mit Hilfe der Arbeit anderer, die in seinem Betrieb zum Beispiel als Arbeitskräfte mit der gleichen Hoffnung wie er ihre Arbeitskraft auf den Markt tragen. Die identifizieren sich mit dem Unternehmer und geben ihm mehr als der Bezahlung entspricht.

Immer häufiger geschieht es, daß Menschen die bäuerliche, handwerkliche Welt verlassen. Sie nehmen nichts mit außer sich selbst und ihrem Bewußtsein von Selbstwert. Nicht einmal ihre Sprache können sie behalten, denn dort, wo sie hinkommen, spricht man anders als zu Hause. Man beginnt neue, überregionale Sprachen zu sprechen, hochdeutsch, englisch, portugiesisch, spa-

nisch, Sprachen für Leute, die ihre Heimat verlassen. Als Händler, als Eroberer, als Abenteurer, als Intellektuelle. Die Länder der neuen Welt sind ausschließlich besiedelt von »Weggegangenen«. Die Indianer werden totgeschlagen, denn sie sind eine Variante dessen, was man verlassen hat. Sie sind die Eltern, Brüder und Schwestern zu Hause in einer völlig unverständlichen Variante. (Interessant ist, daß die Kelten früher nie Kriege im überregionalen Sinn geführt haben. Es gab nur Kriege Dorf gegen Dorf. So denkt man im Hunsrück heute noch. Es gibt verfeindete Dörfer.)
Amerika ist das beste Beispiel, um zu zeigen, wie diese neue, die zweite Kultur auf der Welt entsteht, die Kultur der Emigranten, der Weggegangenen. Grundmaxime unter ihnen bleibt das Individuelle, das Selbstwertgefühl. Eine neue Gesellschaft von Menschen, die nur sich selbst als Ware anzubieten haben und so Konkurrenz auf Leben und Tod treiben. Was diese vielen Individuen hervorbringen an Fähigkeiten, Erfindungen, Produkten (inkl. landwirtschaftlicher Produkte), dient ausschließlich dem Handel, der immer neue, auffällige Angebote verlangt, der alles mit einer gemeinsamen Umgangssprache des Handels verbindet. Es ist eines der großen Wunder der letzten zwei Jahrhunderte, daß sich so eine vielfältige, weitverbindende, neue Kultur auf allen Niveaus entwickelt hat: Literatur, Schlager, Gebrauchsgüter bis zur Philosophie. Es entsteht eine international kommunizierbare Emigrantenkultur. Die Juden, seit je auch »Weggeher«, passen gut in diese amerikanische Kultur, die nur noch expandieren will, die Konkurrenz auf allen Gebieten betreibt. Konkurrenz ist ihre eigentliche Sprache. (Man stelle sich vor: Das Bild des Tellerwäschers in Amerika, heimlich ist er schon Multimillionär. Eine Filmszene: Einer wäscht stundenlang Teller und heißt Thomas Alwa Edison. Das ändert die Lage. Das ändert auch das Tellerwaschen.)

Was hier nicht die Sprache der Konkurrenz spricht, geht unter. Amerika wird das Vorbild der kleinen Auswanderungsgebiete und der europäischen Industriezentren. Es wäre gegen diese Entwicklung nichts einzuwenden, wenn der Amerikanismus nicht überall die ursprüngliche, die bäuerliche Dialektkultur zerstören würde. Da er aber immer neue ausgedehntere Märkte braucht, müssen die Landbewohner dazu erzogen werden, an der internationalen Emigrantenkultur teilzunehmen, sie zumindest zu konsumieren. Ein besonders effektives Mittel dazu ist das Fernsehen, selbst ein Medium, das sich in den Händen der Weggeher befindet und eine überregionale Sprache der Konkurrenz und des Individualismus spricht. Was wurde aus diesen Bauerndörfern, 30 Jahre lang von diesem fremden Programm berieselt?
Wahrscheinlich wird es eines Tages diese bäuerliche Dialektkultur nirgends auf der Welt mehr geben, gleich, wie sehr wir sie heute noch schützen oder verteidigen. Auf dem Lande, zu Beispiel im Hunsrück, lebt noch ein guter Teil davon, ist sich seiner selbst zwar kaum bewußt, lebt aber noch vom Umstand, daß man in Dörfern mit bestellten Feldern und mit Menschen der gleichen Herkunft bleibt.
Nun lebt aber auch unendlich viel von dieser bäuerlichen Vergangenheit in der Welt der Emigranten weiter, als Kraft, als Gesundheit, als angeborene Fähigkeit, Arbeit und Not zu ertragen, aber auch als Erinnerung, oft als Melancholie und Heimweh. So, wie 1500 Jahre Feldarbeit dem Bauernjungen Knochen und Körperbau gegeben haben, die ihn als Kumpel im Bergwerk oder als Lohnarbeiter in der Fabrik fähig machen, den Akkord besser durchzustehen als andere, so haben die ländlichen Handwerkskinder die feineren Hände, das Geschick, die feinste Arbeit auszuführen. Sie haben die Nerven geerbt, die ihnen in vielen, auch in künstlerischen Berufen noch nach Generationen Überlegenheit verleihen.

Das ist das von den Eltern unbewußt mitgegebene Reisegeld, und im Selbstwertgefühl des Weggehers wird das, was er nicht selbst erworben hat, nicht so hoch geachtet. Manchmal weiß er es gar nicht, manchmal spürt er es später, welche Energiequellen und welche Fähigkeiten er beim Weggehen doch mitnehmen konnte. Was ihn hinauskatapultiert hatte, ist die gleiche Kraft, die die anderen zum Dableiben befähigt.
Ich möchte behaupten, daß die Leute, die ihre Heimat verlassen, bereits vor diesem Akt des Weggehens das Selbstwertgefühl, das sie zu diesem Schritt befähigt, schon haben. Man erwirbt die Fähigkeit zum Weggehen zu Hause. Dies muß an den Figuren unserer Filmserie durchdacht werden.
Paul, der erste Weggeher, der noch nicht weiß, was mit ihm geschieht, hat dieses Selbstwertgefühl schon in sich. Das erwirbt er, wenn er aus dem Ersten Weltkrieg kommt, ausgestattet mit Kenntnissen über Radio und Funkgeräte. Seine geliebte Maria sagt ihm einmal im Wald: »Paul, du bist ganz anders als die anderen Jungen im Dorf. Du hast etwas in dir, was die anderen hier nicht haben.« Sie weiß nicht, daß sie ihm damit etwas sagt, was ihn später zum Weggehen befähigt.
Bei Hermann, 1955 oder in den folgenden Jahren, ist es die Musik, ist es das, was er auf dem Gymnasium gelernt hat, ist es aber auch die Erfahrung, seine Liebe frei gewählt zu haben. Er hat eine Frau geliebt, die nicht zu den dörflichen Verhältnissen gehörte.
Welche Kräfte nimmt die Emigrantenkultur nicht in sich auf? Es gibt ländliche Fähigkeiten, sich zu bescheiden. Das Verhältnis zur Natur, die persönliche Demut, die sich nur über Generationen hinaus positiv auswirkt, nämlich als Fähigkeit, zu überleben. Das paßt nicht in das Leben der Superindividuen, die die neue Welt oder die neue Kultur verlangt.
Individualismus gibt es in gewissem Sinne auch in den

Dörfern. Das bringt die sogenannten Dorforiginale hervor. Aber Dorforiginale sind Leute, die wenig leisten. Mit ihrer Fähigkeit würden sie im Amerikanismus, im Show-business oft großen Erfolg haben können.

Ist Heimkehr möglich?
Alexander Kluge sprach kürzlich in seinen Dramaturgie-Diskursen vom »inneren Bauer« als einem schöpferischen Gegenprinzip zur Welt. Aber ist das eine wirkliche Heimkehr? Ist es möglich, diese Kraft zu benutzen, wenn man im freien Wettbewerb umherschwimmt?
Es gibt heute die Alternativbewegung. Sie stellt sich gern auch als alternative Landwirtschaft dar. Aber bei näherer Betrachtung ist dies eine heimatlose Landwirtschaft. Es ist der sentimentale Versuch, individuell aus dem Verhalten des Großstadtmenschen heraus Bauer zu sein. Wenn man sich dabei einbildet ohne Konkurrenzverhalten zu handeln, täuscht man sich. Die Träume vom Landleben sind keine Heimkehr, sondern Verschleierung der Gefühle aus Sehnsucht.
Die Vernunft als internationales Kommunikationssystem. Im ursprünglichen bäuerlichen System ist Vernunft nicht das Verbindende. Die Sprache der Vernunft erweist sich als das beste Mittel zur Kommunikation zwischen Individualitäten und konkurrierenden Geschäftsleuten. An der Vernunft geschult, ist der Intellektuelle wirklich heimatlos, was ihm die Nazis zum Beispiel vorgeworfen haben. Es wäre nötig, sich mit diesem Affekt gegen die Intellektuellen noch zu beschäftigen. Die Bauern haben ihn auch.

Die Dialektsprache als Sprachtheater
Gestus und Tonfall vermitteln im Landleben viel mehr als die Inhalte, über die man spricht. Man beobachtet bei Gesprächen der Bauern viele Wiederholungen, Bestäti-

gungsrituale, Stimmengewirre, Sprache als körperliche Äußerung, als Möglichkeit, sich mit den anderen zu vermischen oder sich ohne Gewinnstreben aufzuplustern. Wir müssen diese Gasthausakustik zum Beispiel, die für viele Lebensbereiche typisch ist, bei der Inszenierung der Serie beachten. Die Sprache, die ich meine, ist nicht nur durch den Hunsrücker Dialekt gekennzeichnet, sondern durch das innere Dialektverhalten, nämlich durch die Art und Weise, in der der Gestus ein Sprachtheater erzeugt, das etwas anderes vermittelt als den Inhalt. So kann man auch hochdeutschsprechende Schauspieler einsetzen.
Bei den Bauern war das Vaterland als erweiterte Heimat immer eine irrationale Größe. Man verstand das in Preußen, im Kaiserreich, auch im Hitlerstaat. Die liberalistisch-rationale Demokratie gab den Bauern kein Heimatgefühl, gibt es ihnen auch heute noch nicht, weil die Vertreter dieser Demokratie ihre Sprache nicht sprechen. Politiker sprechen die Sprache der Emigrantenkultur, die Sprache der Konkurrenz.
Der Antisemitismus auf dem Lande ist so alt wie in den Städten, er ist nicht so aggressiv, aber er ist permanent. Der städtische Antisemitismus ist vermutlich aus Konkurrenzneid entstanden. Auf dem Lande steckt darin ein Element der Fremdenfeindlichkeit. Der Fremde als Heimatloser ist jemand, dem man nicht trauen kann, weil er kein Land besitzt. Er gehört deswegen nicht dazu. Die Juden treten als Händler auf, Händler gehen mit den Worten abstrakt um.
Wie spürt man, daß einer seine Heimat verlassen wird? (s. Paul Simon vor 1927)
Die unbewußte Einübung des Hochdeutschen, die Beschäftigung mit dem Radio als etwas Überregionalem, das aufdämmernde Selbstwertgefühl. »Du bist etwas ganz Besonderes, Einmaliges«, sagt ihm das Appolonia auch. Auch sie präpariert ihn zum Weggehen. Etwas zu

tun, womit er die Leute im Dorf nicht mehr ansprechen will. Sein Selbststudium.
Eduard, der Goldgräber, verläßt interessanterweise die Heimat nicht, obwohl doch das Goldsuchen aussieht, als wollte er als Abenteurer in die Welt hinaus. Aber er gräbt im Boden der Heimat. Die Suche nach Bodenschätzen verträgt sich mit der Kultur der Bauern. Solange daraus keine Industrie entsteht, die käufliche Arbeitskräfte aus den Bauern macht. Seit keltischer Zeit gab es im Hunsrück Bergbau. Eisen, Kupfer, Schiefer, Edelsteine, auch Silber und Gold. Aber es entstanden keine Industrieunternehmen. Die Bauern durchwühlten in einer Art Genossenschaftsorganisation die Erde, förderten Erze, Schiefer etc. neben der Landarbeit, im Winter teilten sie die Erlöse unter sich (die Bundenbacher Schieferbrecher).
Anton ist der sentimentale Heimkehrer. Der »Patentring« in seinem Kopf ist ein abstraktes Gebilde, das nicht zur Heimat paßt. Indem er die Fabrik neben das Dorf baut, glaubt er heimzukehren. Aber er geht mit seiner Frau, die aus der Großstadt stammt, in eine Emigration im eigenen Dorf.
Hermann ist vielleicht auf der falschen Suche nach dem einfachen, eindeutigen Gefühl. Er wird bemerken, daß er gerade in dieser Suche die Heimat nicht findet. Die bäuerliche ist gerade nicht die Welt, in der man zwischen gut und böse, Liebe und Haß, arm und reich, stark und schwach, Held oder Bösewicht, Angst oder Vertrauen und ähnlichen gegensätzlichen Werten unterscheiden kann. Feine Unterscheidungen, nach denen Hermann sich so sehnt. Einfach waren die Gefühle in der Welt der Bauerndörfer nie, weil die Beziehungen nicht auf einfache Begriffe gebracht werden konnten.
Erst im wilden Westen unter den Emigranten, die eine einfache, gemeinsame Sprache suchten, galten die einfachen Gefühle (der »Gute« und der »Böse« im Western-

film). Die amerikanische Kultur hat die Ambivalenzen abgeschafft, weil sich das internationale Wegläufervolk mit Helden identifizieren will, die ihren eindeutigen, individuellen Weg machen, entweder als die Guten in den vorgezeichneten Bereichen oder als Bösewichte in den verbotenen Bereichen der Welt. Erfolg ist das, wonach alle streben. Deswegen ordnet die amerikanische Dramaturgie alles nach dem Prinzip der Wahrscheinlichkeit, schafft Übersicht in der Welt.
Was der amerikanische Film aus der europäischen Tradition noch gebrauchen kann, sind interessanterweise unsere Märchen. Sie sind typisierte Geschichte, weniger konkret in den Bildern, als die oft zwiespältigen, ganz aufs Besondere, Unberechenbare aufgebauten Gestalten der europäischen Literatur. Und die Nazis! Die nehmen sie seit 30 Jahren gern als Filmstoff, weil die als monströse Märchenfiguren im Kino vorzuführen sind. Der Wolf, der Räuber, der Naziführer – der Amerikaner will sie besiegen – *wir* müssen sie, jeden einzelnen, als »Einen von uns« verstehen.
Hermann als Künstler ist auf den Erfolg konditioniert. Er ahnt, daß der Erfolg in den einfachen Gefühlen liegt. »Elementares Gefühl«, sagt er und meint, das wäre das Verlorene, Ländliche, Bäuerliche. Da täuscht er sich aber. Das Dorfleben war schon immer ambivalent (wenn man es nach Gegensätzlichkeit der Gefühle untersucht). Es funktioniert dennoch, weil die realen Umstände wie Besitz, Ackerbau, Natur, Fleiß, Familie, Dorfgemeinschaft, über allem anderen bestehen mußten.
Die Mutter hat dem jungen Hermann (sein) Klärchen verboten. Was hier eine Rolle spielt, ist nicht so sehr Eifersucht, sondern die Tatsache, daß eine fremde Frau, die nichts besitzt, die in den Vorstellungen von Maria eine Hure ist, alles zerstören kann, weil sie sich in der Liebe hergibt. Wenn Klärchen über das Bett ihres Sohnes in das Haus eindringen würde, wäre das eine Katastrophe.

Dieses Klärchen muß mit allen Mitteln hinausgebissen werden. Maria verkennt, daß Hermann, der das Gymnasium besucht, schon längst ein Weggeher ist, wie ehemals ihr Paul. Sie denkt vielleicht, daß Hermann die Fortsetzung Ottos sei, des armen, besitzlosen Halbjuden, den man im Haus behalten und damit bändigen konnte. Aber Hermann ist wie sein Stiefvater. Deswegen wird er sich später, wenn er ihm begegnet, so sehr mit ihm befreunden.

27. Januar 1981
Heimweh als Ausdruck des Sicherheitsbedürfnisses der Weggegangenen.
Die Welt der Weggeher ist völlig unsicher, weil sie zunächst nichts Festes enthält. Auch der »Selbstwert« kann nichts Festes sein, weil er sich in der Praxis dauernd anpassen muß. So bleibt dem Emigranten nichts anderes übrig, als die verlassene Heimat als dieses, seinem Sicherheitsbedürfnis entsprechende »Feste« anzusehen. Wenn er erst einmal fort ist, betrachtet er die Heimat als unveränderbar, Vater und Mutter werden unsterblich, Haus und umgebende Natur werden von dem Heimwehgeplagten in der Phantasie eingefroren, und er erlaubt den Menschen zu Hause kein Leben, das sich verändert. Nostalgie sucht den Stillstand in allen verlassenen Dingen und ist untröstlich über jedes Anzeichen von Neuerung. Wer aus Heimweh ins Dorf zurückkehrt, fordert, daß alles im Dornröschenschlaf liegt; er ist zu Tränen gerührt, wenn sich etwas *nicht* geändert hat, die Eltern noch leben und die Hausschuhe noch vorm Bett stehen. Selbst wenn er nach vielen Jahren kommt, verhält er sich so. Alle Anzeichen dafür, daß das Dorf weitergelebt hat, werden aus der Wahrnehmung getilgt (so geht auch der historische Ausstattungsfilm vor. Er schließt Wahrnehmungen aus, tilgt aus Heimweh die Sinneswahrnehmungen, wird blind, fordert, daß die

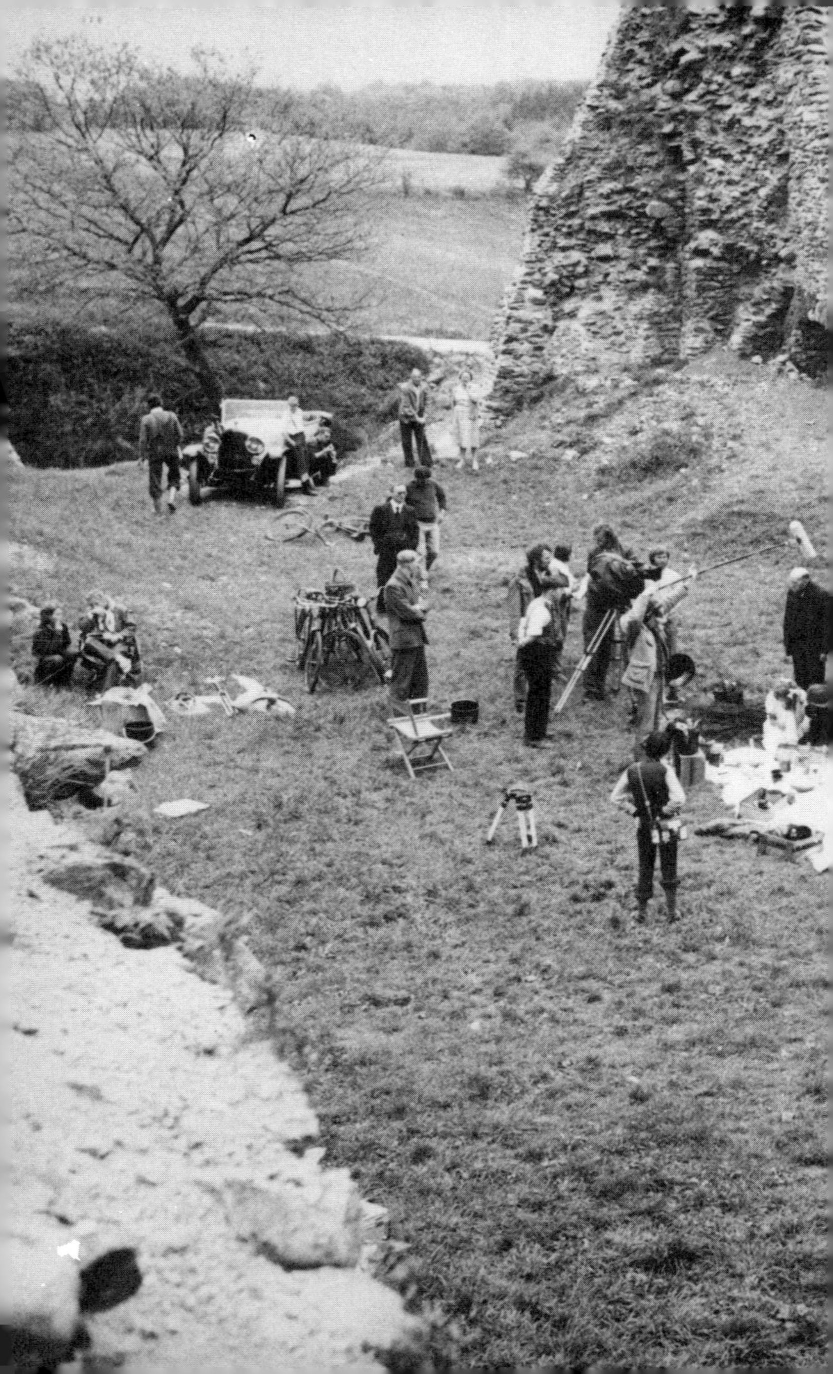

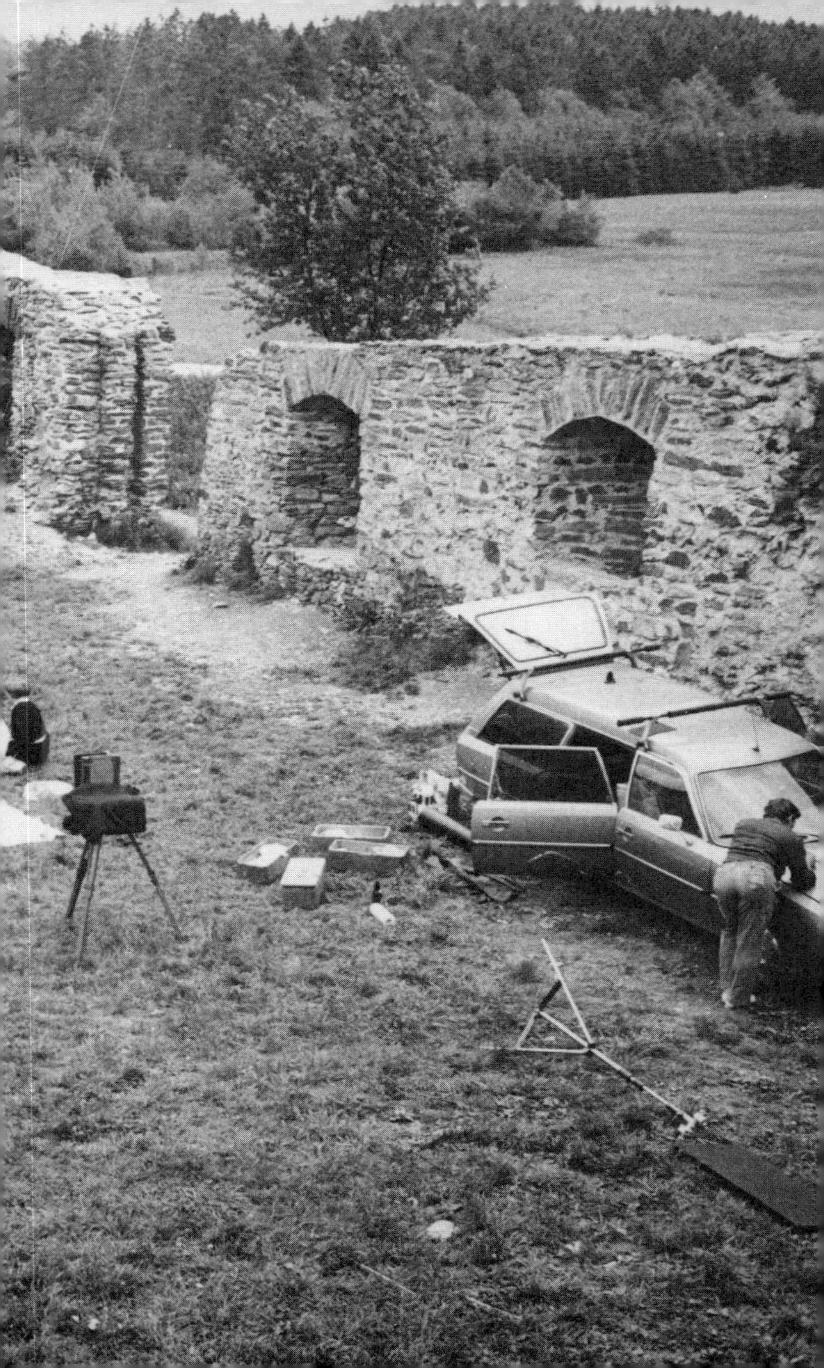

Heimat ein Friedhof sei, auf dem keine Unsicherheit entsteht). Ist dem Heimkehrer dieser Blick auf die Heimat gelungen, kann er sich in Sicherheit wiegen und wieder fortgehen. In der Fremde wird er seinen Kindern vorschwärmen, wie unvergänglich die »guten Dinge in der alten Heimat« sind. Auch die »innere« Heimkehr funktioniert nach diesem Schema.
Ein Thema für »Heimat«, der ein Ausstattungsfilm ist, muß vorgemerkt werden: Der Ausstattungsfilm neigt zur Nostalgie, wenn er den Blick aufs Historische einengt. Es sollte versucht werden, diesen Zwang aufzuheben und teilweise den Blick aufs Heutige zuzulassen, damit man diesen Zwang thematisiert.

20. April 1981
Das niemals planbare, fremde Nebeneinander der Ereignisse.
Ich bin auf der Fahrt von München in den Hunsrück. Diesmal der lange erwartete Moment, die Fahrt zu den Dreharbeiten. Morgen in einer Woche wollen wir beginnen. Das ist der lange mit Spannung erwartete Augenblick, wo aus Plänen Arbeitswirklichkeit werden soll. Ich habe gemeint, daß mir so etwas wie Lampenfieber nach 20 Jahren Praxis in meinem Beruf nicht mehr passieren kann. Vielleicht liegt es an der langen Vorbereitungszeit, daß dieser Augenblick mich nun zu guter Letzt doch noch in Aufregung versetzt. Seit über einer Woche vergeht keine Nacht, in der ich nicht in Träumen problematische Situationen der Dreharbeiten im voraus durchexerziere. Alptraumartig zugespitzte technische Probleme, Probleme mit der Arbeitsroutine, die mir jedesmal abhanden gekommen zu sein scheint. Ich erinnere mich aus anderen Produktionen, daß ich immer wieder kurz vor Drehbeginn zu der Überzeugung gekommen war, daß ich alles vergessen habe, was ich gelernt habe in meinem Beruf, daß ich dastehe wie ein

Kind und nicht weiß, was ich den Mitarbeitern und Technikern sagen soll. Es haben sich in den letzten Wochen noch entscheidende Dinge getan. An erster Stelle ist die Darstellersuche zu erwähnen. Wir haben uns entschieden, die Hauptrollen mit einigen von den Bewerbern, mit denen wir uns seit ein paar Wochen beschäftigt haben, zu besetzen. Ich glaube nicht, daß irgendeine von unseren Besetzungen sensationell ist. Es handelt sich in allen Fällen um unbekannte, zum Teil auch im Beruf nicht sonderlich erfahrene Theaterschauspieler. Nach einem Besuch in Köln beim dortigen Besetzungsbüro war ich noch einmal in Hamburg. Robert und Petra hatten mir Vorstelltermine mit einigen Darstellern in Hamburg arrangiert. Ich lernte dort eine in Hamburg lebende Theaterschauspielerin kennen, die aus der Pfalz oder aus der Nachbargegend stammt, die sogar eine gewisse Beziehung zum Hunsrück hat, ein Mädchen mit einem Gesicht, das gut in den Hunsrück paßt, mit einem stämmigen Körper. Im ersten Moment hat sie die Ausstrahlung einer patenten, zupackenden, kräftigen, herzhaften Person. Sie hat einen muskulösen, fast maskulinen Körper. Ein liebenswertes Gesicht. Ich suche immer noch eine *Maria*, eigentlich die Hauptfigur unserer Geschichte, aber gerade dieser Körper wollte mir nicht zur Maria passen. Als ich nach Köln zurückkam, traf ich dort Robert, der mich mit einer Kölner Schauspielerin, Marita Breuer, bekannt machte. Marita Breuer ist ein Mädchen, das an viele heutige junge Frauen erinnert. Sie ist blond, nicht groß, mit einem hübschen Körper, unaffektierten Bewegungen, mit einem sehr schönen Lächeln und auch schönen grünblauen Augen. Nach dem Foto hätten wir uns ganz gerne vorgestellt, daß Marita Breuer Maria ist, aber was mir am Anfang noch zu schaffen machte, ist ihre Blondheit. Ich hatte mir Maria immer dunkelhaarig vorgestellt. Wir standen aber unter Zeitdruck. Wir wollten die Darstellersuche nicht mehr vor uns herschieben,

und wir waren ja auch sicher, daß eine Starbesetzung oder sensationelle Besetzung nicht richtig wäre. So ging es dann in diesen Tagen auch darum, zu sagen, wenn ich jetzt entscheide, dieses Mädchen ist Maria, das andere ist Pauline, dann wird es so sein. Und die Differenz zwischen der Vorstellung, die man in sich hat und dem persönlichen Aussehen der Darstellerin muß eben durch das Spiel ausgefüllt werden. Genauso erging es mir mit den Männern. Der Schauspieler, der uns ganz gut als Paul gefallen hatte, war bei näherer Betrachtung eben doch dem Charakter unseres Paul sehr fern. Der Schauspieler Weigang, der auf dem Foto ein idealer Eduard gewesen wäre, zeigte sich als wesentlich älter – er ist Ende 30 bereits. Mit ihm die Rolle Eduard zu besetzen, heißt auch, die Eduardrolle ein wenig anders aufzufassen. Eduard wird jetzt der älteste Bruder aus der Simonfamilie. Robert und Petra haben sich einige Tage vorher auf die Suche nach einem Zigeunermädchen gemacht, um eine *Appolonia* zu finden. Appolonia sollte ja keine professionelle Schauspielerin sein, dafür aber ein Mädchen, das wirklich wie eine Zigeunerin aussieht und Hunsrükker Dialekt spricht. Sie haben schließlich in einer Zigeunerwohnsiedlung in der Nähe von Koblenz ein Mädchen gefunden, eine wirkliche Zigeunerin, Marietta heißt sie, jungverheiratet ist sie, 19 Jahre alt.
Das alles sind Worte der Kritik an unseren eigenen Besetzungsentscheidungen, aber wie könnte denn die Besetzung, an der man nichts zu kritisieren hätte, aussehen? Das würde bedeuten, daß die erfundenen Figuren des Drehbuchs leibhaftig vor einen treten.
Ergebnis unserer Diskussionen war: Fassen wir doch einfach den Entschluß, mit den Schauspielern, die wir hier gefunden haben, zu arbeiten. Sie haben alle den Vorteil, sympathische und engagierte Menschen zu sein, keiner von ihnen hat diese Affigkeit, die man von berühmten Schauspielern kennt, jeder für sich ist ein ernst

zu nehmender Mensch, ein akzeptabler Gesprächsgenosse, und wir können, nach dem kurzen Eindruck zu urteilen, damit rechnen, daß diese Leute sich unendliche Mühe geben werden, die Rollen schön zu spielen und sich vollkommen dafür einzusetzen.
Nach solchen Überlegungen gaben wir also den Darstellern Bescheid und veranstalteten am Samstag, den 4. 4. ein Treffen in Woppenroth, die beiden Damen, Marita Breuer und Karin K., wußten noch nicht, für welche Rollen sie vorgesehen waren, als sie anreisten. Da beide gemeinsam im Zug aus Köln angekommen waren und von unserem Fahrer in Mainz auch gemeinsam abgeholt wurden, konnten sie sich miteinander austauschen und kamen wohl zu dem Schluß, daß sie beide für die Rolle der Maria vorgesehen sind und hier als Konkurrentinnen antreten.
Dieser 4. April in Woppenroth wurde für mich ein Tag mit so eigentümlichen, einander widersprechenden Ereignissen und Überschneidungen von Bewegungen, daß ich am Abend das Gefühl der völligen Irrealität hatte. Der Tag selbst war ein Film. Wir hatten mit dem Fahrer vereinbart, daß wir die Darsteller im Gasthaus Molz treffen wollen. Ich ging mit Inge, Robert und dem Aufnahmeleiter zum Mittagessen, um zwei Uhr sollten die Schauspieler kommen. Bereits um halb zwei trudelte der Schauspieler Lesch ein, wurde vom Fahrer zu uns ins Gasthaus gebracht. Er berichtete, die Wirtschaft Molz sei geschlossen. Daraufhin setzten wir uns in Bewegung, um die anderen Darsteller in Woppenroth abzufangen und mit ihnen in das Gasthaus Franz auszuweichen. Dort vesammelte sich zehn Minuten später zum ersten Mal die Runde des zu diesem Zeitpunkt anwesenden Teams mit unseren fünf vorgesehenen Hauptdarstellern, Paul, Eduard, Pauline, Maria und Appolonia. Jetzt saßen sie da in einer Runde und wußten noch gar nicht, für welche Rolle sie vorgesehen waren. Wir bestellten

Schnaps, man prostete sich zu, man stellte sich einander vor, und ich fing an, allen miteinander noch einmal die Geschichte unseres Films zu erzählen. Der Wirt stand mit seinem breiten, behäbigen Kreuz neben uns, hörte zu, die Woppenrother Bürger, die zufällig im Lokal saßen, spitzten die Ohren. Schließlich wollten die angereisten Schauspieler wissen, welche Rolle sollen wir denn spielen. Es war wie eine Erlösung, als ich Marita Breuer sagte, daß sie Maria sein soll, und Karin K., daß sie Pauline sein soll. Endlich waren die beiden keine Konkurrentinnen mehr. Man atmete auf. Es wurde beschlossen, jetzt in die Wohnung von Robert zu gehen, um uns über die Rollen dieses Films und die Arbeitsweise zu unterhalten. Auf dem Weg die Dorfstraße hinab ging ich mit einer Gruppe nach rechts des Glaubens, die anderen würden uns folgen. Als wir bei der Pension Marita ankamen, waren sie uns nicht gefolgt. Unterwegs begegnete mir die Tochter aus dem Gasthaus Molz, Jutta, weinend. Sie sagte mir: »Unser Opa ist gestorben«. Im Augenblick konnte ich überhaupt nicht schalten und glaubte, daß der Vater von Frau Molz gestorben sei, der am Tag vorher mit schlaganfallähnlichen Symptomen von Inge Richter auf der Woppenrother Dorfstraße gefunden worden war. Ich rannte dann hinter den Schauspielern her, brachte sie in der Pension unter, ging dann zurück, um die anderen zu suchen. Dabei begegnete mir wieder die Molzfamilie, jetzt Rudi Molz, seine Frau Marga und die alte Sett, die wir in unserem Dokumentarfilm portraitiert haben. Die Sett, die 83jährige, »der BKS-Schlüssel zum Dorf«, wie sie im Film genannt wird. Die Eltern Molz mit ihren beiden Töchtern, alle weinend. Jetzt erst begriff ich, daß der alte Gustav Molz, den wir in unserem Dokumentarfilm ebenfalls portraitiert hatten, vor einer halben Stunde gestorben war. Ich blieb bei Molzens stehen, vergaß für einen Moment, daß ich meine Schauspieler einsammeln wollte. Dann forderte mich

Rudi Molz auf, mithineinzugehen und den Toten noch einmal zu sehen. Zum ersten Mal betrat ich das Zimmer, in dem Opa Molz seit zwei Jahren, (seit ich in dem Dorf dort gelebt und mit Peter Steinbach geschrieben hatte), Abend für Abend vor Schmerzen geschrien hatte. Jetzt lag er da in einem aufgeklappten Sarg, der neben seinem Bett am Fußboden stand, völlig blau im Gesicht, kaum noch wiederzuerkennen, wie eine Puppe mit verkrampft gefalteten Händen, mit einer weißen Plastikdecke zugedeckt, mit Rüschen wie ein Brautkleid. Die alte Sett fummelte an der Zudecke herum, die anwesende Leichenfrau sprach laut »das wird noch anders gemacht, und das sieht so nicht schön aus, das mache ich besser« usw. Während ich mit Familie Molz vor dem Toten stand, meinte Rudi, daß wir jetzt ein Gebet sprechen müssen. Während die ältere Molztochter anfing, das Vaterunser zu beten, hörte ich draußen die Stimmen von Robert und den Schauspielern, die mich suchten. Jetzt war *ich* ihnen abhanden gekommen. Natürlich wußten sie gar nicht, was es für mich bedeutet, daß Opa Molz gestorben war. Ich sagte ganz unpassende Worte an dem offenstehenden Sarg. Ich sagte: »Euer Opa war ein humorvoller Mann, gut, daß wir ihn im Film noch einmal portraitiert haben.« Nach dieser Äußerung fingen die Angehörigen heftiger an zu weinen. Ich war ungeduldig geworden, weil ich wußte, daß ich draußen gesucht werde. Schließlich rannte ich wieder hinaus, ging die Dorfstraße in umgekehrter Richtung zurück zur Pension, um die anderen Schauspieler zu holen, begegnete dabei wieder der trauernden Familie Molz. Erst jetzt wurde mir klar, daß der Opa, den wir im Herbst gefilmt hatten, es nicht mehr erlebte, sich selbst in dem fertigen Film zu sehen. Zwei Tage später sollte die Mischung sein. Ich wußte, daß ich nicht einmal mehr zur Beerdigung des Opas bleiben konnte.
Während ich mich dieser Szenen erinnere und auf Ton-

band diktiere, habe ich das Nadelöhr von Stuttgart durchfahren. Es geht jetzt wieder etwas zügiger weiter die Strecke Richtung Heilbronn. Auch jetzt wieder diese eigentümliche Überschneidung der Wahrnehmungen und Ereignisse. Ich muß unbedingt lernen, dieses niemals planbare fremde Nebeneinander von Ereignissen zu verstehen und erzählerisch nachzuvollziehen. Die Ankunft von Schauspielern, der Tod eines alten Mannes, ein unter Zeitdruck absolviertes Gebet vor dem offenen Sarg, gesucht werden von dem Regieassistenten, diese Erinnerung mitten im Rückflutverkehr der Osterferien 1981, am 20. April, »Führers Geburtstag« – Katharina soll in der Szene im 2. Teil sagen: »Mein Bruder steht mir näher als der Führer.«

Wenn man heterogenes oder einander fremdes Material konstruieren will, kommt man nie auf solche Fremdheiten, wie sie durch Beobachtung des Lebens ins Bewußtsein gelangen. Eine der wesentlichen künstlerischen Aufgaben scheint mir die Beschreibung von Fremdheit zu sein. Material, Ereignisse, Geschichten, die einander fremd sind, zueinander zu führen, die Fremdheit zu empfinden, die Fremdheit darzustellen, die Fremdheit als Stimulanz für die Nerven, als Indiz für Leben. Nichts, was sich konkret ereignet, ist einem abstrakten Gedanken untergeordnet. Das Leben schafft Fremdes, vereint Fremdes, bringt Fremdes miteinander in Berührung. Auch der fremde Blick des Betrachters oder, den Blick des Betrachters auf die Dinge fremd zu machen, das scheint mir eine Aufgabe der Kunst zu sein. Das Leben selbst schafft ja nur einen Verhau von Ereignissen und erzeugt keine Empfindung für sich selbst. Erst die Darstellung von Fremdheit oder das Gefühl von Fremdheit im erzählerischen Ablauf macht aus dem Verhau des Lebens eine strukturierte Geschichte. Ich habe mir auch beim Schreiben der Drehbücher so oft die Frage gestellt, wenn eine Szene fertig war, welche ist die beste Szene, die jetzt folgen kann, unter welchen Gesichtspunkten kann ich feststellen, wie es jetzt weitergeht. Und immer habe ich empfunden, daß das Fremdeste, was jetzt kommen kann, das, was einem nicht einfallen kann, das, was man dem Zufall oder Beobachtungen verdankt, die nicht aus dem unmittelbaren Schreibvorgang stammen, den Ablauf erst wieder interessant macht. Die nächste Szene ist immer dann gut, wenn sie die fremdestmögliche Szene ist. Dennoch gelingt es, Kontinuität zu erzeugen. Die Kontinuität entsteht durch das lebendige Kontinuum der Personen. Auch ich war ja an diesem 4. April in Woppenroth eine kontinuierlich lebende, mich durch den Ort bewegende Figur. Mittagessen, Schauspielertreffen, vor den Ohren der Dorfbewohner die Geschichte des Films erzählen, die inneren Zweifel niederkämpfen, die ich gegen die Besetzung noch in mir hatte, und dann vor dem Sarg eines Toten stehen. Ich habe zwei Tage später in München, als wir den Hunsrückdörfer-Film mischten und ich den Opa Molz noch einmal lebend vor mir sah, beschlossen, ihm unseren Dokumentarfilm zu widmen. Den Nachspanntitel mit dieser Widmung haben wir sofort in Auftrag gegeben und er konnte für den Negativschnitt noch hergestellt werden. Er heißt: »Opa Molz starb am 4. April 1981. Dieser Film ist ihm gewidmet.«

2. Mai 1981
Kurz vor Drehbeginn.
Ich bin der Regisseur. Ich bin der Produzent. Ich bin für eine Prämie von 90.000 DM ausfallversichert. Wenn mir etwas zustößt, zahlt die Versicherung den Drehausfall. Ich bin eine kalkulierte, unkalkulierbare, teure, ausschlaggebende Figur. Ich bin derjenige, an dem alle Ereignisse, die jetzt kommen werden, sich orientieren sollen, und ich empfinde mich selbst bei all dem als Zuschauer. Allmählich habe ich den Eindruck, daß, je

mehr Entscheidungen fallen, um so weniger »Regie« überhaupt noch stattfinden kann. Ich weiß aus so vielen Filmen, daß der erste Drehtag die Atmosphäre des ganzen Films hat. Ich werde ein Jahr lang Zuschauer sein, ich werde mir oft einbilden zu entscheiden, aber die Entscheidungen sind eigentlich gefallen, eigentlich muß ich jetzt darauf vertrauen, daß dieses merkwürdige Lebewesen, das da entstanden ist, das da Team und Produktionsgruppe heißt, aus sich selbst heraus, aus seinen eigenen Phantasien und Kräften den Film zustande bringen wird. Steuern kann ich so etwas eigentlich nicht mehr. Man sollte als Regisseur dafür sorgen, daß möglichst alle Mitarbeiter einschließlich Schauspieler sich an der Entfaltung ihres Könnens und ihrer Arbeitskraft nicht gehindert fühlen, weder durch äußere Bedingungen noch durch innere Krämpfe. Wenn man das erreicht, dreht sich der Film beinahe von selbst. Wenn diese Elemente, die man zusammengeführt hat, vor allem diese Menschen, aber auch die Orte, die Orte mit ihrem eigenen Geist, mit ihrer eigenen Geschichte, die Gegenstände, die Requisiten, die Kostüme, wenn all das miteinander ein Konglomerat von Substanzen ist, die wie eine chemische Mischung aufeinander reagieren, die die Fähigkeit in sich haben, eine Synthese miteinander einzugehen, wird es brodeln und kochen in dieser Retorte, und was herauskommt, wird der Film sein. Und ich, trotz der zentralen Rolle, die ich da spiele, bin doch nichts anderes als ein Rädchen in diesem Getriebe oder nur eine chemische Substanz in dieser Hexenküche von chemischen Prozessen. So habe ich es oft erlebt oder im nachhinein gesehen. Kurz vor Beginn der Dreharbeiten bin ich noch in der Lage, so zu denken und es mir zu wünschen, daß es so sein möge, daß sich der Film im Grunde von selbst drehen möge und daß ich in diesen Flüssigkeiten, die wir hier in unserer Retorte anrühren, mitschwimme wie alle anderen auch. Ein Wunschtraum.

Wir werden sehen, was daraus wird. Was ich mir am meisten wünsche, ist, daß ich nicht hysterisch werde und nicht auf die mir seit Jahren bekannte Weise wieder die Nerven verliere und so leer im Kopf werde, wie es immer der Fall ist, wenn ich die Übersicht verliere. Dabei brauche ich keine Übersicht! Ich muß mir das vor Augen führen. Ich brauche keine Übersicht. Ich soll eigentlich ein Teil von allem sein, um so schöner kann der Film werden.
Ich bin also eine Maschine wie die anderen Maschinen auch, wie die Kamera zum Beispiel. Deswegen habe ich mich noch einmal zur Inspektion begeben. Ich war mit Roswitha zehn Tage auf der Insel Sylt, habe in der Woche vor Ostern und über die Osterfeiertage die gute Meeresluft eingeatmet, viel geschlafen und täglich etwa 20 km Wanderung in der Brandungszone am Meer hinter mich gebracht. Ich habe gespürt, wie sich der Organismus regeneriert, wie die Bronchien meiner Raucherlunge freier werden. Ich kam zurück, ein bißchen braun gebrannt, mit guten Atmungsorganen, beinahe zum Nichtraucher geworden, und ich hatte einen Tag lang in München das Gefühl, jetzt bin ich ruhig, ich bin stark und infolgedessen ruhig. Aber schon nach Tagen hatte die Unruhe von mir Besitz ergriffen. Die Unruhe, die eigentlich dadurch entstand, daß so viele von uns schon im Hunsrück sind, täglich dort Entscheidungen treffen und produzieren und daß ich in München bin und nicht unmittelbar zuschauen, nicht mit Hand anlegen kann. Vielleicht war es das, was mir die schlaflosen Nächte bereitete. Ich werde heute Abend auch Gernot Roll treffen. In meinem Auto befindet sich neben all den privaten Gegenständen, die ich für das nächste Jahr glaube haben zu müssen (Kleider, Bücher, meine Bettdecke), auch noch die funkelnagelneue Tonapparatur mit allem Zubehör, die ich heute morgen in München vom Expreßgut am Bahnhof abgeholt habe. Heute abend wollen

wir uns im Gasthaus Molz zusammensetzen, Gernot Roll, mein wichtigster Mitarbeiter, und Robert Busch, der so hingebungsvoll an diesem Film arbeitet, wie ich es bei einem Regieassistenten noch nie erlebt habe. Ich freue mich darauf, ihn zu sehen, ich kann also nur hoffen, daß ein guter Stern über unsrer Arbeit leuchten wird. Manchmal bin ich in den letzten Monaten auch wieder etwas frommer geworden. Wieder habe ich angefangen, mich mit der Frage zu beschäftigen, warum ausgerechnet ich diese Geschichte über den Hunsrück in einem solchen Umfang produzieren muß. Es scheint, wie ich schon einmal aufgeschrieben habe, in den Sternen zu stehen.

13. Juni 1981
Unchronologische Drehweise bindet einen viel stärker an das Drehbuch als jeder Vorsatz und jede redaktionelle Einwirkung, die sonst dieses Ziel haben könnte. Ich merke bei den Schnittarbeiten, daß im Drehbuch bestimmte erzählerische Ansätze immer anders verlaufen als bei der Realisation eines Films. Da man sich in geschriebener Form mit den Figuren noch sehr viel vager auseinandersetzt als bei den Dreharbeiten, wo man es mit bestimmten Schauspielern zu tun hat, kann man die Szenen viel mehr auf den Handlungsablauf hin erzählen, als dies bei der filmischen Auflösung der Fall ist.
Ein Beispiel:
Wir erzählen die Geschichte von der Notlandung des amerikanischen Fliegers Anfang der zwanziger Jahre. Wir wissen zwar, daß Eduard, der Flugbegeisterte in der Familie Simon ist, wir wissen auch, daß er dabei ist, und wir haben in der Erzählung vorgesehen, daß er für den notgelandeten Piloten das Benzin in Bernkastel besorgt. Wir haben aber beim Schreiben die Bilder nicht vor Augen, wie sie sich im einzelnen und vor allem mit dem Darsteller ergeben. Wenn man die Szene im Drehbuch

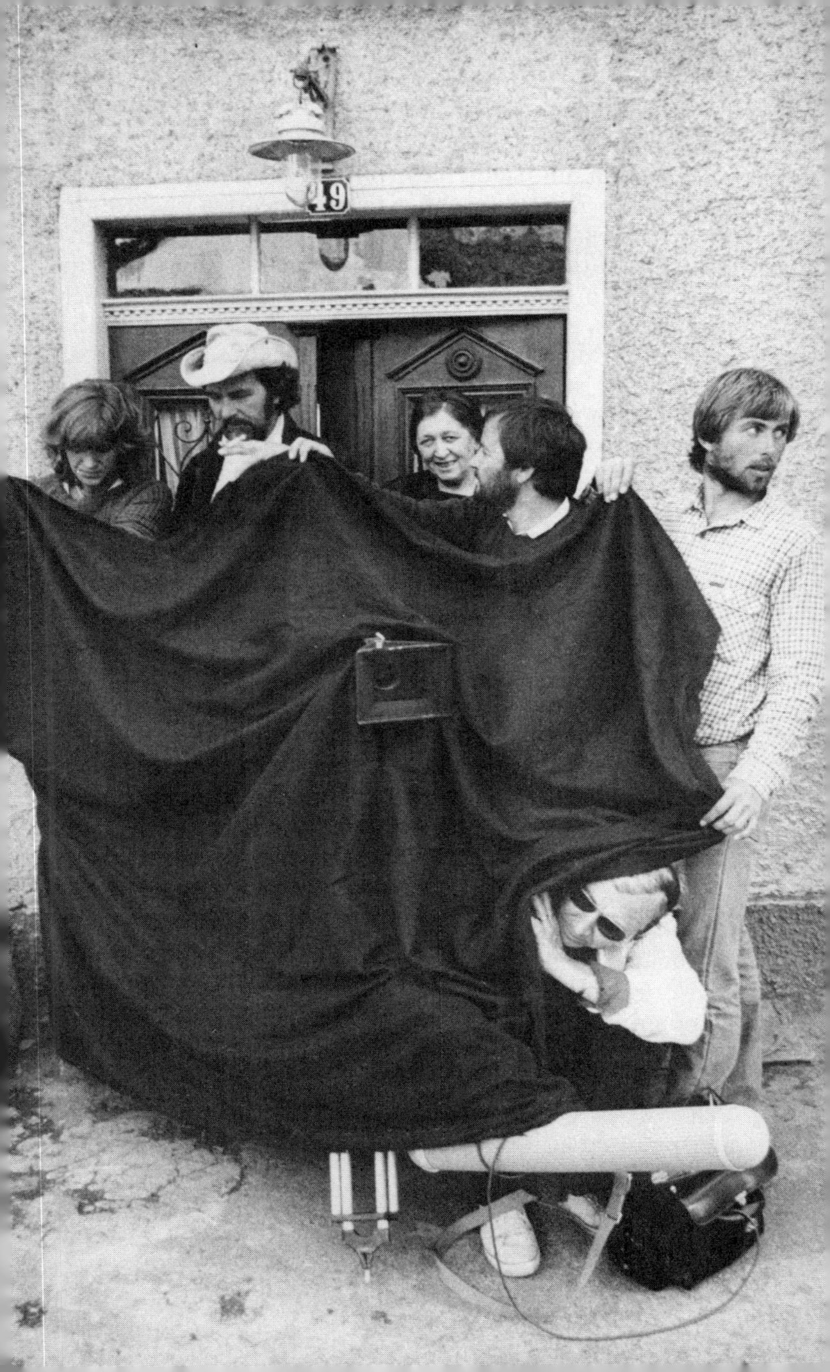
49

liest, dann genügt es völlig zu erfahren, daß hier ein Doppeldeckerflugzeug notlandet, daß die Familie Simon den Piloten mit nach Hause nimmt. In den Dialogen, die sich in der Küche anschließen, und bei den nachfolgenden Ereignissen wird zwar davon berichtet, in welcher Weise sich der verrückte Eduard um das Flugzeug und den Piloten bemüht, aber wir haben seine Blicke nicht vor Augen, wir sehen nicht, wie er dasteht in ganz bestimmten Momenten, die sich vor der Kamera ergeben. Wenn eine solche Szene aus dem Zusammenhang herausgerissen unchronologisch gefilmt wird, dann entgeht mir die körperliche Kontinuität einer Figur. Erst am Schneidetisch stellt sich dieser Mangel heraus. Wir haben, ohne daß irgendjemand diesen Mangel empfunden hätte, bei den Dreharbeiten die Figur von Eduard nicht in ihren entscheidenden Momenten aufgenommen. Wir hätten unbedingt Einstellungen drehen müssen, in denen Eduard die Landung des Flugzeuges verfolgt, seine Entschüsse faßt, und in der Szene, in der sein Bruder Paul mit dem Piloten mitfliegen darf, haben wir es versäumt zu schildern, wie Eduard leidet, daß sein Bruder fliegen darf und er nicht. Statt dessen haben wir einen relativ großen Aufwand getrieben, um die Flugerlebnisse Pauls zu schildern. Aber diese Flugerlebnisse schildern nichts anderes als Hunsrücklandschaft, das Gefühl, oben zu sein. Dieses Gefühl ist aber nur aus der Sicht des unten gebliebenen Eduard bewegend, der seine Träume in die Lüfte bewegt und der dabei auf der Erde zurückgelassen wird. Es wäre erforderlich, aus der Erfahrung, die wir mit solchen Bildern machen, sofort zu handeln und die entsprechenden Szenen nachzudrehen. Das aber läßt sich nicht mehr verwirklichen, weil wir nicht mehr am Ort sind, weil die Anschlußszenen bereits vorher gedreht worden sind und weil wir aufgrund der organisatorischen Umstände den Schauspieler und das Flugzeug nicht mehr zur Verfügung haben. Der

Film ist mit sehr knappem Geld kalkuliert worden, und jede zusätzliche Szene erfordert die Zeit, die wir für die laut Drehbuch erforderlichen Szenen dringend benötigen. Wie aber soll man, wenn man so unchronologisch arbeitet, spontan entscheiden, welche Szene man ersatzweise für solche zusätzlichen Einfälle streicht. Selbstverständlich würde man durch eine solche, mehr von den Bildern her orientierte Drehweise darauf kommen, bestimmte Szenen zu streichen. Man würde den Film nicht ins Uferlose ausweiten, aus einem natürlichen Erzählablauf würden sich von ganz alleine Kürzungen ergeben, die man so aber nicht einplanen kann, weil später die in der Chronologie folgenden Szenen bereits gedreht worden sind und der Erzählablauf immer auf das bereits Gedrehte hin ausgerichtet werden muß. Das, was ich mir vorgenommen hatte, nämlich den Film mit der Kamera, den Darstellern und den Ausstattungselementen neu zu erfinden, ihn an Ort und Stelle aus dem konkreten Material heraus neu zu erzählen und zu konzipieren, das gelingt so, wie wir zur Zeit arbeiten, fast nicht. Wir haben hier die Nachteile des Autorenfilms zu tragen, nämlich mit wenig Geld, kleinem Team, überlasteten Menschen und mit äußerster Kraft arbeiten zu müssen, und wir genießen nicht den Vorteil, mit diesen Mitteln frei zu werden, zu träumen, uns loszulösen von den professionellen Zwängen. Immer noch leben wir in einem Zustand der Arbeitsüberlastung aller Mitarbeiter. Der Drehplan, der auf Verwirklichung des Drehbuchs hin konzipiert ist, fordert von den Leuten das Äußerste an Einsatz, und es gibt immer wieder auch Schwierigkeiten im Team, weil diejenigen, die von sich selbst wissen, daß sie soviel arbeiten, wie sie überhaupt fähig sind, es nicht ertragen können zu sehen, daß irgend ein anderer vielleicht nicht mit diesem äußersten Einsatz arbeitet. Jeder, der sich Ruhe gönnt, zum Beispiel morgens etwas länger schläft oder Arbeit auf andere im Team abzuwälzen ver-

sucht, wird argwöhnisch betrachtet oder zum Prügelknaben des Teams gemacht. Immer noch treffe ich abends nach der Arbeit in den Kneipen Teammitglieder, die sich über andere Teammitglieder und deren Arbeitsmoral beschweren. Es muß anerkannt werden, daß die meisten, die hier mitarbeiten in Produktion, Organisation, Ausstattung und auch im Drehteam, sehr viel mehr arbeiten als das, wozu sie aufgrund der Verträge und der Bezahlung verpflichtet wären. Bei einigen im Team habe ich seit einiger Zeit Angst, daß sie bald zusammenbrechen und bei aller Liebe zum Projekt nicht mehr weiter mitmachen wollen.
Wie kann man einen solchen Zustand bessern?
Wenn wir chronologisch arbeiten könnten und in der Lage wären, uns alle gemeinsam von Szene zu Szene voranzuarbeiten und dabei eine Stimmung zu entwickeln, in der wir das, was auf uns zukommt, atmosphärisch austauschen und spontan, z. B. auch indem wir zusammen am Schneidetisch verfolgen, wie sich die Erzählung entwickelt, also spontan beschließen, diese oder jene Szene zu streichen, weil wir bemerken, daß wir mit wenigen Mitteln in der vorangegangenen Szene den gleichen Inhalt vermitteln konnten, dann würden wir einen Arbeitsstil miteinander hervorbringen können, der uns wesentlich entlasten würde.
Zu dieser Arbeitsweise zu kommen, besteht aber überhaupt keine Chance, solange Theaterverpflichtungen von Darstellern wichtiger sind als die einzelnen Szenen.
Das gleiche Problem kommt im Sommer und Spätsommer wieder auf uns zu mit der Darstellerin der Lucie, die eine Theatertourneeverpflichtung hat und deren Szenen laut Drehbuch wieder einmal durch äußerste Verrenkungen bei der Drehplangestaltung möglich gemacht werden müssen. Hinzu kommen Termine mit Klein-Darstellern, mit Leuten aus dem Hunsrück, die mit ihren Familien in Urlaub fahren und erst nach dem Urlaub

wieder zur Verfügung stehen. Oder weil Drehgenehmigungen nur an bestimmten Tagen zur Verfügung stehen (wie beispielsweise das Auto von Wiegand usw.). All dies erzeugt einen Zwang, das Drehbuch buchstäblich zu verfilmen, weil bei solcher Drehplanung gar keine andere Grundlage eingehalten werden könnte.
Ich tendiere mehr und mehr dazu, bei dieser Erfahrung Filme, die mit wenig Geld ausgestattet sind, auch nahezu ohne Drehbuch zu realisieren. Wären wir in dieser Situation, daß wir nur ein Treatment oder ein Exposé als Arbeitsgrundlage hätten, dann wäre für das kleine Team, das wir hier sind, die Dreharbeit ein Abenteuer von Tag zu Tag. Es würde alles sehr viel mehr befriedigen, weil wir immer neue Erfolgserlebnisse hätten, wenn wir in sparsamsten, phantasievollen Lösungen von Tag zu Tag Lösungen für die weitere Erzählung gefunden hätten. Nie würde es langfristige Organisationsprobleme geben.

23. Juni 1981
Ich möchte mich mit einem alten Problem neu auseinandersetzen, nämlich mit der Frage, ob der Regisseur beim Film eine störende, unprofessionelle Figur ist oder seine Aufgabe darin hat, wie alle anderen Profis einen bestimmten Standard zu garantieren und eine einmal gefundene Linie organisatorisch mit entsprechender Dynamik durchzuziehen. Ich neige mehr zu der ersten, der Version, immer wieder die unprofessionelle, die ein wenig außen stehende Figur zu sein, die professionellen Qualitäten zwar zu wollen, dann aber als etwas zu behandeln, was modifiziert, verwandelt werden kann, was man eigentlich gar nicht selber herstellen muß, sondern was man untergräbt, umfunktioniert, umdirigiert in einer Weise, die neue Freiheiten bringt. Das läßt sich oft nur mit äußerster Vorsicht bewerkstelligen, weil dabei die Leute in ihrem professionellen Einsatz und in ihrem

Qualitätsgefühl leicht gekränkt werden, denn sie wollen es ja alle gut machen, indem sie ihr Wissen und ihr jeweiliges professionelles Können einsetzen. Ich weiß von mir selbst, daß ich filmtechnisch, in bezug auf Kamera, Schnitt, auch organisatorisch ein »Vollprofi« sein kann. Dennoch ist meine Rolle die des Träumers, der immer wieder auch ein verständnisloses Kind sein muß. Möglicherweise verschafft sowas den Leuten, die auf ihre Profession stolz sind, auch Freude. Ich meine, sie wollen eigentlich nicht, daß die Regisseure alles wissen und ihnen vorschreiben, was zu tun ist. Sie wollen ihn auch gern belehren. Sie wollen, daß man ein Kind ist, dem man zeigen kann, wie man es besser macht. Ich kann es auch nicht unterlassen, professionelle Arbeit zu kritisieren, wenn ich weiß, wies gemacht wird. Dennoch weiß ich, daß es besser wäre, wenn ich das unterlasse, wenn ich geschehen lasse, was aus der Eigeninitiative des Teams geboten wird.

28. Juni 1981
»Das Harte und das Weiche«
Die Frage ist, was geschieht, wenn wir uns mit unserem Willen, mit unseren Bedürfnissen der Natur nähern, wenn wir die Welt unserm Willen unterwerfen, wenn wir die Natur in uns und um uns mit der Gewalt unseres Willens formen?
Es geschieht, daß sich die Dinge gegen uns wenden.
Kraft erzeugt Gegenkraft, Gewalt Gegengewalt, jeder Wille einen Gegenwillen. Selbst die leblosen Dinge bekommen plötzlich einen Willen, der sich gegen uns wendet. Autos, Bäume, Straßen, die Natur, das Wetter, alles wird gegen uns sein, wenn unser Wille sich gegen die Dinge, Ihre Existenz, Ihre Natur durchsetzen will. Unser Drehplan, unser Pensum, unser Ehrgeiz, unser Gestaltungswille, all das schafft Gegnerschaft. Warum empfinden wir zum Beispiel beim Drehen das Wetter nie

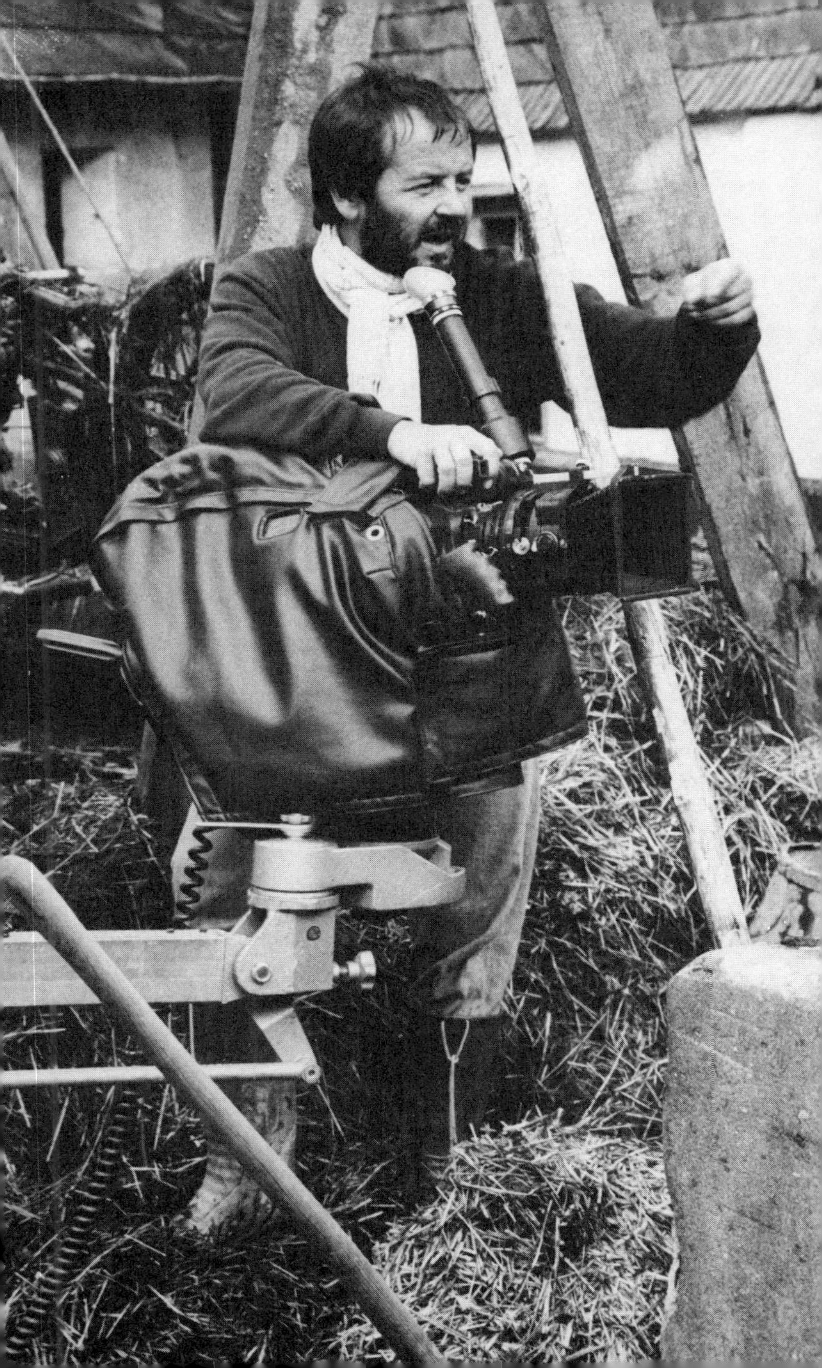

als passend, meist als gegen uns gewendet. Einmal brauchen wir die Sonne, wolkenlosen Himmel, wenn es regnet, oder wir brauchen Dunkelheit, Regen, wenn die Sonne scheint. Wir stellen die Kamera irgendwo auf, hacken Büsche ab, biegen Baumäste, knicken sie, entfernen Steine, Laub, zertrampeln die Wiese, in der wir drehen, finden die Gesichter unserer Darsteller nicht passend, weil wir mit einem bestimmten Gestaltungswillen anmarschiert kommen.

In dieser Hinsicht ist auch Gernot ein ganz ausgeprägter Willensmensch. Er stellt die Kamera an einen bestimmten Ort und beginnt sofort, mit einem Messer Äste abzuschneiden, Gräser zu knicken, räumt das Bild frei, setzt seinen Gestaltungswillen, seine Bildvorstellung durch. Die Drehorte, wenn wir sie verlassen, sehen oft verwüstet und zertrampelt aus. Ich kenne das aus vielen anderen Produktionen. Immer wieder wird der »Genius Loci«, an den die Menschen des Altertums glaubten, wird der Geist des Ortes ausgetrieben. Man findet ein romantisches, verwunschenes Motiv im Walde, einen Ort unter den Büschen, der so aussieht als könnte dort eine tote Frau liegen, und wir mähen diesen Ort nieder, legen unsere nackte Darstellerin hinein, füllen den Wald mit beißendem Rauch von angezündetem Stroh und Rauchpulver und haben einen künstlichen Ort geschaffen.

Die Natur ist gegen uns, Kälte und Nässe kriechen in uns, die Kälte treibt uns jegliche Fähigkeit zum Träumen aus dem Leib, die Dinge wollen nicht mehr miterzählen, sondern stehen nur noch vergewaltigt umher und sind Requisiten, Gegenstände, die im Drehbuch stehen. Deswegen müssen wir unbedingt versuchen, weich zu werden, die Orte, die wir aufsuchen, an denen wir drehen, sensibel und vorsichtig zu betreten, das zu suchen, was in der Atmosphäre schon vorhanden ist.

Ich selbst möchte das jetzt allmählich an mir vorberei-

ten. Es macht überhaupt nichts, wenn man mich dabei schwach oder zurückhaltend findet. Das, was bis jetzt möglich war an Schönheit und erzählerischen Qualitäten, gelingt so wie die Dinge stehen, ohnehin von selbst. Ich bin dazu fast nicht mehr erforderlich.
Alle diese Landschaften, die wir als Kinder betreten haben, die Atmosphären in den Dörfern, die Ausstrahlung der Häuser und Gesichter, das sind ja Dinge, die uns begegnet sind, als wir sie nicht mit einem eigenen individuellen Leistungswillen angesehen haben. Sie haben uns angesprochen in glücklicheren Tagen, als wir nur ein Teil von ihnen waren. Jetzt davon zu erzählen und die Stimmung davon wiedererstehen zu lassen, heißt, einen ähnlichen Zustand wie in der Kindheit erzeugen.
So sehr ich Gernot bewundere, so sehr ich ein cinéastisches Grundverständnis mit ihm finde, so sehr seine Auffassung von Szenenauflösung, Schnitt und Umgang mit dem optischen Instrument mir ganz und gar entspricht, so sehr wir miteinander einen fast stummen, also wortlosen Umgang gefunden haben und uns leicht verständigen, so sehr sind wir uns aber noch fern in diesen atmosphärischen Fragen. Gernot ist ein dynamischer, oft etwas gewaltsamer Willensmensch im Umgang mit seinem Instrumentarium, mit der Kamera, mit seinem Team, das ihm gehorcht, das ein Tatzelwurm ist, der nach seinem Kommando durch das Gelände krabbelt. Ich möchte mir diesen jungenhaften, ewig unternehmungslustigen, auch verspielten Partner sehr gerne gewinnen für eine solche, mehr Sensibilität, mehr auf das Aufspüren gerichtete Zusammenarbeit, weniger auf das Machen als auf das Entdecken. Wir haben diesen Schritt noch nie gemeinsam vollzogen, auch bei der »Stunde Null« nicht. Was dort an Atmosphäre eingefangen wurde, hat sich zufällig ergeben, war für beide oft eine Überraschung, mit der man nachträglich einverstanden war, die man aber in seine Methoden nicht einbeziehen

konnte. Auch in »Stunde Null« war das meiste gewaltsam gemacht, angefangen von den Flimmereffekten über den Horizonten bis zu den mit Kalk auf der Straße erzeugten Staubwolken.
Ich fürchte mich mehr und mehr vor der Dialektik der Gegengewalt, vor der Künstlichkeit der Bilder, die in den nächsten Monaten entstehen würden, wenn wir immer mehr Übung in der Ausübung unseres Willens bekommen. Ich weiß, daß dies Überlegungen sind, die sich nahezu nicht im Team aussprechen lassen, die man eigentlich in keine Arbeitsanweisung umwandeln kann. Es ist unmöglich, dies einem Produktionsleiter, einem Ausstatter zu sagen, nicht einmal einem Regieassistenten, weil solche Überlegungen nicht in Arbeitsprogramme umzuwandeln sind. Über allem steht ja schließlich der Drehplan, das Drehbuch, die Finanzplanung. Jeder Tag ist für die Mitarbeiter auch dadurch ein Erfolgserlebnis, daß er laut Plan realisiert werden konnte. Es geht also nur auf Umwegen, sozusagen »hinten herum«.

21. Juli 1981
Vor ein paar Tagen haben wir in Simmern die Szenen begonnen, die im Uhrmacherladen und in der Werkstatt des Uhrmachers *Kröber* spielen. Um diesen Laden und diese Werkstatt auszustatten, haben wir in meinem Elternhaus in Morbach Hunderte von Gegenständen geholt, die aus der Werkstatt meines verstorbenen Vaters stammen. Werkzeuge, Maschinen, Ersatzteilschränke, Werktische und viele Ge-genstände, die ich von meiner Kindheit her in Erinnerung habe. Auch der Laden wurde mit einer Theke und Vitrinen ausgestattet, die aus dem Geschäft meiner Eltem stammen. Als ich diesen Laden betrat und vor Drehbeginn noch eine Weile die Werkstatt einrichtete und alles so arrangierte, daß es etwa dem entsprach, wie ich es als Kind gesehen habe, war ich an dem tiefsten Punkt dieser Produktion. Hier war

die unmittelbare Berührung mit Kindheitseindrücken geschehen.
Ich habe mir eine Taschenuhr aus den dreißiger Jahren auf den Werktisch geholt und fing an, die Uhr zu zerlegen. Ich zitterte mit meinen Händen, aber ich merkte, ich kann es noch. Das, was mir mein Vater im Alter von sieben Jahren beigebracht hatte, ich konnte es noch! Ich konnte die Unruh aus dem Werk entnehmen, den Anker, das Werk ablaufen lassen, ich konnte die Uhr in ihre Bestandteile zerlegen, wieder zusammensetzen, ohne etwas kaputt zu machen, ohne von irgendeinem der Gegenstände, den Brücken, Rädern, Wellen und Zapfen nicht zu wissen, wohin sie gehören. Meine Hände waren unsicher, weil sie zitterten, aber ich wußte, was ich tat. Ich glaube, ich habe an diesem Tag beinahe vergessen, warum ich am Drehort war.
Die Kamera wurde aufgebaut, ich habe vor der Kamera in einer Naheinstellung die Hände des Uhrmachers gedoubelt und eine Uhr zerlegt, und ich hätte wochenlang so weiterspielen können. Gernot ermahnte mich irgendwann und sagte: »Wir drehen ja hier keinen Lehrfilm des Uhrmacherhandwerks. Vergiß nicht daß wir noch Spielszenen zu machen haben.«
Als ich ein Kind war, bin ich gern in die Werkstatt des Vaters gegangen, weil es da so viele geheimnisvolle, glänzende, in kleinen Röhrchen und Tütchen verborgene Dinge gab, mit denen ich nie spielen durfte, weil sie zum Berufsbereich des Vaters gehörten und von den ungeschickten Kinderhänden zerstört worden wären. Damals durfte ich nicht damit spielen. Heute hätte ich gedurft, aber hinter mir stand ein teures Filmteam und wartete darauf, daß ich aufhöre, damit die Arbeit weitergehe.
Die Berührung mit diesen Dingen ist die Wurzel meiner Auffassung von Arbeit heute, von meinem Interesse an Details, meine Moral von Qualität, von Schönheit ist ge-

prägt von dieser frühen Begegnung mit dem Handwerk des Vaters. Das habe ich in diesem Moment noch einmal deutlich gespürt. Ein Uhrmacher, so wie er sein Handwerk früher verstanden hat, muß mit einer Genauigkeit und einer Detailliebe arbeiten, wie es das sonst in der Welt selten gibt. Hier ist keinerlei Nachlässigkeit in den kleinen Dingen denkbar, weil ein Uhrwerk nur aus kleinen Dingen besteht und nur funktioniert, wenn es in den kleinsten Details sorgfältig gemacht ist. In jedem Uhrwerk aber steckt auch die Freude am Schönen. Fast alle Teile einer Uhr sind so gearbeitet, daß sie nicht nur ihre Funktion erfüllen, sondern auch noch ein schönes Ensemble von Teilen ergeben, daß die Sorgfalt in der Bearbeitung der Metallteile auch da noch erkennbar ist, wo es zur Funktion gar nicht mehr erforderlich wäre, ein zweckfreies Wunderwerk an Formen, nur für das Auge des Uhrmachers bestimmt. Der Besitzer der Uhr sieht nie hinein.
Handwerkliche Qualität ist eine Sache, die den Handwerker selbst betrifft. Sein Selbstverständnis und die Nachricht, die er damit seinesgleichen geben kann, ist sein Sinn des Lebens. Nicht der reine Gebrauchswert dessen, was der Handwerker macht, fördert sein Qualitätsbewußtsein, sondern die Nachricht, die er mit seinem Können dem Kollegen sendet. Diese Bemühungen dienen dem eigenen Stolz.
Ich habe zu meinen Filmen immer dieses handwerkliche Verhältnis gehabt. Ich glaube, sie sind alle im Detail besser als im Ganzen. Im Ganzen erfüllen sie kaum den Zweck, den sie hätten erfüllen sollen. Denn sie sind weder als Ware auf dem Markt erfolgreich gewesen, noch kann man sagen, daß sie der jeweiligen Geschmacksrichtung der Kritik entsprochen hätten. Ich allein habe die Erfahrung mit dem Qualitätsgedanken dabei genießen können. Man wird aber sehr leicht kränkbar, wenn man so arbeitet, in einer Welt, die so etwas nicht würdigt und

die Produkte nicht mehr als etwas betrachtet, was über den unmittelbaren Zweck hinaus Bestand haben soll.

16. August 1981
Der Hunsrück bleibt nach wie vor auch die von mir verlassene Heimat. Meine Liebe zu dieser Landschaft und zu diesen Menschen hat in früheren Jahren einen »Knacks« bekommen. Das kann ich auch durch die Arbeit nicht reparieren. Ich will es auch gar nicht. Es ist Angst vor der Nähe und gleichzeitig eine Sehnsucht nach Nähe in mir.
Karin Rasenack hat das gespürt, hat aber auch nicht wissen können, daß in dieser Situation kein Bewegungsspielraum für mich bleibt. Es hat stundenlange Gespräche gegeben, das hat mir manchmal wieder ein lebendiges, fröhliches Gefühl gemacht, aus solchen Philosophiereien an die Arbeit zu gehen.
Dann die wirkliche große Freude, diese Lucie mit unserem Eduard im Spiel zu erleben. Die Lucie ist ja die Komikerin, die Komödienfigur, die mit ihren bizarren, naiven, gläubigen Träumen vom großen Reichtum, von der Karriere, von der Villa, den Hunsrück auf den Kopf stellt und damit dieser ganzen Schilderung von bäuerlicher, ländlicher, etwas grauschwarzen Welt eine besondere Farbe gibt und alles in Frage stellt. Lucie und Eduard sind ein ideales Buffo-Paar, sie können durch ihren bloßen Auftritt dieses Dorf zum Schillern bringen. Es ist eine wirkliche Lust, zu beobachten, wie diese beiden Extremelemente aufeinanderstoßen, Lucie und das Dorf. Das heißt auf der einen Seite – Lucie eine aus allen Angeln gehobene, von Hoffnung und Leben unzerstörbar gefüllte, naiv plappernde, ewig jauchzende und weinende, liebenswerte, hassenswerte, ehrgeizige und resignierte, komische Frau aus der »Reichshauptstadt«, Berlinerin, Frau, Herrin, Mutter, Nutte in einem und das alles ohne Anspruch. Und auf der anderen Seite dieses Dorf

mit seinen Lebensgewohnheiten, seinen menschlich liebenswerten, engen, aneinander hängenden Verhältnissen, das Dorf und die Familie Simon und die Familie Wiegand mit ihren kleinen Verquerheiten, aber auch mit dieser Treue, die unvergeßlich ist, weil sie festhält an dem, was man geschaffen hat, weil sie festhält an dem, was man kann, und weil sie eine Welt für Kinder schafft, in der Kinder glücklich sein können, Landschaft und Haus und Tiere und Anwesenheit, permanente Anwesenheit, das sind die Tugenden dieser Hunsrück-Dörfer. Dieses Eingekuscheltsein, selbst wenn man sich Feind ist, selbst wenn man Nachbarschaftsstreitigkeiten und Dorftratsch auszuhalten hat, dennoch wie unter den Fittichen einer Glucke unter diesen Schieferdächern zu leben, mit einem Vater, einem Großvater, der ein Schmied ist, der täglich in seine Schmiede geht und Pferde und Kühe beschlägt und glühendes Eisen formt. Menschen, die etwas können, Handwerke, die sie ausüben, wirklich beherrschen und wissen, wie man etwas wachsen läßt auf den Feldern, die mit den Tieren nicht sentimental umgehen und sie dennoch richtig behandeln, diese Welt, in der man eigentlich nichts anderes tut als leben und wo jeder Tag darin besteht, es auf irgendeine Weise richtig zu machen, und wo man sich daran orientiert, daß man weiß, was richtig ist, und wo man auch erkennen kann, daß das, was man getan hat, richtig oder falsch ist, und wo man mit jedem Nachbarn darüber sprechen kann und sagen kann, das hast du richtig gemacht, und das hast du falsch gemacht, und das wirst du das nächste Mal anders tun, und wo man die Individualität seiner Kinder respektiert und wo man weiß, dieses Kind ist anders als das Kind, und dieses Kind ist dafür geeignet und dafür nicht geeignet, und dieses Kind wird bei uns bleiben und wird so sein wie wir, und dieses Kind wird uns verlassen und weggehen und nicht mehr wiederkommen. Das ist diese Hunsrücker Welt, die ich liebe, aus der ich gekommen bin und die ich kenne, und in diese Welt purzelt Lucie, die ich auch liebe und die ganz anders ist und die etwas zu tun hat mit der Hoffnung darauf, daß es einem besser geht, und die etwas zu tun hat damit, daß die Welt woanders sich schneller dreht und sich die Gedanken schneller bewegen und wo man alles neu denken kann von Anfang an und wo man das Denken eigentlich nicht des Denkens wegen tut und auch nicht um mit den anderen klug darüber zu sprechen, sondern wo man denkt, weil man glaubt und weil man hofft und weil man sich die Hoffnung nicht nehmen lassen will und weil der Glaube so etwas Schönes ist, daß es übersprudelt vor Glück. Lucie, die immer schon rennt, bevor sie einen Gedanken ausgedacht hat, und die immer schon tönt und spricht, lächelt und kichert, bevor sie weiß, warum sie lächelt, und kichert und weint, bevor sie traurig ist, und schon aufhört zu weinen, bevor es ihr wieder besser geht. Diese Lucie mit ihrem Eduard, der einer vom Land ist, der genauso wie sie ein Glaubender ist, ein Hoffender, einer, der ganz schnell rennt, bevor er denkt, und der eigentlich innerlich schon draußen ist und sich dennoch von diesem Land nicht lösen kann, der zu Lucie paßt wie »die Faust aufs Auge«, und sie paßt in das Dorf wie die Faust aufs Auge, die Villa paßt ins Dorf wie die Faust aufs Auge, und all das zusammen ergibt eine schrille, bizarre Mischung, und vom Dorf aus gesehen ist Lucie eine Verrückte, und von Lucie aus gesehen ist das ganze Dorf verrückt.

Das ist eine Mischung, die ich liebe, und das war schon in der »Reise nach Wien« meine Liebe, und das hat auch etwas damit zu tun, was ich bei Frauen liebe, was ich bewundere, weil es sich über alles hinwegsetzt, weil es eine vitale, verrückte, widersinnige Fröhlichkeit hat, die sich im Krieg und in allen denkbaren anderen Verhältnissen mit ihrer Vitalität durchsetzt und immer, wo sie auftritt, einen dissonanten, schrägen Ton erzeugt, und weil letzt-

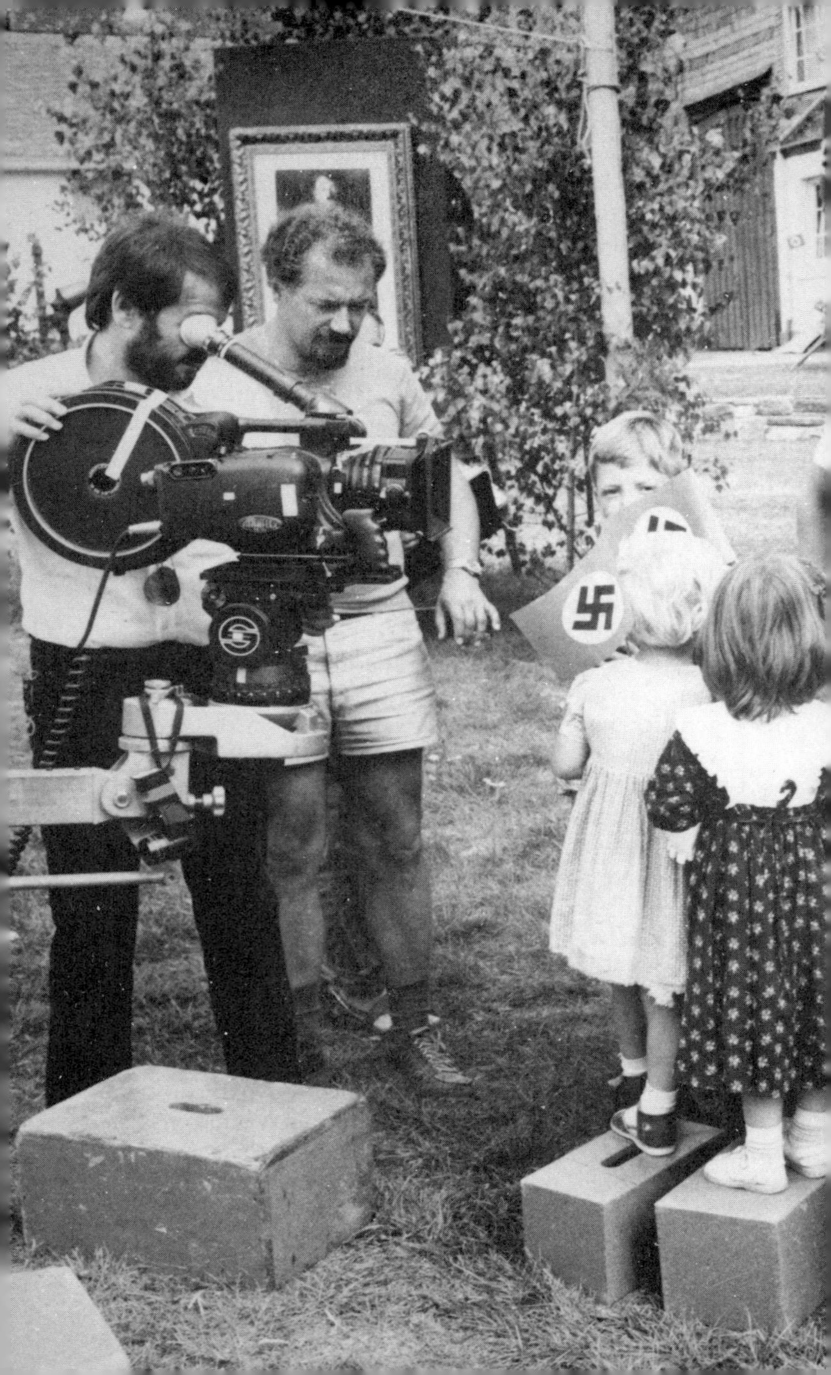

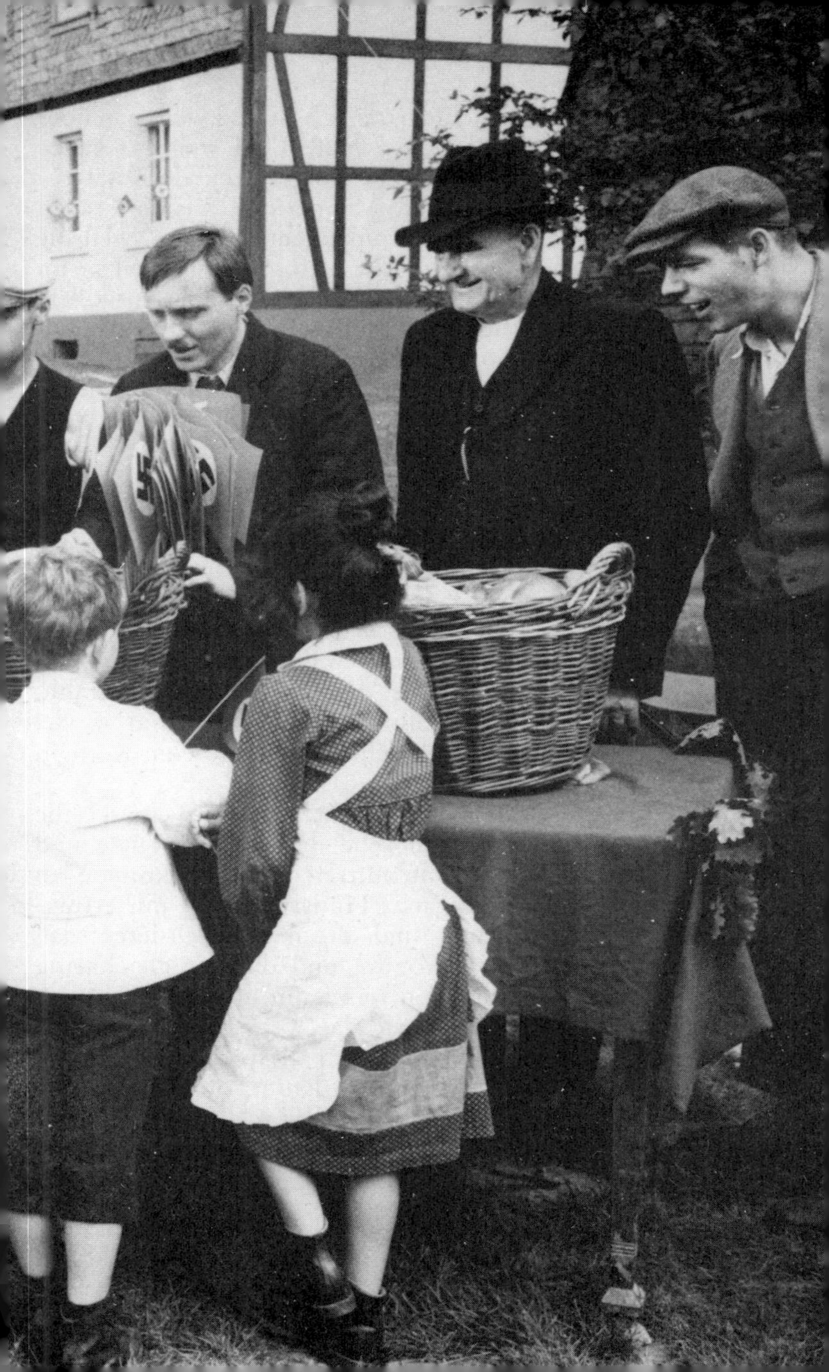

lich alles, was sie tun, unerträglich ist und weil man über die Unerträglichkeit lachen muß. Und weil das ganze Nazireich, von solchen Frauen angestiftet, ein Katastrophenreich ist, und weil die Männer das, was die Frauen hier gewollt haben, überhaupt nicht kapieren, weil die Männer das alles viel zu ernst aufführen und weil sie im Krieg immer in dieselbe Richtung marschieren wollen, während die Frauen eigentlich bereits jeden Tag bereit wären, in jede andere Richtung loszugehen. Und weil die Frauen ihre Meinung ändern können, ohne daß innerlich sich etwas ändert, während die Männer ihre Meinungen nie ändern und sich innerlich doch so viel verändert.

All das gelingt mir mit dieser Lucie, gespielt von Karin Rasenack, die in dem Augenblick, wo sie ihr Kostüm anhat und ihre verrückte Frisur auf dem Kopf, so daß sie eigentlich niemand mehr wiedererkennt, mit ihrer krummen Nase, mir ihrem weit geöffneten Mund, wenn sie lacht mit ihrem glucksenden Berliner Kichern, wenn sie kichert und lächelt, sie, die eine Naivität ausstrahlt, die schon fast eine Großmutternaivität ist und so viel Mädchenhaftigkeit, und sich bewegt wie eine Königin und eine Nutte.

Das ist etwas, was mich glücklich macht, wenn ich die Muster ansehe, und ich sehe dieses Paar, Lucie und »Edu«, wie sie ihn nennt, auftreten, darin bekomme ich wieder Luft und der ganze Hunsrück wird mir erträglich, weil das Figuren sind, die mir signalisieren, daß man hier wieder rauskommt und die mir gleichzeitig zeigen, daß man draußen sein kann und dennoch hier. Ich bin sehr gespannt, wie das weitergeht mit diesen herrlichen Figuren. Auf jeden Fall sind sie die Höhepunkte bisher, und ich kann mir kaum vorstellen, daß irgend etwas über sie hinausgehen wird. Lucie und Eduard, das ist das eigentliche Paar geworden für den Film. Lange Zeit war Eduard mein einziger Liebling, und ich habe schon versucht, im ersten Teil, aber auch im zweiten Teil aus ihm die Hauptfigur zu machen. Jetzt aber ist Lucie dazugekommen, und dieses Paar und das, was mit ihnen geschieht, das ist das Interessanteste, was wir zur Verfügung haben, wenn wir erzählen, und alle anderen Geschichten werden unter der Hand kürzer, damit ich Zeit gewinne, mit diesen Figuren mehr zu spielen.

Es wird natürlich auch darum gehen, den Kontrast zu diesen beiden, nämlich zwischen Hunsrückdorf und Familie Simon, nicht zu kurz kommen zu lassen. Die Alten, Mathias und Katharina, sind auch so, wie sie dargestellt werden, von unserem Nannhauser Schmied und der Frau Bredel aus Bad Kreuznach, Figuren, die sich kaum wandeln können, die ihre Liebenswürdigkeit in dem haben, was sie von Anfang an tun und was sie tun werden, bis sie tot sind.

Ein wirklich wichtiger Punkt bleibt bei alldem Maria, und was kann aus Maria werden? Maria, die einmal als Hauptfigur beschrieben worden ist in unserem Drehbuch, für die wir eine Ausfallversicherung abgeschlossen haben, weil sie die meisten Drehtage hat von sämtlichen Schauspielern, die Maria, an der wir das ganze Jahrhundert darstellen wollten, als wir das Drehbuch schrieben. Marita Breuer hat jetzt die Aufgabe, in den Sommerferien viel zu essen und vielleicht ein paar Pfunde schwerer wiederzukommen, damit sie vielleicht, weil sie dicker geworden ist, im 4. Teil ein wenig anders wirkt, und man damit dem Zuschauer einen neuen Einstieg anbieten kann. Dennoch, Maria muß unter allen Umständen in den Geschichten, die wir nach unserer Pause ab Oktober drehen, ganz, ganz wesentlich in den Vordergrund gerückt werden, denn wir brauchen das alleine schon deshalb, damit Lucie und Eduard einen Hintergrund bekommen, vor dem sie sich deutlicher abheben und mit dem es sich lohnt den Konflikt auszutragen, damit das alles erzählerisch auf einer vergleichbaren Ebene stattfindet. Es darf kein Qualitätssprung sein zwischen der Welt Lucie – Eduard und der Welt der Simonfamilie im Dorf.

19. November 1981
Alf Brustellin, mit dem ich seit 15 Jahren befreundet war, ist an den Folgen eines Autounfalls gestorben.
Die Nachricht erreichte mich am 11. November, an seinem Todestag, als wir gerade dabei waren, eine Kriegsszene am Rande des Film-Dorfes *Schabbach* einzurichten. An diesem Morgen funktionierte überhaupt nichts. Die Militärfahrzeuge, die zur Ausstattung der Szene gehörten, hatten sich irgendwo im Gelände verirrt und erreichten uns erst am frühen Nachmittag. Das Team beschäftigte sich mit sich selbst, Gernot und Rainer fingen an, mit den umherstehenden Kettenfahrzeugen zu spielen, und ich spürte, daß Gefahr in der Luft lag. Gernot und sein Assistent fuhren mit den ehemaligen Wehrmachtsfahrzeugen umher, spielten im Gelände, und ich bekam Herzklopfen, war geschüttelt von dem Gedanken, daß plötzlich mitten in dieser sinnlosen Euphorie etwas passiern würde. Unser Requisiteur Bernd fuhr mit seinem Auto wenige Minuten später in einen Graben. Verletzt war er nicht, man mußte das Auto aus dem Graben schleppen. In diesem Moment kam Dagmar an und meldete mir, Alf sei tot.
Im ersten Moment, beim Eintreffen der Nachricht, verarbeitet und begreift man das Ganze erstaunlich schnell. Es vergingen eigentlich nur Minuten, bis ich mir sicher war, daß dieser nahe, seit Jahren vertraute Freund gestorben war. Auch stellte sich im Augenblick Entsetzen oder das dazugehörige Gefühl noch nicht ein. Zwei bis drei Stunden später erst kamen Unruhe und Zitteranfälle, die ich aber nicht auf Alfs Tod beziehen konnte, denn der Gedanke daran war schon beinahe ausgestanden und hatte im Kopf schon stattgefunden. Ich ertappte mich

dabei, daß ich schon nach einer Stunde über die Zukunft der U. L. M., unseres gemeinsamen Studios in München nachdachte.

An den folgenden Tagen haben wir uns in die Arbeit gestürzt, so gut es ging. Ich war dankbar, daß ich in dieser Arbeit gerettet war, denn ich sah, wie die Freunde in München völlig fassungslos durch die Tage schwammen und, je mehr sie sich mit dem Ereignis beschäftigten, um so hilfloser wurden sie. Bernd Sinkel tat mit leid, denn Alf war sein nächster Freund und Mitarbeiter. Bernd hatte Mühe, die Beerdigung oder die Feierlichkeit für die Einäscherung zu organisieren. Zunächst bat er mich, die Begräbnisrede zu halten: Ich sollte all die Gefühle, die ich mühsam unter Kontrolle hatte, auch noch in Worte fassen! Ich habe abends und in den freien Stunden angefangen, eine Grabrede zu schreiben. Aber in der Nacht, bevor ich dann nach München fuhr, rief Bernd an und teilte mir mit, er habe den Münchener Kulturkritiker Joachim Kaiser dafür gewonnen. Kaiser würde eine Rede halten, die garantiert des Wortes mächtig sei und der Situation gerecht würde. Ich war im Augenblick erlöst.

Dennoch hatte ich das Gefühl, daß Alf jetzt das passiert, was mit den Toten gemacht wird, daß man ihn objektiviert, um ihn loszuwerden. Aber Alf war keiner, der objektivierbar ist: Ganz von seiner körperlichen Präsenz bestimmt. Von dieser unglaublich liebenswerten körperlichen Anwesenheit ging so viel Lebensfreude und Daseinsbewußtsein aus! So etwas läßt sich nicht in Worte bringen und ist auch nicht in Gedanken zusammenzufassen. Darüber wollte ich sprechen, aber ich bin nun auch froh, daß so nicht gesprochen wurde. Denn das wäre auch ein Versuch geworden, Alf körperlich zu verabschieden, ein Abschied, den man aber nicht nehmen kann, weil der Verlust mit keinem Gefühl zu ersetzen ist.

Am Dienstag, den 17. November 1981, um zehn Uhr früh, trafen wir uns im Krematorium des Münchner Nordfriedhofs für die von Bernd Sinkel organisierte Feierlichkeit. Am Abend vorher hatten wir uns in der U. L. M. getroffen, Alexander Kluge, Bernd Sinkel und ich. In Anwesenheit von Anne Kubina versuchten wir, den Tod von Alf zu begreifen. Man kann nicht leben, ohne Sinn im Todesfall zu finden.
Alf hatte sich zuletzt mit einem Filmstoff beschäftigt, der auf eine Erzählung von Stanislav Lem zurückgeht. »Der Schnupfen«. Unter dem Titel »Die Neapolitanische Falle« hatte Alf ein Drehbuch verfaßt, das letztes Jahr auch eine Prämie des Bundesinnenministeriums erhalten hatte. Ich habe oft mit Alf über diesen Stoff gesprochen, vor allem deswegen, weil es im Frühjahr dieses Jahres nach langen Auseinandersetzungen mit Alexander dazu gekommen war, daß Alf den Film nun nicht mehr drehen wollte. Alexander hatte das Drehbuch gelesen und ihm offenbar davon abgeraten, die Geschichte zu verfilmen. Ich habe diese Gespräche nicht miterlebt. Aus Alfs Worten aber entnahm ich, daß die Geschichte als zu literarisch, der darin enthaltene Konflikt als zu spekulativ im Sinne des Autors Lem empfunden wurde, daß also hier nicht mit einem Film zu rechnen wäre, der auf sinnlich visuell vermittelte Weise zeigt, was Alf eigentlich meinte. Ich kann es nicht beurteilen, ob diese Kritik zu Recht bestand. Tatsache aber war, daß Alf von Alexanders Ratschlägen tief beeindruckt und deprimiert war. Immerhin steckte monatelange Arbeit in diesem Projekt, und er hatte auch Geld investiert, um die Rechte von Stanislav Lem zu erwerben. Jetzt war er nicht mehr davon überzeugt, daß der Film ein geeignetes Objekt fürs Kino wäre. Er hatte mit seinem Film »Der Sturz«, zwei Jahre vorher, keinen Erfolg gehabt, und wollte jetzt unter allen Umständen Erfolg haben und nicht wieder einen Film drehen, der ein »Flop« ist, wie

er sagte. Viel wichtiger als diese Überlegung ist aber das, was in Alf außerdem vorging. Er erklärte mir das einmal so: Diese Geschichte befaßt sich mit der Frage, was ist Schicksal heute in einer Welt ohne Gott? Reduziert sich nicht der Schicksalsbegriff auf eine Kette von Zufällen, auf Statistik, letztlich auf etwas allgemein Gesellschaftliches, das gar nicht mehr als individuelles persönliches Schicksal dargestellt werden kann? Auf der anderen Seite, so sagte Alf, ist der Tod etwas unteilbar Persönliches. Und wenn die Ereignisse zum Tode führen, dann sind sie trotz aller Zufälligkeit, trotz der Allgemeinheit Schicksal. Die Geschichte, wie Lem sie beschreibt, meint Ähnliches! Alf hatte sich in diesen Gedanken verbissen. Es passieren unbedeutende Dinge, zum Beispiel Betätigen eines Lichtschalters, Besteigen eines Taxis, Kaffeetrinken, auf der Straße sich umblicken nach jemand, jemandem nachgehen oder Konsequenzen wie frieren und deswegen das Haus nicht verlassen, es dann aber doch verlassen usw. Kleine, banale Ereignisse, die hintereinander betrachtet eine Kette von Kausalitäten darstellen, die zum Tode des Helden führen. Man kann also sagen, hätte ein Glied in der Kette von Kausalitäten gefehlt oder wäre ein Detail anders gewesen, dann würde der Held der Geschichte noch leben. Und Alf sagte mir, daß ihm graut bei diesem Gedanken, und er sagte mir auch, daß er die Darstellung solcher Details für absolut filmisch und filmisch vermittelbar hält. Das Problem dabei sei nur, daß der Zuschauer es nicht gewohnt sei, Spannung zu empfinden oder überhaupt emotional zu reagieren auf eine Reihe von bedeutungslosen Ereignissen, die nichts anderes darstellen als die Kausalkette des Todes.

Wir sind von diesen Dingen abhängig, sagte Alf, so läuft das Leben und so stirbt man. Dabei ist die Menschheit fixiert auf den Gedanken des Schicksals, und wenn wir etwas erzählt bekommen, was in den Einzelheiten die-

sen Schicksalscharakter hat, dann regen wir uns auf, fangen an, um das Leben des Helden zu bangen, identifizieren uns und fühlen uns gut unterhalten. Das Leben aber läuft anders, es macht uns mit diesen emotionslosen Einzelheiten fertig, konfrontiert uns am Ende mit dem Tode, der aus diesen Dingen resultiert, und wenn man das erzählt, ist es ein »Flop« im Kino.
Alle diese Gedanken fand ich so spannend und interessant, daß ich meinte, es müßte dafür auch eine einigermaßen vermittelbare Erzählform geben. Wenn man zum Beispiel, was in der üblichen Dramaturgie ja verboten ist, das Ende verrät, wenn der Zuschauer zu Beginn des Films weiß, worauf das Ganze hinausläuft, daß die Schilderung im einzelnen hier die Todesursachen darstellt, daß diese Schilderung auch entsprechend spannend empfunden wird. Ich erfuhr an dem Abend in München, daß Alf gemeinsam mit Bernd an diesem Projekt weitergearbeitet hatte. Es ist offensichtlich ein neues Drehbuch entstanden, ich weiß aber nicht, ob Alf gespürt hat, daß er auf der Spur seines eigenen Todes ist. Dennoch, er hat daran weitergearbeitet, das muß festgehalten werden, zu einem Zeitpunkt, wo die Kausalkette seines eigenen Lebens zum Tode führte. Alf ist genauso gestorben wie der Held in seiner Geschichte. Eine Reihe von banalen Verkettungen, die durchaus mit seinem Charakter verbunden sind.
Es gehörte zu Alfs Leben, abends in teuren Restaurants zu essen, Mädchen kennenzulernen, mit denen er dann noch Discotheken oder Kneipen besuchte. Er war auf dem Wege von einem Restaurant in München zu einer Discothek in Schwabing, hatte die drei Mädchen bei sich, alle zusammen in ein Taxi verfrachtet. Die Mädchen saßen hinten im Taxi, Alf vorne. Natürlich war keiner angeschnallt. Auf der Ludwigstraße kam ein BMW-Fahrer entgegen, der auf ein dortabgestelltes Fahrzeug prallte, dem Taxi von Alf entgegen-schleuderte und ihn

tödlich traf. Dieser entgegenkommende BMW-Fahrer mußte aber wie eine Billardkugel zuerst an einem abgestellten Fahrzeug abprallen, um dann in der richtigen Sekunde auf das Taxi zu stoßen, in dem Alf mit den Mädchen saß. In welcher Sekunde war dieses Auto abgefahren? Wie genau mußte die Abfahrt des Taxis stattfinden, um in diesem Sekundenbruchteil auf das die Straße überschleudernde andere Fahrzeug zu prallen? Jedes Wort, das beim Einsteigen gesprochen wurde, jede Komplikation, jede Art, wie sich die Mädchen noch Zeit ließen, wie man vielleicht noch einen Rockzipfel, der in die Taxitür geklemmt war, befreien mußte, die kleinen Scherzchen, die Alf gemacht haben mag, bevor er dem Taxifahrer sagte, wohin die Reise gehen sollte, jede Einzelheit, die hier passierte, brachte die Sekunden zustande, diese Millisekunde, die nötig war, um auf der Ludwigstraße haargenau in diesem Moment das die Straße überschleudernde andere Fahrzeug zu treffen.
Hier ist das Ende einer Kausalkette. Möglicherweise geht sie im Krankenhaus weiter. Alf lebte noch fünf Tage. Möglicherweise hat sich auch bei den Maßnahmen der Ärzte das eine oder andere auf unglückselige Weise zu dem Unglück hinzugefügt. Aber der eigentliche Hintergrund muß in dem Leben gesehen werden, das Alf in den Wochen und Monaten vor diesem Tag gelebt hat, weil da wahrscheinlich jeder Handgriff, jedes Telefonat und, je näher die Ereignisse zu diesem Unglückstag kommen, die Ereignisse immer unentrinnbarer Ursache für den Tod werden.
Und genauso, hatte er gemeint, sollte das in seinem Film passieren, von einem Helden erzählt, der auf der Spur des Todes in seiner Kausalkette ist. Die Frage nach dem Schicksal, die wir uns stellten, die sich bei der Beerdigungszeremonie am nächsten Tag jeder gestellt hat, hatte Alf für sich beantwortet.
Wir alle standen noch betreten, ratlos weinend eine hal-

be Stunde auf dem Friedhof. Keiner wollte weggehen, man wußte nicht, warum man noch dastand, man weinte, man lag sich in den Armen, stammelte irgend etwas und immer wieder diese Sinnsuche. »Weil wir fixiert sind auf den Gedanken des Schicksals«, würde Alf sagen. Eine Filmgeschichte mit tödlichem Ausgang.

20. November 1981
Magie
Wahrscheinlich ahnt man nicht, daß etwas die eigene Todesgeschichte ist. Aber schlimmer noch ist, daß wir für diesen Zusammenhang weder Gefühle noch irgendeine Wissenschaft besitzen. Unsere Gefühle sind ausgebildet am Schicksalsgedanken, an dem Zusammenhang von Schuld und Sühne, an dem Zusammenhang von Handeln und Nichthandeln, von Heldentum und Feigheit und ähnlichen moralischen Gegensätzen. Die Gefühle sind nicht für die Erfassung statistischer, kausaler oder logischer Zusammenhänge geeignet. Aber auch eine wissenschaftliche Methode gibt es dafür nicht. Am ehesten ist es noch die Magie, die so etwas begreift, oder begreifen könnte. Denn sie ist die einzige bekannte Methode, die Zusammenhänge sieht zwischen Anordnung von Dingen, Menschen, Tieren und Ereignissen räumlicher oder zeitlicher Art. Man erwartet, daß etwas geschieht, etwas Katastrophales oder Ungeheuerliches, wenn man dies oder das tut, was weder in einem psychologischen noch in einem physikalischen Zusammenhang steht. Magie wäre beispielsweise, sich an einen bestimmten Ort zu begeben, zu einem bestimmten Zeitpunkt ein bestimmtes Kräutlein anzünden, einen bestimmten Stein auf ein bestimmtes Holz legen etc. Von dieser Art ist, im nachhinein betrachtet, auch die Kausalkette des Todes, wie sie Alf beschreiben wollte. Wenn man vom Tod ausgeht und zurückrechnet, ist das eine Kette von magischen Ereignissen.

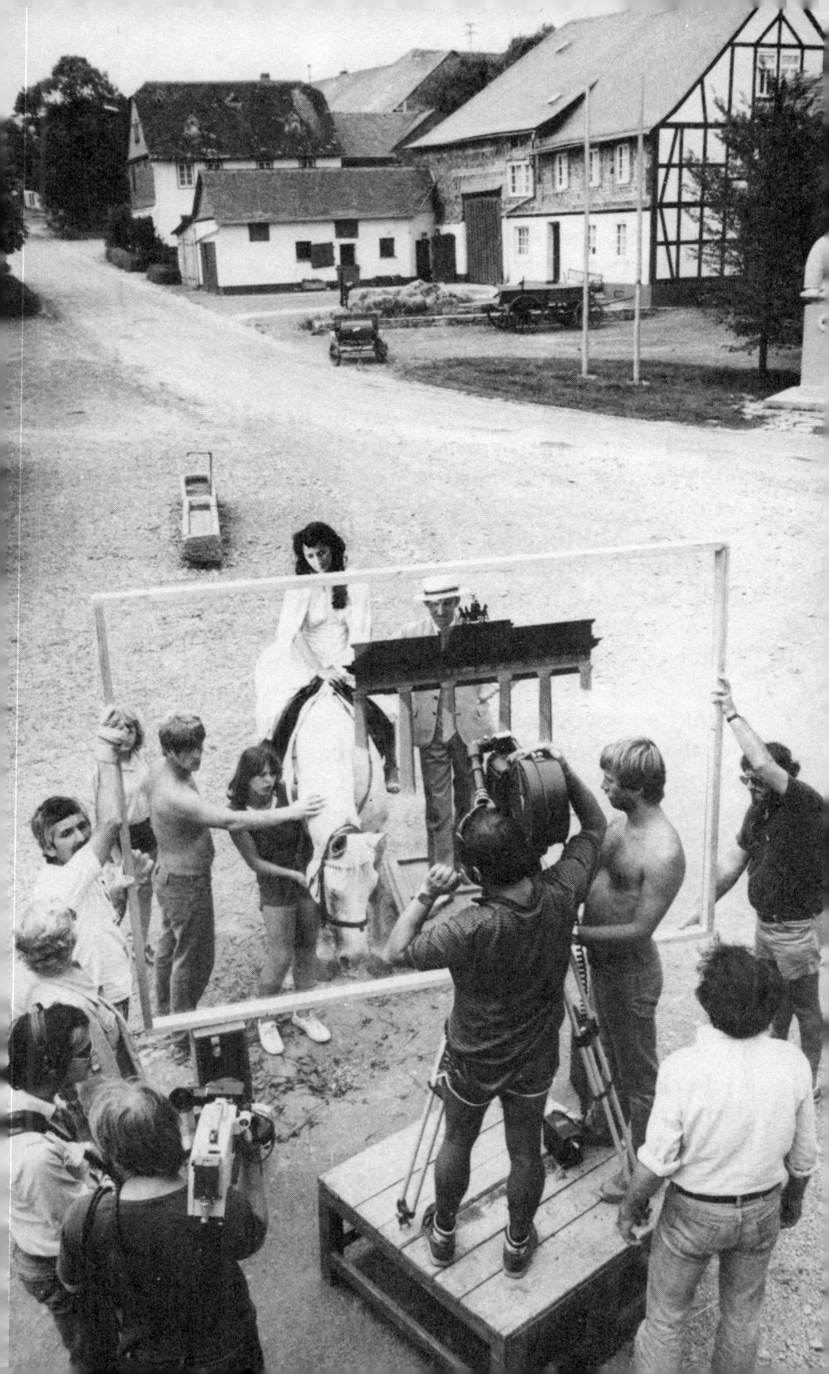

Es ist immer wieder behauptet worden, daß Film ein magisches Medium sei. Aber gerade für die Darstellung solcher Magie hat er bis jetzt keine Darstellungsform entwickelt. Immer noch orientiert sich Film an psychologischen, gesellschaftskritischen oder physikalisch-logischen Gedankengängen. Wir wissen natürlich von unserer Arbeit am Film, vor allem von der Arbeit beim Schneiden eines Films, daß es Bilder, Bewegungen gibt die einander suchen, die zueinandergehören, die uns mit innerem Zwang dazu bringen, sie so zu ordnen und nicht anders. Wir können das nicht erklären, auch das Zusammenwirken von Musik und Bildern, von Kamerabewegungen und bestimmten Dialogeinsätzen ist ein unerforschtes und uns allen nur vom Gefühl her bekanntes Muster, das man durchaus auch als »magisch« beschreiben könnte.

Alf war für das Magische ansprechbar, vor allem bezog er sich dabei auf seine Mutter, die nach seiner Ansicht über Hexenkräfte verfügte, die unter anderem die Fähigkeit besaß, verloren gegangene Gegenstände durch Versenkung wiederzufinden, die auf unbeschreibliche Weise mitten im Schnee oder im unwegsamen Gelände einen Ring wiedergefunden hat. Alf hat seine Mutter die vor etwa vier Jahren gestorben ist, sehr geliebt. Ich glaube, daß der Verlust der Mutter ihm auch viel von dem Mut genommen hat, sich gerade auf diesem Gebiet zu betätigen. Man ist jetzt, nachdem Alf tot ist, um so viel klüger, durchblickt so etwas, weil er durch seinen Tod solche Gedanken bestätigt hat. Man würde ihm in Anbetracht des Todes auch nicht mehr abraten, diese Lem-Geschichte zu verfilmen.

Wir wissen nicht, was das ist, »magische Bilder«, »magische Dramaturgie«, »magische Logik«. Dennoch wird immer klarer, daß eine Welt, die das Schicksal abschafft, den Tod des Menschen entindividualisiert, daß eine Welt, die sich füllt mit statistischen oder gesellschaftli-

chen Relevanzen, zwangsläufig immer mehr zum magischen Zirkel wird, der nur mit magischen Mitteln noch verstanden werden kann. Bei all der Gefahr, daß viele, die sich mit Magie auszukennen glauben, Idioten sind! Hier ist tatsächlich eine Aufgabe für die Kunst, die seit eh und je mit diesen verborgenen Wissenschaften verbunden ist.
Wenn man Alf gekannt hat und sah, wie er sich bewegte, hätte man das nie erwartet. Er war nicht derjenige unter uns, der aussah, als ob er zuerst stirbt. Sein Tod bleibt ein vollkommen unerklärbares Überraschungsmoment. Alf hat sich mit einem Thema beschäftigt, dessen filmische und erzählerische Lösung für uns alle noch sehr weit entfernt ist. Ich kenne keinen unter den Filmemachern, auch im internationalen Bereich nicht, der die Methode zur Darstellung dieses schicksalslosen magischen Vorgangs gefunden hätte. Auch Werner Herzog, der sich oft als Magier darstellt, ist letzlich nicht auf dieser Spur der Magie. Am ehesten noch hat Alain Resnais sich in seinen Filmen magisch verhalten. Bei ihm spielt die zeitliche Verkettung von Ereignissen eine große Rolle, aber er ist geschichtlich orientiert. Er befaßt sich mit der Gleichzeitigkeit »historischer« Ereignisse. Das ist noch etwas anderes als Magie, das erklärt noch nicht den Tod der Menschen aus der schicksalslosen Kausalkette.

14. Januar 1982
Die Kinosituation ist ärmlicher, brutaler, dem künstlerischen Film entfremdeter geworden denn je. Es gibt auch immer weniger Kinos. So habe ich mit Entsetzen bemerkt, daß das gute alte Lehnbach-Kino, in dem wir über so viele Jahre unsere Premieren erlebt haben, »Abschied von Gestern« lief dort, »Mahlzeiten« lief dort, zuletzt noch »Schneider von Ulm« nun nicht mehr existiert. Es ist eine Kneipe geworden. Es macht mich trau-

rig, daß dieses Kino nicht mehr existiert. Dafür eine Rückkehr zu Halbpornos und brutalen Schlägerstücken in den Kinos. Neuentdeckungen sind »Kinder des Olymp« oder Walt Disneys »Dschungelbuch«, und wenn man da hingeht, dann sitzen in diesen Kinos ein paar hundert verrohte, meist junge Leute, die Pfeifkonzerte veranstalten bei »Kinder des Olymp« oder Buhrufe ertönen lassen, als wäre das ein Film, der gestern gedreht worden ist und den man anpissen kann, wie man alles anpißt, was man so sieht. Es gibt keine Ehrfurcht, es gibt keinen Respekt, es gibt keine Geschichte, es gibt keine Liebe zu dem, was gemacht worden ist, es gibt kein Bedürfnis, das, was gemacht worden ist, zu erhalten, es gibt keinen Stolz auf das, was wir haben, oder getan haben. Sicher sage ich das alles mit einer gewissen Verbitterung, denn so viele Jahre Arbeit, filmpolitische Schufterei, sie haben zu nichts geführt. Filmpolitik ist offensichtlich gar keine Politik. Man versucht, sich ein Eckchen von Menschlichkeit zu ergattern. Und das kann es nicht geben, wenn woanders der Respekt vor dem Leben dahinschwindet, wenn das Leben der Menschen nichts gilt, wenn das, was im Großen getrieben wird, über die Menschenleben hinweggeht.
In den nächsten Tagen ist die Jahressitzung der Arbeitsgemeinschaft. Ich kann nicht in München bleiben, um daran teilzunehmen, obwohl mir sehr danach wäre, die Arbeitsgemeinschaft wachzurufen, mich mit einigen Freunden zusammenzutun, um wenigstens aus diesem Verein das zu machen, was er eigentlich immer sein wollte, nämlich eine Heimat der Filmkunst, die allerdings in den letzten Jahren verraten worden ist von den sogenannten Produzenten unter uns. Die Aufgabe der Arbeitsgemeinschaft wäre es heute, endlich das Münchener Filmhaus zu errichten, das wir schon 1971 schaffen wollten, als das Occam-Studio geschlossen wurde. Die Arbeit von 20 Jahren und von mehreren Generatio-

nen neu hinzugekommener deutscher Filmemacher liegt auf einem großen Friedhof. Saison für Saison gibt es die Filme, die keine Veröffentlichung erfahren. Filme, die von ihrem Verleih miserabel behandelt worden sind, Filme, die in den falschen Kinos liefen, schöne Filme, an die man sich erinnert und die man nie mehr wieder zu sehen bekommen hat, Filme, die so persönlich waren, daß die Macher es nicht gewagt haben, sie zu veröffentlichen. Wir sind vielleicht das einzige Land auf der Welt das über zwei Jahrzehnte unveröffentlichte Filme hergestellt hat, ganze Lebensbereiche und Existenzen, die sich hier ausgedrückt haben, mehr oder weniger geschickt, mehr oder weniger begabt, aber dennoch, sie haben ihr Leben damit verbracht, das wurde vorzeitig auf den Friedhof der »nicht mehr aktuellen Filme« verbannt, als gäbe es in der Kunst so etwas wie Saisonaktualität. Das trifft uns alle miteinander viel härter, als wir im Moment wissen, denn das Lebenswerk von vielen liegt da und schreit danach, bemerkt zu werden. Ich schlage deswegen noch einmal vor, daß man jetzt endlich, vielleicht unter dem Titel *Haus des Deutschen Films*, in München einen Ort schafft, wo all das täglich und permanent zur Verfügung steht.

Was gebraucht wird, ist ein schöner, großer, altmodischer Vorführsaal, sind Räume, in denen man Ausstellungen und Verkaufsstände eröffnen kann und ein Archiv. Ein großes Archiv, in dem wir jeden deutschen Film, ausnahmslos jeden deutschen Film seit 1962, seit Oberhausen, sammeln, je eine Kopie zur Verfügung halten und wo wir ein laufendes Programm veranstalten könnten, wo wir alle diese Filme nacheinander das ganze Jahr hindurch zeigen, jeden Tag zwei, drei oder vier Filme, Kurzfilme, lange Filme, Dokumentarfilme, Spielfilme, alles, was gedreht worden ist, und es sind meines Erachtens weit über 100 Filme, die wir alleine aus unserer Generation zusammenbringen könnten, die dort präsent

gehalten würden, zu besichtigen wären, täglich im Bewußtsein als existent gepflegt würden, auf Videokassetten könnten sich Interessenten alle diese Filme auch nochmal in einzelnen Privatvorführungen zeigen lassen. Das wäre ein Ort, an dem filmwissenschaftliche Arbeit möglich wäre, an dem Journalisten sich informieren könnten, Ausländer, Importeure, Exporteure, aber auch die Filmemacher selbst, die sich untereinander zu wenig kennen.
Was gefunden werden muß, wäre ein Haus, in dem es einen schönen Kinosaal gibt, genügend Nebenräume und vor allem Räume, in denen die Kopien archiviert und gesammelt werden können. Das tägliche Programm könnte zum Beispiel so aussehen, daß in vier aufeinanderfolgenden Vorstellungen jedes Mal ein anderer deutscher Film gezeigt wird, daß jeder deutsche Film hier im Laufe eines Jahres wiederzusehen sein würde und daß man auf Wunsch jeden Titel, der in einem großen Katalog verzeichnet werden müßte, auch besichtigen könnte. In der täglichen Ankündigung des Kinoprogramms einer Stadt wie München würde dies eine wirkliche Bereicherung darstellen, vor allem uns das Selbstbewußtsein geben, daß wir 20 Jahre Filmgeschichte gemacht haben. Es ist dabei ganz unerheblich, von welcher Qualität die einzelnen Filme sind. Ich würde alles, auch die Softpornos, Schulmädchen- und deutsche Schnulzenunterhaltungsware, in dieses Programm mit aufnehmen. Hier geht es darum, daß das, was geschehen ist, immer zur Verfügung bleibt, damit man auch den Stellenwert der einzelnen Arbeiten an den anderen Arbeiten ablesen kann. Es schadet auch nicht, wenn hier keine Qualitätsgesichtspunkte gelten, weil der Kampf um Qualität die Sache der Macher ist und nicht die Sache derer, die archivieren.
So könnte man in diesem Filmhaus auch Auktionen veranstalten, wo die Filmemacher nach Beendigung eines

Films Gegenstände versteigern könnten: Kostüme, Requisiten, nicht mehr erforderliche Filmgeräte, aber auch Standfotos, Arbeitsfotos, Plakate, Drehbücher. Besonders wertvolle Objekte wären die Regieexemplare der Drehbücher, die Exemplare der Regieassistenten mit den eingeklebten Polaroidfotos usw. Solche Objekte könnte man auch sammeln, wären eines Tages filmgeschichtlich von großem Interesse. Weiter kann man dort eine Filmbibliothek führen mit einem Ausleihbetrieb für Filmliteratur, Zeitschriften, man könnte Poster, Standfotos, Pressemappen usw. zum Verkauf anbieten, Restposten aus bereits ausgewerteten Filmen. Man könnte über einzelne Filme, die aufgeführt werden oder zur Zeit in den Kinos laufen, Ausstellungen machen, Monografien herstellen etc. Man könnte wiederum Aktivitäten, die sich in anderen Städten bilden, auf eine ähnliche Weise den deutschen Film präsent zu halten, durch einen Ausleihbetrieb bedienen. Das Ganze müßte nicht kommerziell aufgezogen werden, die Eintrittspreise müßten niedrig gehalten werden, damit man daraus nur den laufenden Betrieb finanziert, an die Produzenten oder Verleiher dürften keine Einnahmen abgeführt werden. Zur Aufführung gelangt jeder Film, der entweder seine Auswertung hinter sich hat oder eine kommerzielle Auswertung nicht gefunden hat. Auch Filme, die im Zusammenhang mit dem Fernsehen gedreht worden sind, die aber als Filme hergestellt werden und die sich aus dem filmgeschichtlichen Bewußtsein nähren, müßte man hier sammeln. Denn es gibt ja kaum noch deutsche Filme, die nicht in irgendeiner Weise mit den Fernsehanstalten gemeinsam hergestellt worden sind.

Es fällt mir leicht solche Pläne zu machen, weil sie alle anknüpfen können an Pläne, die ich vor vielen Jahren schon immer wieder durchdacht habe. Der Unterschied gegenüber früher ist heute vielleicht der, daß wir tatsächlich auf eine phantastische Masse von Filmen zu-

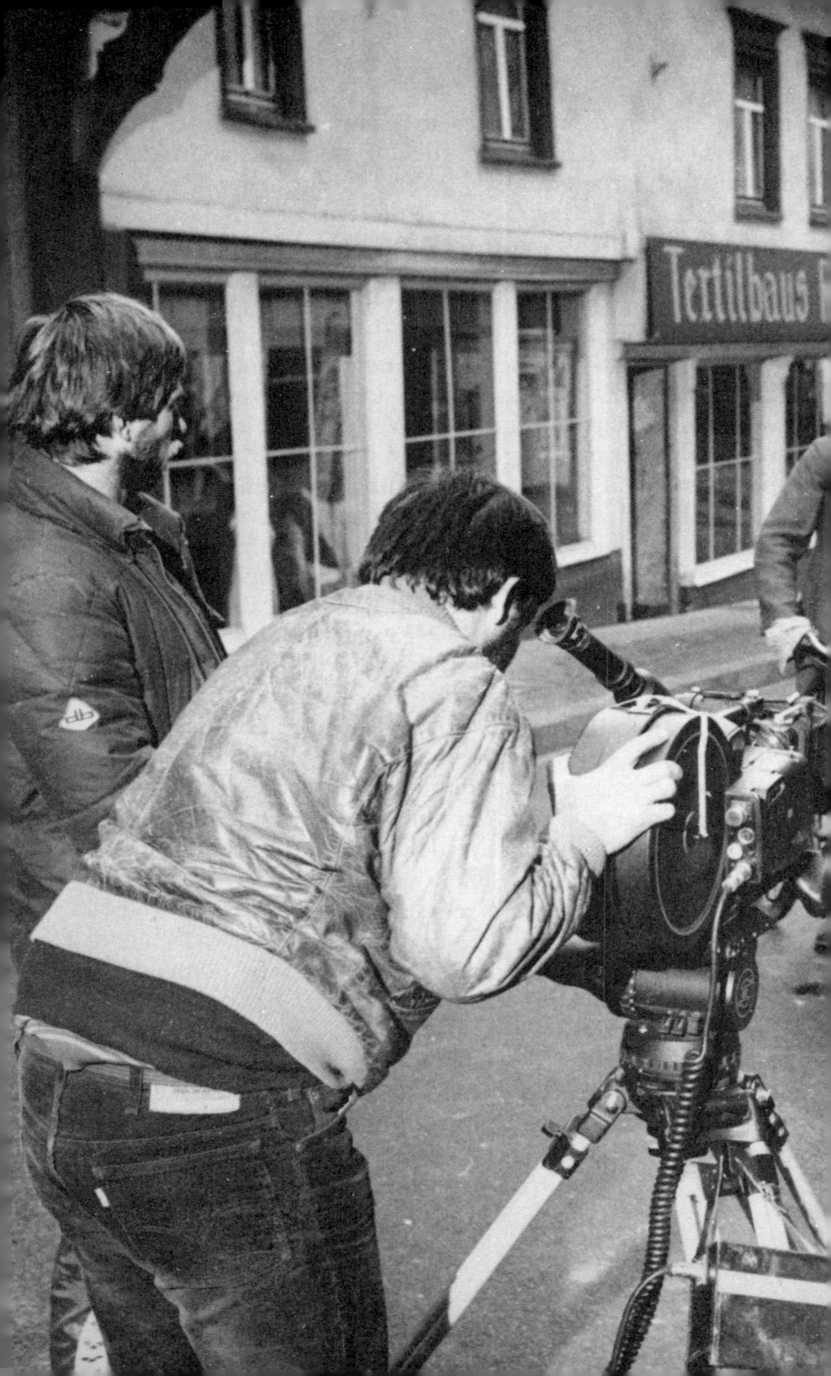
Textilhaus

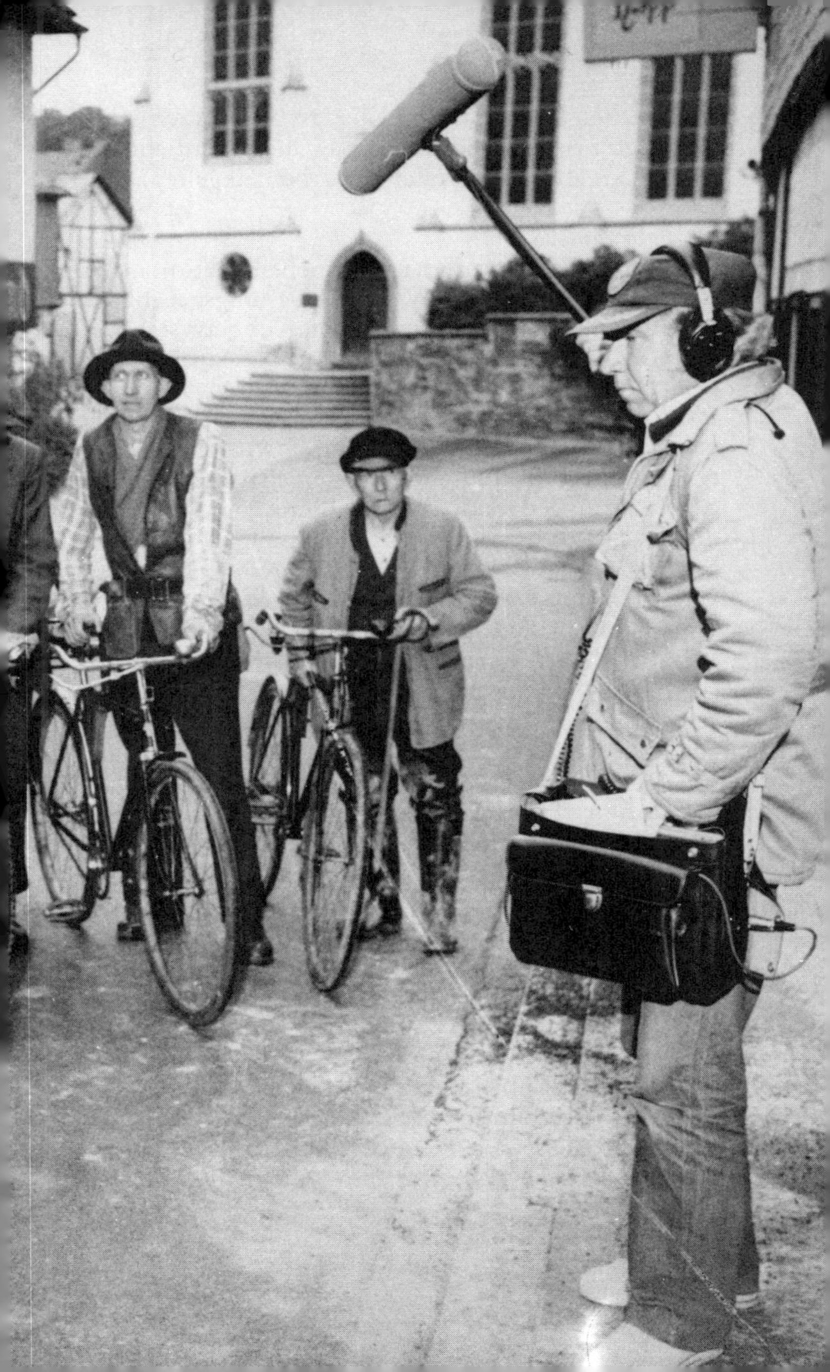

rückblicken können, Filme, die fast alle vorzeitig beiseite gelegt worden sind und die es nicht verdient haben, einfach als abgenudelt oder gestorben zu gelten.

17. Februar 1982
Fahrt von Woppenroth nach München. Station in Ulm. Das war ein plötzliches Wiederbegegnungsgefühl, als ich vor diesem Haus auf dem Ulmer Kuhberg stand. Hier hatten wir 1963 das Institut für Filmgestaltung gegründet. Dort habe ich das Drehbuch zu meinem ersten Spielfilm »Mahlzeiten« geschrieben, dort habe ich meine ganze Vorstellungswelt von Film entwickelt, und es waren Jahre, erfüllt mit einer ganz eigenartigen Hoffnung, der Hoffnung darauf, daß die Filmkunst eine Welt ist, die wir nur zu betreten brauchen, damit sie uns eines Tages gehören wird, wenn wir nur aufgeregt genug danach verlangen und wenn wir nicht nachlassen, neue ästhetische, künstlerische und intellektuelle Wege zu finden. Wir sind damals davon ausgegangen, daß die ganze Welt sich ändert, wenn man seinen Willen, seine Moral und seine Leidenschaft gegen die Systeme stellt. Von heute aus gesehen wirkt das ganz fremd. Als ich vor einigen Wochen einen Versuch unternahm, den neuen Dokumentarfilm »Hunsrückdörfer« in die Kinos zu bringen, erfuhr ich von Leuten, die sich in der Situation auskennen, daß es mit dem Kino ganz schlecht geworden ist. Daß das, was wir nie wahrhaben wollten, nämlich, daß das Kino ein endgültig sterbendes Medium ist, inzwischen Wahrheit wird. In den Ulmer Jahren hätten wir das nie für möglich gehalten.

19. Februar 1982
Ich träume seit über einem Jahr fast jede Nacht von den Figuren dieses Films, von Situationen der Arbeit. Heute Nacht hatte ich einen besonders lebhaften Traum:
Ich befand mich an einem mir unbekannten Motiv im

Hunsrück, es wurden Außen- und Innenaufnahmen gemacht, es war offensichtlich ein Sonntag, und ich war bei den Dreharbeiten unaufmerksam. Ich merkte das an dem Verhalten meiner Mitarbeiter. Der Regieassistent ermahnte mich immer wieder, daß doch die Arbeit weitergehen müsse, und Gernot Roll stand neben mir und fragte ungeduldig nach dem Fortgang der Arbeit. Da wendete ich mich in den Raum und sah dort, wie im Kino sitzend, eine Reihe von Komparsen, die alle in Sonntagsgewänder der dreißiger Jahre gekleidet waren. Ich war ungeduldig, weil ich nicht wußte, was ich mit all diesen Menschen anfangen sollte, und ich wußte auch nicht, welche Szene gedreht werden sollte. Jemand aus dem Team machte mich aufmerksam darauf, daß ich vergessen hätte, meine Mutter zu begrüßen, die sich unter den Komparsen befände. Ich suchte sie mit den Augen, fand sie aber nicht. Die Arbeit nahm in einem anderen Raum ihren Fortgang und ich hatte offensichtlich wieder vergessen, daß da unter den wartenden Komparsen auch meine Mutter war. Und aus irgendeinem Anlaß ging ich mit der Kostümbildnerin in einen Nebenraum, den ich vorher nicht gesehen hatte. Dieser Nebenraum sah aus wie ein riesiges Bett, und in diesem Bett saßen in drei Reihen hintereinander Menschen, die in Nachthemden und Schlafanzüge gekleidet waren, unter einer riesigen Bettdecke aufgereiht und sahen mich an. Gernot Roll kam ebenfalls in den Raum, sah mir über die Schulter. Ich wendete mich nach Gernot um und machte ihn mit diesen Menschen bekannt. Es waren meine Mutter, zwei Schwestern von ihr, Tante Pauline, Tante Else, der Mann von Tante Pauline, Onkel Michel, dann aber in der zweiten Reihe auch mein Vater, seine Schwester, Marie-Goot, Onkel Paul, meine Großmutter, die Mutter meines Vaters. Die meisten dieser Leute sind in Wirklichkeit schon tot.
Sie sahen alle so alt aus, wie meine Mutter heute ist, über

70jährig, aber sie waren sehr munter und fröhlich und gaben Gernot die Hand, und ich bat sie, noch ein wenig Geduld zu haben mit mir, denn die Szene, in der sie vorkämen, sei noch nicht vorbereitet. Mir wurde bewußt daß es sich hier um eine Szene handelte, die ich irgendwie nicht präsent hatte, die nicht im Drehbuch stand, mit der ich eigentlich nichts anzufangen wußte. Und ich verstand auch nicht, warum es dazu gekommen war, daß Jo, der sonst die Komparserie zusammenstellt, ausgerechnet meine ganze Hunsrücker Verwandtschaft für diese Szene bestellt hatte, und daß sie alle eingekleidet worden waren. Regine, die Kostümbildnerin, bat die Leute einzeln, sich zu erheben, zeigte mir die Nachthemden, die gestreiften Schlafanzüge, mein Vater trug auf seinem krummen Rücken eine Schlafanzugjacke, die hinten umgenäht war, und ich fragte mich noch, wie das gemeint war, ob man sich vorgestellt hatte, ihn eine besondere Rolle spielen zu lassen, so buckelig und krumm, wie er da saß, so lächelnd und lieb, aber ich war abgelenkt. Offensichtlich wartete man draußen mit einer anderen Szene auf mich. Und dort wiederum wußte ich auch nicht, was es zu drehen gab. Überhaupt war mir die ganze Tagesdisposition unklar. In den Wartezeiten brach im Team immer wieder Kaffee- und Kuchenstimmung aus, die mir Hoffnung machte, daß ich eine Nachdenkpause gewönne. Andererseits erfuhr ich auf diese Weise erst recht nicht, was zu drehen war.
Ich weiß nicht mehr, wie die Geschichte ausgegangen ist, ich habe dann auch mehr den Gedanken bewegt, warum meine Mutter, meine Tanten, Onkel, Vater und Großmutter auf ihren Auftritt warten, und warum ich aber nicht in der Lage war, ihnen diesen adäquaten Auftritt zu bieten. Ich konnte es auch nicht begreifen, daß sie alle zufrieden damit waren, als Komparsengruppe aufzutreten, so als hätten sie darauf gewartet, in dem Film überhaupt einmal vorzukommen. Mir war aber

auch bewußt, daß alle diese Namen wie Marie-Goot, Pauline und Katharina, wie meine Großmutter in Wirklichkeit hieß, ja alle in dem Film ihre Rollen haben, nur verwechselt mit anderen Darstellern und einem erfundenen Leben.
Roswitha sagte mir morgens beim Aufwachen, ich hätte in der Nacht laut gesprochen und merkwürdige Töne der Zustimmung und Ablehnung von mir gegeben. Wenn ich jetzt so darüber nachdenke, merke ich, daß diese Auseinandersetzung, die hier Inhalt der ganzen Geschichte ist, mit meiner Familie und meiner Kindheit auch sehr in den Hintergrund getreten ist, daß vieles von diesen Inbildern, die mich so bedrängt haben noch in der Zeit des Drehbuchschreibens, jetzt immer seltener werden. Das hat damit zu tun, daß sich die Figuren der Handlung im Laufe der Monate verselbständigen. Verkörpert durch die Darsteller, fest geortet, lokalisiert an den Schauplätzen des Films, bekommen sie ein Eigenleben, sind sie nicht mehr ohne weiteres in Bezug auf ihre Vorbilder korrigierbar. Man bewegt sich in einem bestimmten Areal von fiktiven Situationen. Ich merke das auch daran, wenn es auf Motivsuche geht, wenn Schauplätze gesucht werden, die im Drehbuch nicht genau gekennzeichnet sind. Man sucht immer wieder bestimmte Orientierungen, zum Beispiel in welchen Wald läuft Maria, wenn sie nach Otto's Tod in den Wald läuft? Wir haben uns schließlich entschlossen, sie auf der Straße ankommen zu lassen, die in das Dorf führt, diese Straße mit den Telefonleitungen, die wir oft als Hintergrund für die Bewegungen der Figuren genommen haben. Das ist im Film bereits der bekannte Eingang ins Dorf, ein fiktiver Ort denn das Motiv befindet sich in Maitzborn, ist also zehn Kilometer von Woppenroth entfernt und hat eigentlich nichts zu tun mit der Dorfgeographie, auf die wir uns einmal festgelegt haben. Es ist ein Dorfeingangsmotiv, das wir immer wieder aufsuchen, wo wir

durch wiederholte Situationen die Behauptung vertiefen, daß man so an diesen Telegrafenstangen, die wir aufgebaut haben, entlang in das Dorf gelangt.
Wir haben uns in den ersten Monaten der Dreharbeiten im Rahmen unseres Ausstattungsbudgets zu bestimmten Baumaßnahmen entschlossen. Wir haben das Wiegandhaus gebaut, wir haben den Denkmalsplatz mit einer dahinterstehenden Scheune gebaut, wir haben den Woppenrother Dorfplatz, die Kreuzung, in unserer Tagesdisposition als »Woppenroth-City« bezeichnet, gebaut, Fachwerk freigelegt, das Feuerwehrhaus umgebaut und als Spritzenhaus bezeichnet. Ein bestimmtes Haus ist das Haus der Hebamme, die Wirtschaft, dann natürlich das Simonhaus, Motiv in Gehlweiler, und die Innenräume, die wir in Rohrbach im Haus der Familie Scherer eingerichtet haben, die Innenräume im »Haus Simon«. Dazu kommt die Telefonleitung, die im 2. Teil eine große Rolle spielt, diese Reihe von Telefonmasten, die aus der freien Landschaft kommen, an einer bestimmten Straße vor dem Dorf Maitzborn in das Dorf hineinführend. Dort steht das von uns gebaute Korbmacherhäuschen. Alle diese Orte, die so durch Außenbauten und Ergänzungsbauten entstanden sind, bilden für uns und in unsrer Phantasie seitdem das fiktive Dorf »Schabbach«, und wir suchen immer und immer wieder nach Möglichkeiten, die Handlung an diese Plätze zu verlegen. Es gibt andere Plätze, die einmal aufgetaucht sind zu Beginn unserer Dreharbeiten, zum Beispiel der Bach mit dem kleinen Brückchen, über das Paul schon ging, als er aus dem Ersten Weltkrieg kam, an dem Korbmachers Hänschen gespielt hat, wo die beiden Söhne von Paul und Maria, Anton und Ernst, spielen und sich treffen, als der Brief aus Amerika kommt. Dieses Motiv in der Nähe von Woppenroth im Hahnenbachtal ist eines der immer wiederkehrenden Motive. Oder das Goldbachmotiv, der Bach, in dem Eduard nach Gold ge-

schürft hat. Und es gibt Bedürfnisse nach Motiven, die bis jetzt nur ein- oder zweimal vorgekommen sind: der Heidelbeerwald in der Nähe von Schneppenbach oben im Lützelsoon oder der Ort, an dem Wilfried Wiegand den englischen Piloten erschossen hat, immer wieder vorkommen zu lassen, damit ein fiktiver Lebensraum um das Dorf Schabbach herum entsteht.

Die Alternative wäre, den Hunsrück zu zeigen, immer wieder neue landschaftliche Eindrücke, aber ich glaube, daß das Gefühl von Heimat, das wir ja hier auch als Lebensgefühl vermitteln wollen, so nicht zustande käme. Heimat ist auch immer ein kindlicher Radius von Erfahrungen, ist identisch mit der ewigen Wiederkehr von Schauplätzen, Orten, die für alles mögliche herhalten müssen. Für die erste Erfahrung von Ferne, für die erste Liebe, einfach als Treffpunkt oder die Stelle, an der man immer wieder vorbeikommt, wenn man sich von Ort A nach dem Ort B begibt. Das werden filmische Realitäten. Das wird eine Welt von Filmbildern, in denen sich die Handlung bewegt. Genauso wie die Figuren der Handlung eine eigene Welt von Menschen werden, die es nicht mehr zulassen, daß sie anders interpretiert, anders geführt werden, andere Stimmungen haben oder andere Gesichter.

Deswegen können die Verwandten aus meinem Traum in dem Film nur noch als Komparserie auftreten. Sie können sagen, wir haben die Namen, die die Figuren im Film tragen, wir sind diejenigen, von denen man alles entliehen hat. Aber im Film haben sie nur noch Platz in einem großen Bett oder im Kino. Es war ein besonderer Trick des Aufnahmeleiters in meinem Traum, daß er ausgerechnet diese Toten der Familie angeheuert hatte. Es war bedrückend, daß diese Verwandtschaft nicht so ohne weiteres, wie man sonst Komparserie warten läßt, abgestellt werden konnte. Sie waren nicht einverstanden damit, daß sie für das geringe Komparsenentgelt einen ganzen Sonntagnachmittag im Kostüm auf ihren Auftritt warten und nicht rechtzeitig erfahren, um was es überhaupt geht.

24. Februar 1982

Wir kommen mit unserer Erzählung mehr und mehr auch in die Zeiten, die ich selbst bewußt miterlebt habe, und es gibt über den Hunsrück und das Familienleben dort ganz spezifische Dinge zu erzählen. Die Klärchen-Geschichte sollte einmal eine Hommage an eine bestimmte Frau sein. Die Erinnerung an sie hat mich damals beim Drehbuchschreiben aufgeregt, und es wäre beinahe dazu gekommen, daß ich diese Geschichte vollkommen herausgelöst hätte aus der »Simon-Saga«. Ich wollte noch mehr Zeit vergehen lassen, einen noch größeren Abstand dazu gewinnen. Nun war aber diese Geschichte so gut geeignet, die fünfziger Jahre und ihre Atmosphäre zu beschreiben, von denen ich ja den Anfang noch auf dem Gymnasium in Simmern verbracht habe. Später in den fünfziger Jahren war ich bereits Student in München, verheiratet, wurde Vater. In Gesprächen mit meinen Altersgenossen habe ich oft den Eindruck gehabt, daß ich irgendwann zehn Jahre versäumt haben muß. Und das wird wohl in diesen fünfziger Jahren gewesen sein.

Nun, die Klärchengeschichte mit dem Hintergrund der Zeit, in der die Schüler des Gymnasiums Hermann Hesse oder Sartre lesen, Camus, Existentialismusphilosophie, Heidecker. Die Zeit, in der sich die Bundesrepublik wiederbewaffnet, wo wir mit unserem pazifistischen Idealismus, den wir in der Nachkriegszeit gelernt hatten, und das war ja alles nur wenige Jahre her, uns zu Gegnern dieses Staates und der Natopolitik mauserten. In dieser Zeit, in der wir beschlossen, uns unsere Ideale nicht rauben zu lassen von diesen Opportunisten, in diesen Jahren, die zugleich die Jahre des deutschen Wirt-

schaftswunders sind, spielt die Geschichte von Hermanns erster Liebe. 15- bis 16jährig liebt er eine um elf Jahre ältere Frau. Was mir dieses Klärchen in der Realität bedeutet hat, ist mehr als ein Filmthema.
Bei der Suche nach einer Darstellerin für diese Rolle versuche ich immer wieder, Korrekturen anzubringen, zum Beispiel sie hübsch zu machen mit der Begründung, daß das Publikum sich eine Geschichte lieber erzählen läßt, wenn die Person hübsch ist, weil es ein ästhetisches Vergnügen ist, so jemand anzuschauen, weil man sich das Schicksal von schönen Menschen lieber erzählen läßt als von häßlichen. Allerlei Konventionen dieser Art. Ich ertappe mich dabei, unter den in Frage kommenden Schauspielerinnen die hübscheren oder liebreizenderen Gesichter auszusuchen. Ich stilisiere sie zu einer unkomplizierten, sinnenfrohen, praktischen, komödiantischen, in Liebesdingen erfahrenen Weib-Kind-Frau, aber kaschiere ich damit nicht schon wieder etwas? Nämlich die Tatsache, daß sie nicht so unkompliziert war, daß sie vielleicht sogar wirklich, wie es die Eltern ihr vorwarfen, ein wenig darauf spekuliert hat, einen Milieusprung zu vollziehen, raus aus dieser miesen kleinen, von Konkurrenz beherrschten, mit ewigen Verboten durchsetzten Armeleutewelt? Ich kann mich auch erinnern, daß sie sehr eifersüchtig war auf die Mädchen in meiner Schulklasse, zu denen ich gar keine näheren Beziehungen hatte, denn diese Mädchen, die ließen sich nicht anfassen, sondern wollten nur Gedichte gemacht haben, wollten, daß man sie zum Klavierspielen animiert, und an der Stelle von sexueller Befriedigung gab es kulturelles Gehabe und kleinbürgerliches Tamtam. Aber sie war eifersüchtig auf diese kleinen Freßtypen vom Gymnasium aus den ambitionierten Kleinbürgerfamilien, die später vielleicht mal Lehrerinnen werden oder Akademiker heiraten.
Klärchen zu besetzen und dabei das Originalklärchen zu

meinen, sie sozusagen wiederzuerwecken, ich glaube, das kann nicht gelingen und würde wahrscheinlich auch die Schauspielerin behindern durch meine allzu besitzergreifende Autorenhaltung. Dennoch muß eine Beziehung entstehen, die mich inspiriert, diese Geschichte in einer neuen Form, in einer freien Form zu erzählen, in einer Form, die kommunikativ ist, die ihre sentimentalen, romantischen Momente öffnet als eine Geschichte, die die Herzen anrührt, und nicht als eine Geschichte, die den Zuschauer zum Voyeur macht und ausschließt aus dem Innenraum der Erzählung. Dazu muß das Klärchen eine neue Figur werden, eine Kunstfigur, die vielleicht, wenn wir Glück haben, Elemente des Original-Klärchen in sich aufnimmt, die auf eine magische Weise widerspiegelt, was vielleicht an Erinnerungen in mir ist, aber mit Leichtigkeit. Ich komme nicht daran vorbei, eine Schauspielerin zu finden.

28. Februar 1982
Hier tritt plötzlich das Zeitproblem in Erscheinung. Ein Problem, mit dem ich mich seit vielen Jahren umherschlage. Das Phänomen, daß während des Drehens, während man sich an realen Orten in Gesellschaft realer Menschen befindet, eine vollkommen andere Zeitwahrnehmung herrscht als bei der Betrachtung des Films auf der Leinwand. Es können Vorgänge am Ort des Geschehens sehr kurz wirken. Denn sie gliedern sich ja aus einem Arbeitstag aus. Wenn man sich vorstellt, daß man morgens um sieben Uhr an den Drehort gegangen ist, daß man die Ausstattung stundenlang vorbereitet, daß der Kameramann ausgeleuchtet hat, daß man in der Garderobe war, um mit den Darstellern und den Kostümbildnern die Kostüme durchzusehen und mit den Maskendamen die Masken und die Frisuren zu kontrollieren. Schließlich kommen die Leute, sie sind sehr früh aufgestanden und müde, sie werden in die Gastwirt-

schaft gebracht, sie müssen sich aufwärmen, sie haben Hunger, es ist kalt, es kommt schließlich zu den Proben. Man orientiert sich im Raum, man spielt die Szene mehrmals, man korrigiert sie nach den Kamerapositionen. Es vergehen Stunden von Arbeit, und schließlich läuft die Kamera, schließlich spielt sich die erste Einstellung einer Szene ab, und das ist in Sekunden vorbei. Stundenlange Vorbereitung und dann 20, 30 Sekunden. Das erscheint einem sehr kurz. Vielleicht will man nicht wahrhaben, daß dieses Bißchen das Resultat der stundenlangen Arbeit gewesen ist. Möglicherweise liegt es aber auch daran, daß man im Umgang mit lebenden Menschen an sich ein ganz anderes Zeitgefühl hat. Man begegnet sich nicht auf der Leinwand, nicht in einem filmischen Geschehen. Es ist ein Stück des wirklichen Lebens, das man miteinander verbringt in der Arbeit, und vielleicht liegt es daran, daß dieses kleine Stückchen Zeit, das da vergeht, einem so kurz erscheint, so wenig von dem Zeitquantum zu enthalten scheint, was man da investiert.
Und dann sieht man die Szene auf dem Schneidetisch, und sie ist unendlich lang. Zäh wälzt sie sich dahin, will kein Ende nehmen, die Szene sperrt sich gegen die Schnitte, die man vornehmen will, denn man hat von der Planung her bestimmte Anschlüsse vorgesehen, zum Beispiel daß eine bestimmte Kopfwendung die Szene beendet. Diese Kopfwendung ist bereits der Anfang der neuen Einstellung, und man hat eine andere Einstellung gedreht, in der diese Kopfwendung vorkommt, und nur dort ist der elegante vorgesehene Schnitt. Kürzungen sind fast nicht mehr möglich, denn man müßte in Worte hineinschneiden, oder es entgehen einem Dialogteile, die in anderen Einstellungen nicht noch einmal gedreht worden sind. Man kann nicht alles ins off schneiden, man verfügt nicht über Material, mit dem man das Ganze unterschneiden könnte, keine Zwischenschnitte, kei-

ne Blicke in den Raum auf andere Partner, das Material ist zäh, sperrig, hat nicht die gleiche erzählerische Zeit wie das Filmmaterial, das sich alleine seine Zeit schafft.
Was ist filmische Zeit?
24 Bilder pro Sekunde läuft der Projektor, der Film spult sich von der Rolle, die Schnitte in ihrer Abfolge reißen die Augen des Betrachters jedes Mal in eine neue Perspektive, brutal von einem Augenblick auf den anderen, keine Zeit vergeht. Eine andere Perspektive wird eingenommen. Das frißt der Zuschauer, das macht er mit, das rhythmisiert ihn. Die innere Zeit, die von diesem mit 24 oder 25 Bildern sich abspulenden Zelluloid ausgeht, das ist eine völlig eigene Welt. Eine Welt, die ihre eigenen rhythmischen Figuren aufbaut, die auch ihre Faszination hat, in der man zu leben beginnt. Diese Filmrollen, sechs Akte eines Spielfilms, sie sind der Zeitraum, in dem man sich bewegt, beispielsweise das Gefühl zu haben, kurz vor Ende des 3. Aktes, da hebt sie den Kopf, blickt nach links, schlägt mit der Hand auf die Tischkante, ein rhythmisches kleines Ereignis an einer bestimmten Stelle in dieser Zelluloidrolle. Schön ist das.
Das ist die Welt, in der sich eine visuelle Musikalität abspielt, das ist das, warum ich Film immer so gerne mit Musik vergleiche. Denn nur der Film hat außer der Musik so einen definierten zeitlichen Ablauf und präsentiert die Ereignisse in diesem zeitlichen Ablauf in einer ganz bestimmten definierten Folge. In der Literatur ist so etwas dem Leser überlassen. Die Lesegeschwindigkeiten sind nicht vorschreibbar, auch die Reihenfolge nicht, da spielt es keine Rolle, daß das Buch Zeile für Zeile gedruckt ist. Das Auge des Lesers bewegt sich in diesen Zeilen frei umher. Ich empfinde oft große Leidenschaft dafür, das Material, das am Drehort entsteht, im Hinblick auf sequentielle Abläufe zu planen.
Bei den Mustervorführungen empfindet man das noch nicht so, weil Muster immer nur die einzelnen Einstel-

lungen präsentieren mit nichts davor und nichts dahinter, sie zeigen die Wiederholungen und erinnern noch sehr an die Dreharbeiten, sind für die meisten Teammitglieder auch nichts anderes als eine Erinnerung an die Dreharbeiten. Das Gelächter das bei Mustervorführungen oft ausbricht, entsteht, weil man sich an die Umstände des Drehens erinnert. Bei uns hat sich in den Mustervorführungen ein sehr ruhiger Stil ergeben. Wir sind kühl, wir schwärmen nicht in Erinnerungen. Wer will, nimmt daran teil, selten genug, daß viele aus dem Team kommen.
Gernot Roll gibt Urteile, wenn eine Szene mehrmals gedreht worden ist, sagt, welche der verschiedenen Varianten er bevorzugen würde. Aber auch bei uns passiert es manchmal, daß man sich, wie man sagt, kaputtlacht, wenn man in der Mustervorführung Szenen sieht, die einen an kurzweilige Dreharbeiten erinnern. Und gerade dieses Material offenbart dann seine unfilmische Zeitwahrnehmung, wenn man beginnt, es zu schneiden. Das ist zum Beispiel mit dieser Ferntrauungsszene passiert. Genau auf Anschluß gedreht, alle Schnitte am Drehort geplant und in einer bestimmten Weise nur ausführbar, ergibt sich ein Kloß von Szene, die nicht halb so viel Komik enthält, wie wir das beim Drehen geglaubt haben. Auch die Szene vor der Haustür, wo die Familie von Eduard fotografiert wird mit Lucies Tiraden, wo sie Martha auffordert, doch in die Kirche zu gehen und die Hände zu falten, weil eine Ehe ohne Gott nicht gut sei. Wie haben wir gelacht, als wir die Muster sahen, wie haben wir beim Drehen gelacht, wie vergeht einem das Lachen, wenn man nichts anderes tut, als das Material so zu schneiden, wie es gedreht worden ist.
Anderes Beispiel für eine gelungene Zeitwahrnehmung: Das ist die Szene in Lucies Villa, der Musikabend nach der Ferntrauung. Zwei Musiknummern standen zur Verfügung, sollten gespielt werden. Der Schlager »Von der Pußta will ich träumen« mit Geige und Klavier und

schließlich der zweite Satz aus Mozart's »Kleiner Nachtmusik«. Diese beiden Musikstücke, die ja die Szene voll begleiten, wurden zuerst als Playback-Material aufgenommen, und mit der Stoppuhr wurde jetzt die Szenenauflösung geplant. In vielen ausgerechneten, mit der Stoppuhr inszenierten Einzelschnitten entwickelt sich dieser szenische Ablauf, die Art, in der hier der Raum durchmessen wird, von der kleinen Bühne, wo das Klavier steht durch das Wohnzimmer über die Durchreiche in die Küche, von dort zurück in das Wohnzimmer. Lucie bewegt sich durch den Raum, schwebt durch den Raum, führt uns von einem zum Nächsten, und dabei sind die Musiker immer wieder im On, immer wieder müssen ihre Bewegungen zum Ton stimmen, muß man in dem Moment, wo das Bild das Orchester streift, wieder synchron sein. Eine höllische Rechenarbeit für den Umgang mit den Schauspielern, den Mitwirkenden eine Strapaze, weil ein freies Spielen gar nicht möglich ist. Der Dialog muß innerhalb bestimmter Zeiten abgewickelt sein, weil man sonst am Ende der Einstellung, wo das Orchester wieder ins Bild kommt nicht synchron wäre. Das sind Bedingungen, die für alle Beteiligten in reine Klempnerei und Technik ausarten. Dennoch, gerade diese Szene gelingt, hat einen filmischen Rhythmus, gehalten vom musikalischen Rhythmus, der so filmisch ist. Die Kamera schwebt wie von einer ironischen, eleganten Erzählhaltung bewegt frei durch den Raum. Ich selbst hatte beim Drehen überhaupt kein Gefühl, und ich glaube auch nicht, daß irgendeiner der Beteiligten ein starkes Gefühl für die Szene haben konnte. Denn jeder wurde nur umhergeschubst, in Positionen gezwungen, in Blickrichtungen und Zeitabläufe. Es wurde außerdem ganz unchronologisch gedreht, erst Schüsse in eine bestimmte Richtung, für die das Licht aufgebaut war, dann in Gegenrichtungen, für die dann das Licht aufgebaut wurde. Die Mäd-

chen, die in der Küche spielten, waren nur für einen Drehtag engagiert, und man mußte diese Szenenteile an einem Drehtag abdrehen etc. Von allen Seiten her, von der Organisation, von der Kamera, vom Schnitt: Reine Technik, reine Auflösung.
Das Ergebnis ist eine Szene, die Flügel unter den Füßen hat, die schwebt, die eine wirkliche Ambivalenz enthält, die viel besser ist, als sie im Drehbuch beschrieben werden konnte. Sie ist eben filmisch, aus filmischer Zeit gebaut, im filmischen Rhythmus entstanden.
Ich verwandle mich in diesen Monaten in einen Klempner. Ich beschäftige mich mit nichts anderem als solchen Problemen und sitze morgens, bevor ich an den Drehort gehe, bei meiner Tasse Kaffee in meiner Küche, mache Zeichnungen, Skizzen für Szenenauflösungen, Kamerapositionen, Skizzen für Sekunden und Zeitabläufe und gehe, mit solchen Gedanken ausgerüstet, in den Drehtag. Abends nach Drehende begebe ich mich in den Schneideraum und habe es auch dort wieder mit dieser Art von Problemen zu tun. Puzzlespiel, Zusammensetzen von Einzelheiten, nie das Ganze, das da gemeint sein mag, das man aber als Ganzes bei dieser Detailarbeit aus dem Blick verliert. Gernot ist oft derjenige, der beim Drehen von solchen Einzelheiten dann vom Sucher der Kamera aufblickt, er, der der einzige ist außer mir, der den Film als Ganzes immer wieder vor Augen hat, sagt, war das nicht ein bißchen zäh, war es nicht ein bißchen langweilig? Vor seinem Auge dreht sich der Umlaufspiegel der Kamera, zerhackt das Sucherbild in einem 25-Bilder-Intervall. Bei laufender Kamera sieht man im Sucher ein Bild, das dem Filmbild ähnlich ist. Mit den gleichen unbewußt wahrnehmbaren Flimmerintervallen. Das macht ihn vielleicht fähig, da er ein so profunder Cinéast ist, der Gernot Roll, zu spüren, daß hier nicht filmische Zeit, sondern Naturzeit sich abgespielt hat. War das nicht ein bißchen zäh, fragt er mich. Ich weiß inzwischen, was er

damit meint. Das, was sich vor seinen Augen abgespielt hat, war nicht Film, sondern Schauspiel oder das Leben von Menschen, aber nicht in Zelluloidzeit.
Ich schlage mich mit solchen Problemen herum und weiß nicht, wie ich es in der Situation selbst immer wieder im Griff behalten soll.
Nehmen wir ein weiteres Beispiel:
Die Sache mit dem Flugzeug.
Oft genug habe ich über dieses Flugzeug gesprochen. Es ist angekündigt, dreimal stand es auf dem Drehplan, ist nicht gekommen, stundenlange Gespräche mit den Piloten, Wartezeiten, Wetteranschlußprobleme, Beratungen. Man dreht Ersatzszenen, Reaktionen der Leute auf der Straße, Blicke nach oben auf ein Flugzeug, das vielleicht in einigen Wochen, wenn wir Glück haben, das Dorf überfliegen wird. Wir jagen die Leute mit Megaphon durch die Straße, brüllen sie an, sagen ihnen, da oben fliegt ein Flugzeug. Es ist kalt, Schneematsch liegt auf der Straße. Zwei Frauen mit ihren dünnen Stöckelschuhen versinken im Matsch, ihre Zehen gefrieren zu Eis, die Kinder weinen, müssen in die Wirtschaft gebracht werden zum Aufwärmen. Da oben fliegt ein Flugzeug, schreit der Regieassistent, schreie ich, schreit Gernot, der oben auf der Feuerwehrleiter bei der Kamera steht. Kein Flugzeug ist zu sehen, irgendwelche Reaktionen dieser Leute, die Schauspieler machen es vielleicht besser oder schlechter als die Laien, gucken, was sehen sie denn da? Unser Problem besteht darin, dafür zu sorgen, daß die Blicke der vielen Menschen wenigstens einigermaßen in die gleiche Richtung gehen, denn auch das ist schwierig. Jemand stellt sich mit einer roten Fahne hin, winkt. Guckt auf die Fahne, das ist das Flugzeug! Jetzt rennt er mit der Fahne, rennt von links nach rechts, von rechts nach links, die Leute gucken von rechts nach links und von links nach rechts, da ist kein Flugzeug, die Mimik gefriert, die Füße gefrieren, irgend-

welche Reaktionen werden aufgenommen, hunderte von Filmmetern in Farbe, in Schwarzweiß, Schnittmaterial, das wollen wir irgendwie zur Verfügung haben, wenn nämlich das Flugzeug kommt, damit wir es einschneiden können, damit wir die Reaktion der Leute haben, und wir wissen ja nicht, ob Schnee liegen wird, wenn das Flugzeug kommt, ob wir Anschlußwetter haben, denn die ganze Szene beginnt im Schnee, und das Flugzeug kommt in einigen Wochen, wer weiß, ob dann noch Schnee liegt.
Dann kommt das Flugzeug. Wiederum drei Stunden Wartezeit. Es donnert über das Dorf. Wir haben das Bedürfnis, die Szenen immer wieder zu drehen, mit zwei Kameras jagen wir durch die Gegend, und unsere Darsteller und Doubles und Komparsen auf der Straße rennen von links nach rechts und von rechts nach links, von vorn nach hinten und versuchen, das Flugzeug zu sehen.
Wir versuchen, das Material zu verlängern, haben das Bedürfnis es auszudehnen. Das Abwerfen des Blumenstraußes, es passiert so schnell, es ist eine Sache von Sekunden. Wir zerdehnen das im Film, wir drehen und drehen. Wir drehen den Blumenstrauß in Zeitlupe, wie er von der Feuerwehrleiter heruntergeworfen wird, mit zwei Kameras, mit Tele mitgeschwenkt, mit einer Kamera von oben lassen wir Blumenstrauß um Blumenstrauß ins Bild fallen, lassen die Blumen unten aufschlagen. Wir drehen Nahaufnahmen vom Darsteller des Ernst in der Flugzeugkanzel, er öffnet die Kanzeltür mit laufendem Propeller, damit man den Wind in den Blumen sieht, hebt den Blumenstrauß über die Schulter, läßt ihn fallen. Ein Bedürfnis, diese Zeit auszudehnen, immer weiter auszudehnen, ins Unermeßliche auszudehnen, weil es so lange gedauert hat, bis wir schließlich das Flugzeug zur Verfügung haben.
So entstehen Hunderte von Filmmetern, und es soll eine Szene von einer Minute Länge daraus geschnitten wer-

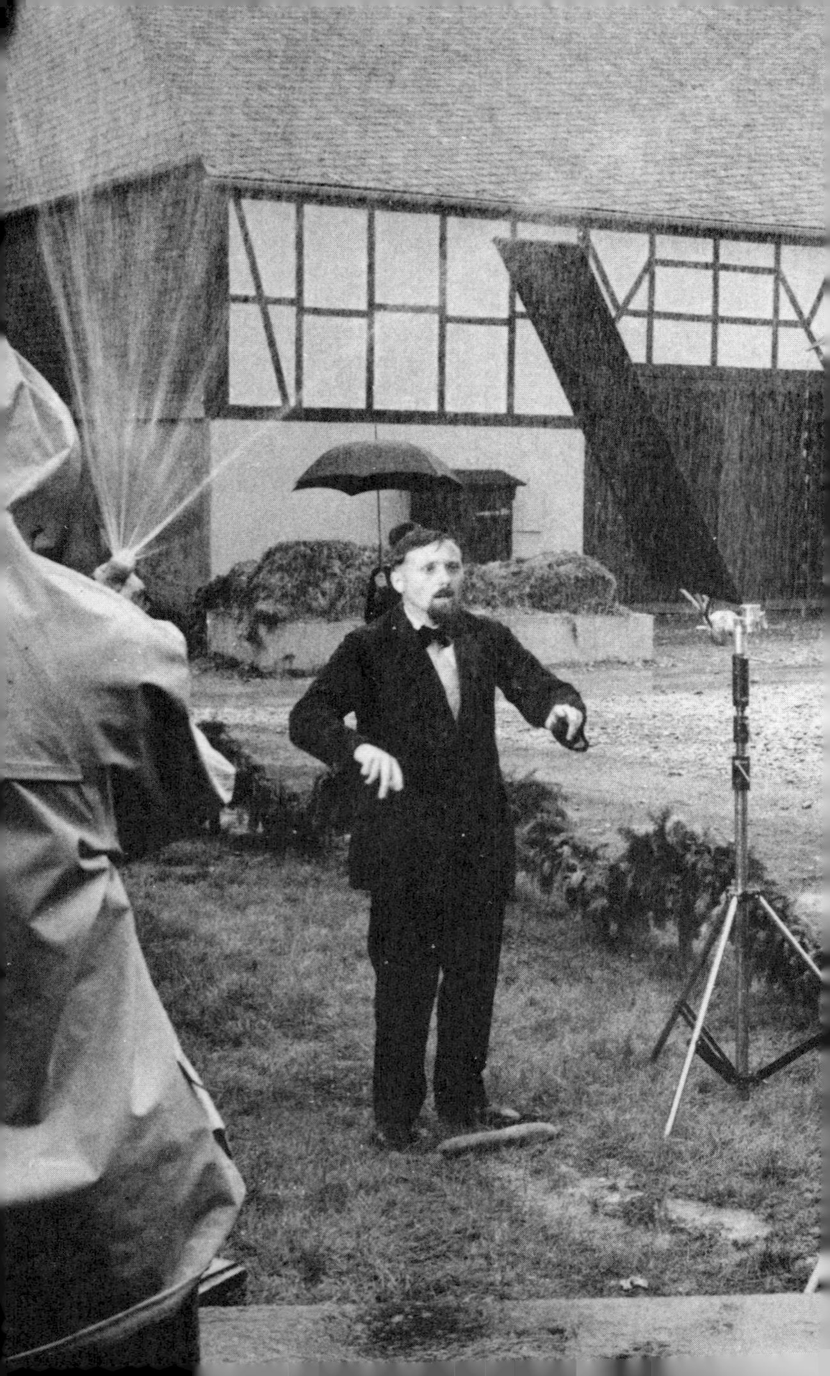

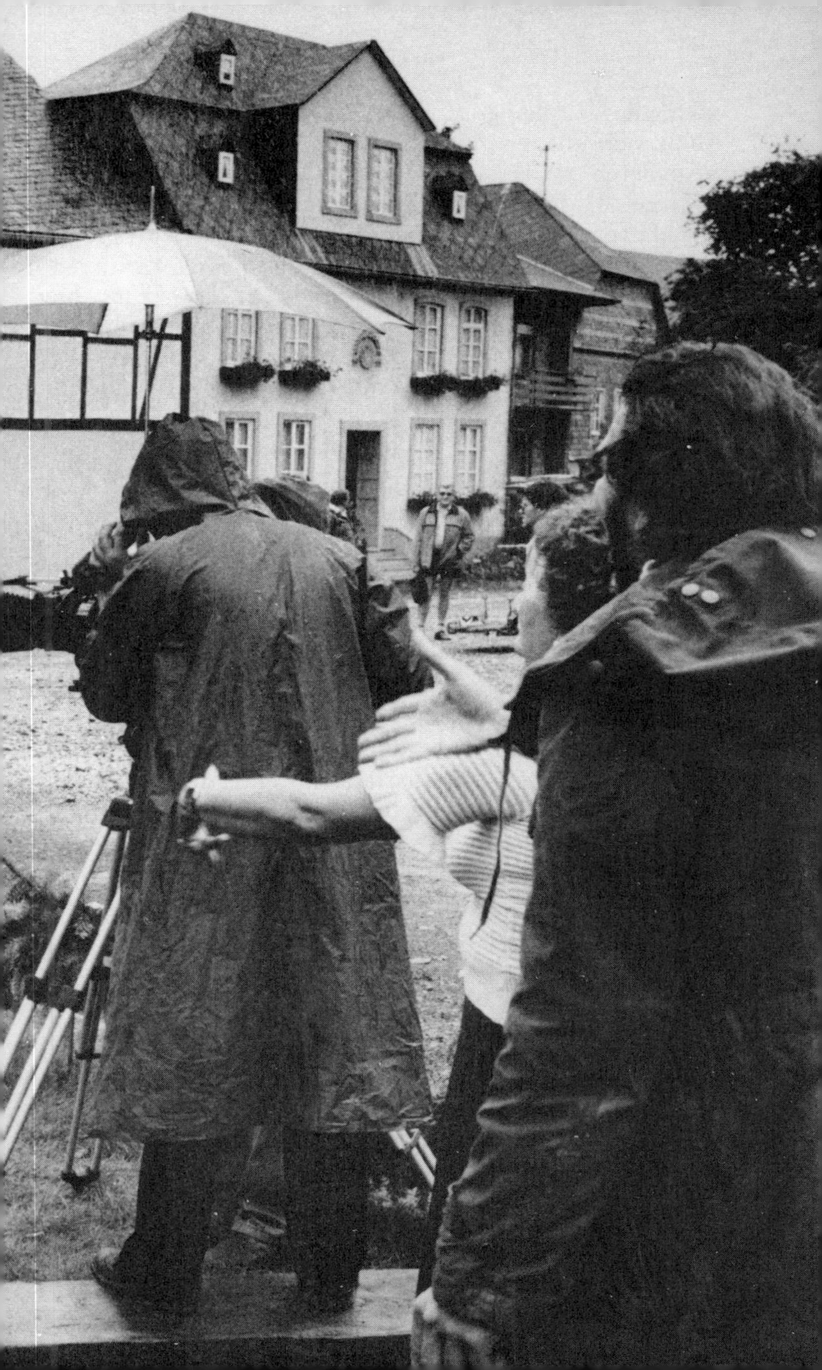

den, alles hat keine Filmzeit, alles, was da entstanden ist, mißt sich an den Zeitmaßen, in denen diese Dinge zu realisieren waren, in denen das Flugzeug zu besorgen war etc. Es ist auch nicht zu verlangen, daß Menschen, die da frieren, die mit nassen Füßen auf der Straße hin und her gehetzt werden, daß sie sich in einer Zeit bewegen, die dieser Zelluloidzeit entspricht. Man kann hier nur Material schaffen, das man auf den Schneidetisch schmeißt und daraus etwas bastelt. Fiktiv. Alles ist fiktiv. Die Blicke sind fiktiv, die Antworten sind fiktiv, die Zusammenhänge sind fiktiv.
Das ist Film.

29. April 1982
Wir drehen seit über einem Jahr an »Heimat«
Ich möchte in diesem Sommer eine Arbeitsweise anwenden, die ich bis jetzt nicht gewagt habe. Bis jetzt sind wir sehr planmäßig vorgegangen. Wir haben zwar immer wieder Veränderungen am Drehbuch vorgenommen und diese diskutiert, dann wurde aber alles aufgeschrieben, vervielfältigt, an alle Beteiligten gegeben. Die Planung wurde dann verbindlich, umgesetzt in den Drehplan, in die Arbeit der Ausstattungsleute, der Maske und Garderobe, der Darstellertermine usw. Also verwandelte sich die Dreharbeit doch mehr oder weniger in eine produktionstechnische Einbahnstraße. Vielleicht blieb mir auch deshalb nicht sehr viel anderes übrig, als mich an den Drehtagen auf die atmosphärischen Situationsbeschreibungen zu konzentrieren, denn das, was inhaltlich vemittelt werden sollte, war ja im Grunde immer auf Wochen im voraus festgelegt.
Das erzählerische Detail, so wie es sich vor Gernot's Optik abspielt, haben wir aus dem Gefühl für die Situation täglich neu entwickelt. Es sind auch neue Dialoge entstanden im Umgang mit den Darstellern, aus der Situation heraus. Aber jetzt empfinde ich Scheu, die Dinge

so detailliert zu planen und aufzuschreiben. Ich habe für die neu geschriebenen Szenen nur noch bestimmte technische Angaben aus der Hand gegeben, zum Beispiel Drehort, beteiligte Darsteller, wichtige Requisiten, Kostüme usw., aber nichts verraten über den Inhalt der Szene. Das habe ich für mich notiert und möchte die Situationen auf mich zukommen lassen. Und so möchte ich den 11. Teil auswendig inszenieren. Es gibt zwar drei diktierte und abgetippte Fassungen, aber ich habe beim Lesen immer wieder gemerkt, daß es um eine erzählerische Grundhaltung geht, die ich in Gesprächen nicht vorwegnehmen mag.

Ich habe mir die Geschichte in den letzten Wochen, wenn ich allein war oder im Auto gefahren bin, immer wieder selbst erzählt und dabei gemerkt, wie sie sich verwandelt, wie sie sich öffnet, wie bestimmte, etwas umständliche Szenenabläufe immer einfacher werden. Ich glaube, wenn ich das im Laufe des Sommers noch ein paar Mal tun werde, dann kann ich das den Mitarbeitern so vermitteln, daß sie ohne schriftliche Vorlage arbeiten können.

Ich freue mich auf dieses Gefühl der Erlösung, wenn wir die Kamera überallhin richten können, wenn jeder Mensch, der im Hintergrund vorbeiläuft, jedes Flugzeug, das über die Szene donnert, mit aufgenommen werden kann und wenn der Blick wegen des historischen Interesses nicht mehr so selektiv sein muß.

Nach über einem Jahr gemeinsamer Arbeit ist das Team weit über seine ursprüngliche Leistungsfähigkeit hinausgewachsen. Ich habe das Gefühl, wir könnten jetzt gemeinsam jede gestellte filmische Aufgabe ohne Vorbereitungszeit lösen.

21. Mai 1982
Ich erinnere mich jetzt oft an meine Zeit als 16jähriger – ein Alter, in dem man in seinen stillen Stunden sehr lei-

det, sich quält und sich in Phantasien und Verliebtheiten schreckliche Nächte bereitet. Man sieht das den Jungen auch an. Man sieht das auch unserem Hermännchen an, von dem wir noch nicht wissen, ob er den schauspielerischen Aufgaben gewachsen sein wird. Es hat sich auch bestätigt, daß der überwiegende Teil derer, die das Gymnasium besuchen, immer noch die Kinder aus den sogenannten besseren Familien der Kleinstädte wie Simmern sind, und ich erinnere mich jetzt auch wieder an diese Simmerner Familien. Ich habe, seit ich den Hunsrück verlassen habe, nichts Borniertes, nichts Dreisteres angetroffen.

Es hat sich herausgestellt, daß die Eltern der Jungen, die für die Rolle des Hermann in Frage gekommen wären, immer noch solche Monster von Überheblichkeit, Engstirnigkeit und sexueller Verklemmtheit sind, wie ich sie schon in meiner Jugend erleiden mußte. Es ist eher noch schlimmer geworden. Diese wortlose Unterdrückung aller Gefühle ihrer Kinder durch Gestus, Blicke und hemmungslos lautstark vorgetragene Meinungen zu allen Lebensfragen! Die Familien der Lateinlehrer, der Pfarrer, der Ärzte, die sich um uns Schüler kümmerten, die uns in betulicher, verlogener Emsigkeit auf das Abitur trimmten ohne zu wissen, was das eigentlich für eine Schwelle ist. Sie empfanden das Gymnasium als eine Pumpstation, Kinder aus den unteren Regionen der Dörfer zu sich emporzuheben, wobei sie gleichzeitig spüren ließen, daß man zu ihnen ja doch nie emporkommen kann.

Es gibt wirklich nichts Schrecklicheres als die deutsche Kleinstadt.

Das Leben in den Dörfern bei den Bauern ist vollkommen anders, und das ist es auch, was wir im Film schildern und woran wir nach so langer Zeit noch Freude empfinden können. Was aber da in den Renommierhäuschen der Kleinstädte lebt an Akademikern, Apothe-

kern, Schullehrern, Beamten und auch sogenannten besseren Geschäftsleuten, ist wirklich die Rückseite des deutschen Wesens.
Gott bewahre uns davor, daß das wieder ungehemmt politisch den Ton angeben kann.

4. Juni 1982
Der Frühling in seiner Blüte und mit dem explosiven Wachstum in der Hunsrücker Landschaft war sehr kurz und überwältigend. Man sah jeden Tag auf dem Weg zu den Dreharbeiten, wie das Gras, die Frucht auf den Feldern schon wieder ein paar Zentimeter gewachsen war. Es war ein Delirium von Frühling und Blüten. Gernot hat das an manchen Drehtagen in wunderschönen Landschaftsaufnahmen dokumentiert. Auch im vorigen Jahr haben wir immer wieder an den Tagen, an denen es nicht allzuviel zu tun gab, Landschaftsaufnahmen gemacht. Gernot hat dafür einen eigentümlichen Stil gefunden.
Er wollte nicht diese üblichen Kulturfilmaufnahmen von der Landschaft machen. Ich kann seine Abneigung gut verstehen. Dennoch gibt es auf das, was uns an dieser Landschaft immer wieder fasziniert, und für die Schönheit, die uns bewegt, ganz bekannte Blicke.
Gernot erlebt die Welt als Kameramann. Er findet Motive, die nur durch die Optik der Kamera, durch die Veränderungen der verschiedenen Brennweiten der Objektive sich erschließen. Also nicht Bilder, die das Auge sieht, sondern Bilder, die nur die Kamera zu sehen imstande ist. Und seine Bilder haben dann noch eine Eigentümlichkeit: Sie beziehen sich nicht auf den Bildrahmen. Das, was andere Kameramänner so oft in Anlehnung an das Malerische »Quadrieren« nennen, das interessiert Gernot nicht. Natürlich sorgt er dafür, daß Dinge, die er nicht im Bild sehen möchte, außerhalb des Bildrahmens bleiben. Aber der Bildrahmen ist kein Gestaltungsmittel im Sinne der Malerei. Die Bilder, die er

macht, sind Ausschnitte aus einer Welt, die rechts und links, oben und unten weiterzugehen scheint, und manchmal beweist er das dann auch durch kleine impulsiv gemachte Schwenks, die zeigen, daß der gleiche Charakter sich rechts und links fortsetzt. So entstehen Landschaftsbilder, die auf die gleiche Weise unmalerisch sind und deswegen spielfilmartig wie die inszenierten Spielhandlungen.

Gernot's Bilder haben immer wieder diese Faszination, daß sie eine Welt beschreiben, die sich nach allen Richtungen fortzusetzen scheint. Also Ausschnitte, die sich nicht absolut setzen wollen, die nicht kompositorisch den Rahmen der Kameraeinstellung füllen. Hier ist der gewählte Bildausschnitt eine Form der Konzentration auf Bildwichtiges, auf Bildinhalte, die sich außerhalb fortsetzen. Das Gefühl der Fortsetzung auch bei Großaufnahmen, bei halbnahen Einstellungen, bei Kamerabewegungen in Räumen! Immer dann, wenn sich Personen im Bildausschnitt bewegen, dann läßt das zu den Rändern hin das Gefühl der Offenheit. Das macht die Arbeit mit Gernot so schön, daß ich bei seinen Bildern immer weiß, daß die Welt nicht draußen bleibt, daß Geschichte hereinweht in die Bildausschnitte. Mehr gilt sein Interesse der Staffelung in der Tiefe. Sein Interesse gilt auch den Objektivbrennweiten und der Wirkung von räumlicher Tiefe. Er arbeitet oft mit »Bildverbesserungsmaßnahmen«, wie er das nennt, indem er die Straßen an heißen Sommertagen anfeuchtet oder mit Spiegeln Sonnenflecken in schattige Partien reflektiert, indem er Flimmerwirkungen durch Abbrennen von Spiritus zwischen der Kamera und dem Bildgeschehen erzeugt oder indem er die Räume oder Landschaftsausschnitte mit künstlich erzeugtem Nebel füllt. Alles dies sind aber nicht Maßnahmen, die das Bild zu einem Gemälde einfrieren. Im Gegenteil, die Bilder bleiben unmalerisch, erzählerisch, zu den Rändern hin fließend.

5. Juni 1982
Die mittelalterlichen Geschichten sprechen oft von der Reinheit des Herzens, des naiven Heldentums. Der »tumbe Tor«, das war ein Begriff, den ich bei meiner Deutschlehrerin gelernt habe. Der tumbe Tor ist der ritterliche Held, der alle Schrecklichkeiten begeht. Er tötet Menschen, raubt, unterwirft seine Feinde, ist dabei »rein im Herzen«. Das soll daher kommen, daß er auf eine merkwürdige Weise nicht weiß, was er tut. Er hat zwar eine Aufgabe, die etwa darin bestehen kann, ins Heilige Land zu ziehen, einen Drachen zu töten oder eine Frau zu erobern. Alle diese Aufgaben sind mit schrecklichen Schwierigkeiten versehen, und er muß furchtbare Abenteuer bestehen, bevor er ans Ziel kommt. Wenn er nun aufbricht von zuhause, dann ist er noch nicht reinen Herzens, denn die *Absicht*, die noch im Kopfe ist, der *Gedanke*, aus dem heraus er loszieht, seine Taten zu vollbringen, ist nicht rein, ist Kopfarbeit, Willen. Die Reinigung geschieht auf dem Weg. Je mehr der Ritter sich von zu Hause entfernt, je länger er auf dem Wege ist zu seiner Tat, um so reiner wird er. Das tägliche Vorangehen, auch das Zusammenwirken mit Freunden, mit anderen Rittern, mit Menschen, die ihm beistehen, helfen, auch die Liebesgeschichten, die er unterwegs erlebt, all das macht, daß der Weg als solcher wichtig wird. Das ursprüngliche Ziel wird mehr und mehr aus dem Kopf entfernt, wird mehr und mehr Teil des Handelns. Das erzeugt die Reinheit. Und wenn er zu früh an seinem Ziel ankommt, wenn er noch nicht lange genug unterwegs war, nicht genug Schwierigkeiten erlebt hat, dann ist das Herz noch nicht rein, und dann wird er den Drachen nicht besiegen.
Nur weiß ich jetzt nicht, was unser Ziel ist. Es ist nicht, den Drachen zu töten, oder doch? Wir sollten uns vielleicht daran erinnern, wenn wir herauskommen aus diesem Dschungel der täglichen Kämpfe, daß wir einmal

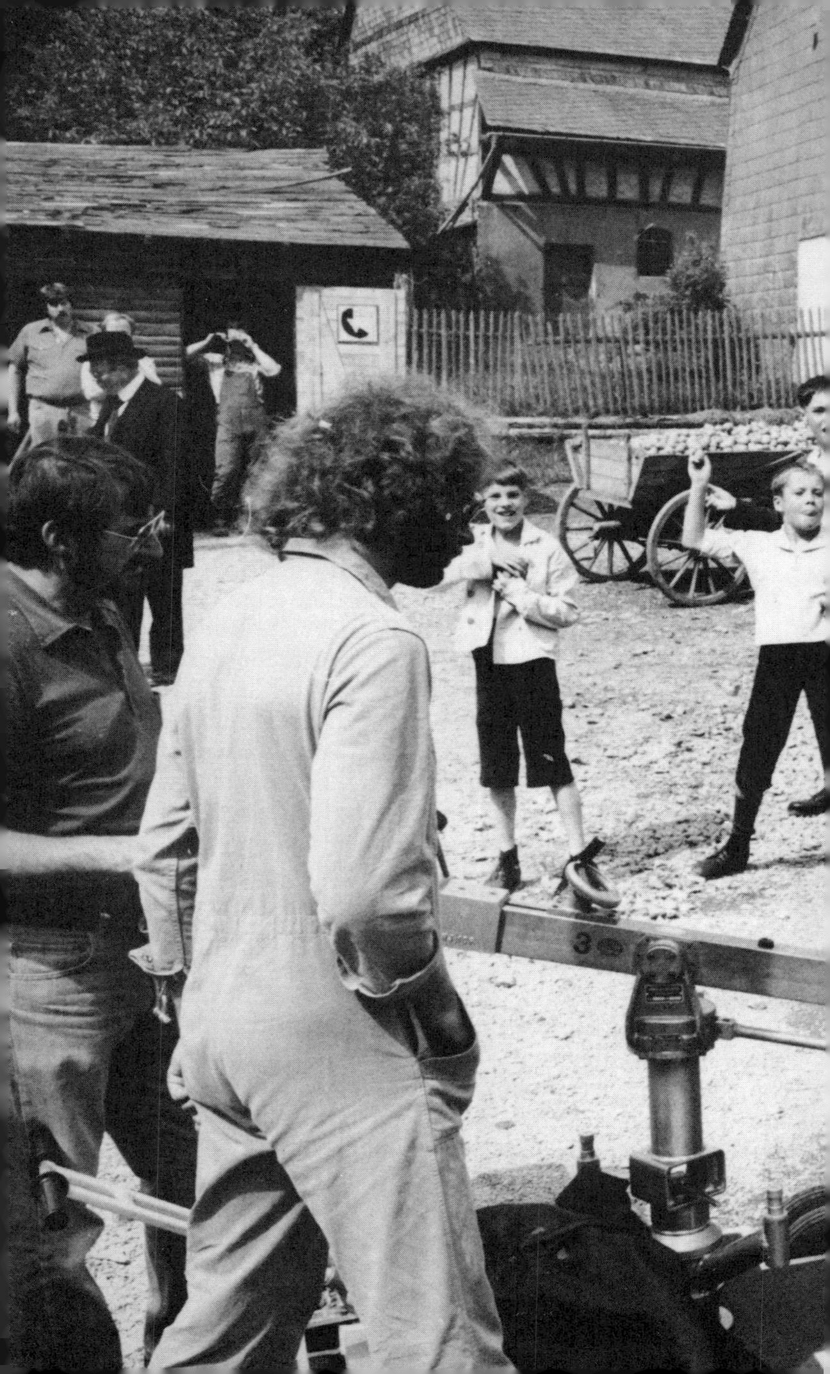
3

Spritzenhaus

aufgebrochen sind, den Drachen zu töten, und es ist ja so, daß der Drache irgendwo wartet.

30. Juli 1982
Es ist eine große Versuchung, Ausdruck vor der Kamera zu produzieren, weil ja die Kameraleute auch immer wieder mit bestimmten Ansprüchen an die Schauspieler herantreten, zum Beispiel daß sie das Gesicht zur Kamera hinwenden oder bestimmte Haltungen einnehmen, um gut im Licht zu stehen, um der Kamera eine Chance zu geben, das, was hier angeboten wird, auch mitzubekommen. Das sind für den Schauspieler auch Versuchungen jetzt, wo er sich der Kamera zuwenden soll, auch dem »Affen Zucker zu geben«, also Schauspielerei zu betreiben, »anzubieten«, auszudrücken. Hier geht es um Gegenbewegungen. Es geht darum, das einmal Erlernte, das für die Kamera Notwendige zu vergessen. Es geht darum, alle unsere Analysen und Gespräche über den Stoff und Figuren und Charaktere zu vergessen. Es geht darum, die Diskussion über das Drehbuch und die Szenenauflösung zu vergessen. Es geht darum, in diesen wenigen Sekunden, die eigentlich bleiben zwischen dem Schlagen der Klappe und dem Spiel, leer zu werden, sich in Nichts zu verwandeln und nur in sich zu sein.
Gernot Roll hat auch großen Einfluß auf den Ablauf der Arbeit. Er macht sich die Belange der Regie, der Produktion, des Tons, aller Faktoren des Films täglich zu eigen, denkt darüber nach, ob hier oder dort noch eine Tonüberlappung oder eine zweite Tonebene erforderlich wäre. Er macht dem Tonmeister Vorschläge, er macht sich Gedanken darüber, wenn irgendetwas im organisatorischen oder praktischen Ablauf nicht funktioniert. Er beobachtet die Schauspieler, er spürt, wenn unter den Komparsen jemand nicht ganz bei der Sache ist, wenn der Ausdruck nicht stark ist, wenn jemand nicht mit-

spielt, wenn jemand mehr Humor geben könnte, wenn in einer Szene überhaupt »mehr« möglich ist, dann spürt er es, macht mich aufmerksam oder spricht mit den Darstellern. Also die Arbeit von Gernot ist ununterbrochen und jeden Tag eine aufs Ganze gehende Arbeit. Eine Arbeit, die das Ergebnis vor Augen hat. Man kann das schon nicht mehr »engagiert« nennen, weil es so selbstverständlich ist und so voll Ruhe, Vernunft, Einfallsreichtum und Liebe und dennoch so herb und ohne Umstände im Ausdruck. Gernot Roll ist ein Teil des Films. Ich habe manches Mal gedacht, ich möchte nie mehr einen Film machen, wenn er nicht Zeit hat, mitzumachen. Die Arbeit mit Gernot Roll hat mir neue Dimensionen für Filmarbeit eröffnet. Ich verstehe erst in der Zusammenarbeit mit ihm, wie erbärmlich manches theoretische Gerede über Film ist, nicht weil die Theorien so schwach sind, sondern weil die Ausführung oft so leidenschaftslos und uninteressiert ist. Für Gernot Roll ist jede Theorie nur soviel wert wie die gute Ausführung davon. Mit ihm zusammen habe ich verstehen gelernt, daß der intellektuelle Überbau über unserer Arbeit nur dann sinnvoll ist, wenn man wirklich daraus handeln kann. Gernot ist ein Mensch, der in seiner Arbeit keine Flunkereien duldet, dessen Wort auch im Team gehört wird. Gernot Roll ist für mich die Hälfte des Films. Das wissen alle, und das spürt jeder, der ihn in der Arbeit beobachtet.

6. August 1982
Ich weiß nicht, wo das herrührt, daß ich bei Farbfilmen oft dieses merkwürdige Gefühl der Kommerzialität und der ästhetischen Flachheit habe. Möglicherweise liegt es daran, daß meine ersten großen Filmerlebnisse Schwarzweißfilme waren. Ich habe oft den Eindruck, als hätte die Filmgeschichte den Farbfilm noch gar nicht verdaut, als wäre der Schwarzweißfilm noch lange nicht an seinen

ästhetischen Möglichkeiten angelangt, als der Farbfilm eingeführt wurde, als durch äußeren Druck überall Farbfilme gemacht werden mußten. Ich kenne nur ganz wenige Farbfilme, die mich tief beeindruckt haben und von denen ich sagen könnte, daß bei ihnen die Farbe ein entscheidender Bestandteil meines Filmerlebnisses war. Und wenn ich heute nach so vielen tausend Metern Schwarzweiß, die ich gedreht habe, unsere Farbaufnahmen sehe, so empfinde ich sofort, hier ist etwas kommerzieller als bisher, hier ist etwas makelloser als bisher, hier ist etwas mit allem, was täglich gesendet und fabriziert wird, Verwandtes entstanden, und ich weiß nicht, warum, denn wir sind dasselbe Team, wir arbeiten mit denselben Menschen, wir sind am gleichen Ort, wir haben die gleichen inneren Einstellungen. Den Farbfilm importiert uns die Firma Kodak und das Deutsche Fernsehen.

13. September 1982
»Versuche, Bilder zu machen, indem du dich mit der Kamera regelrecht in das hereinflutende Sonnenlicht stürzt, wo du die Orgel und die Fenster der Kirche auf eine dramatische Weise vor deine Optik zerrst, laß dir etwas einfallen dazu«, habe ich zu Gernot gesagt, denn gerade bei solchen Dingen wollte ich ihm keine direkten Anweisungen geben. Und er lief in der Kirche umher und sammelte sich auf diese merkwürdige Weise, wie ich es von Gernot kenne. Das sieht dann so kühl und professionell aus, wenn er da und dort guckt oder nur steht, fast geistesabwesend. Und dann machte er mir einige Vorschläge, und er riß die Kamera an einem Sonnenstrahl entlang, empor zum Kirchenfenster, die Sonne brach in die Optik, er stellte draußen Silberblenden auf oder Goldblenden und spiegelte die Sonne herein in den Orgelprospekt und suchte an der Seite der Orgel wieder solche Bilder, in denen sich das Sonnenlicht in der Optik

bricht und wo er durch die Orgelflöten hindurch auf den dort spielenden, tränenüberströmten Hermann schwenkt. Und jetzt, zusammen mit der Musik von Nikos Mamangakis, waren diese Bilder wie bestellt für die Musik. Sie paßten im Timing, in den Bewegungstempi, im Ablauf, in den Pausen ganz genau zu der Musik, von der weder Gernot noch ich etwas Genaues wissen konnten, als wir die Bildaufnahmen machten. Und Nikos konnte, als er die Musik machte, auch nichts von den Bildern wissen, denn die Bilder, die er vorher gesehen hatte, gehörten zu einer erbärmlich schwachen, nur lauten Musik, die aus nichts anderem, als aus zwei, drei Tönen bestand.

14. September 1982
Ich habe früher oft versucht, bei Dreharbeiten zu einem Spielfilm Ereignisse und Umstände der Dreharbeit mit einzubeziehen, also das Zufällige in einer halbdokumentarischen Weise.
Alexander Kluge hat immer noch größte Zweifel an der Machbarkeit von filmischen Szenen. In der Zeit unserer frühen Filme »Abschied von Gestern« und »Mahlzeiten« haben wir ja auch immer wieder versucht, Spontanes mit einzubeziehen. Wir haben unsere Darsteller in öffentliche Veranstaltungen hineininszeniert. Wir haben unsere Darsteller auf Straßen, in öffentliche Cafés, in Lokale, in Vorlesungen der Universität hineingeschickt und sie dann in dieser »natürlichen« Umgebung gefilmt. Aber wenn ich mir heute diese Bilder ansehe, so fehlt ihnen eine bestimmte Qualität. Bei dieser Methode hinkt man mit der Kamera immer hinter den Ereignissen und Umständen her. Man schafft es nicht mit der Schärfe, man schafft nur unvollkommene Einstellungen. Man muß sich oft damit begnügen, daß es hell genug ist für die Belichtung. Man erreicht keine abgehobene Bildqualität. Ich meine hier nicht, daß sich die Bildqualität als ei-

ne eigene künstlerische Willensform abheben soll, daß also die Beleuchtung, die Kameraeinstellung sich nicht gegen die Räume und Verhältnisse zu stellen hat. Ich meine, daß es für jeden Raum mit seinen natürlichen Verhältnissen auch eine fotografische, cinematografische Umsetzung gibt, denn das, was man im sogenannten »available light« aufnimmt, ist ja nachher auf dem Film gar nicht mehr der Eindruck dessen, was man da vorgefunden hat, sondern die mangelhafte fotografische Wiedergabe davon. Die Umsetzung erfordert eben doch ein präzise aufgebautes Licht und eine präzise Auflösung der Szene in Kameraeinstellungen, ein genaues Timing. Nur dadurch kann der Zuschauer das, was wir spontan mit dem Auge gesehen haben, auch erleben. Es geht also auch in diesen Fällen nur über die vorausgegangene Beobachtung und dann um die willentliche Herstellung und die professionelle Beeinflussung aller Faktoren.

Wir müssen – und das ist unerläßlich – in die Lage kommen, die Motive zu beherrschen. Da darf nichts geschehen, was nicht unserem *filmischen* Willen unterliegt. So gesehen ist es richtig, daß man die Straßen und Räume, in denen man filmt, erst einmal leerräumt, dafür sorgt, daß da kein Mensch umherläuft und nichts geschieht, was nicht zu unserm Film gehört, damit das, was dort sonst spontan stattfindet, mit Darstellern und Komparsen, mit all den Hilfsmitteln, die wir kennen, Requisiten, Tieren usw., wieder hergestellt werden kann. Diese Reproduktion von Spontanem, Beobachtetem ist sehr erfolgreich. Sie setzt voraus, daß der Regisseur und der Kameramann absolut genaue Beobachtungen gemacht haben, daß sie das, was sie gesehen haben, auch im richtigen Moment und so, wie es gemeint ist, wieder herstellen können: Von den zartesten Nuancen der Beleuchtung bis zu den eigentümlichsten Bewegungen der Menschen in den Räumen, bis zur Anordnung der Dinge, der Requisiten, die Menschen benutzt haben, liegen-

lassen oder bewegen. Aber ich glaube, daß das Filmemachen, wenn man es ernst nimmt und wenn man eine gewisse Stufe des Dilletantismus, des amateurhaften Ausprobierens hinter sich hat, darauf angewiesen ist, die Situation, die Drehorte absolut zu beherrschen. Film verwandelt sich dann in eine Folge von total hergestellten Bildern.
Montage in dem Sinn, wie wir bei unseren frühen Filmen Montage gemacht haben, in dem wir gesammeltes, zusammengetragenes Material teilweise collageartig zusammengefügt haben, das ist, von hier aus betrachtet, die extrem andere Methode.
Auf der anderen Seite haben inszenierte Spielfilme, wie sie heute nur noch gemacht werden, etwas behäbig Schwerfälliges, Umständliches. Es spricht aus ihnen oft mehr der Produktionsaufwand, der technische und finanzielle Apparat, als die freie Phantasie des Erzählers. Sie haben auch keine allgemeine Befreiung der Phantasie mit sich gebracht, weil die Apparate diesen Stil des Films noch mehr beherrschen können; denn dieser Arbeitsstil der totalen Inszenierung erfordert auch eine totale Planung, erfordert eine vorbehaltlose Mitarbeit der Produktionsabteilung, der Aufnahmeleiter, der Produktionsleiter, und insofern spielt sich zu viel von dem, was hier realisiert wird, in den Büros ab an den Telefonen. Das aber untersteht dem Produzenten und wird zu einer Frage des Aufwandes, der Ausstattung usw., macht die Filme spekulativ und schwer. Mit allen diesen Dingen frei und leicht umzugehen, sie direkt von der Regie her veranlassen zu wollen, das gelingt selten. Wir haben in unserem Fall ein wahnsinniges Glück.

24. September 1982
Ich habe mit Marita Breuer noch lange über die Maske im 10. Teil gesprochen, wo sie ja schon Ende sechzig sein soll. Die Maske war offensichtlich zu stark aufge-

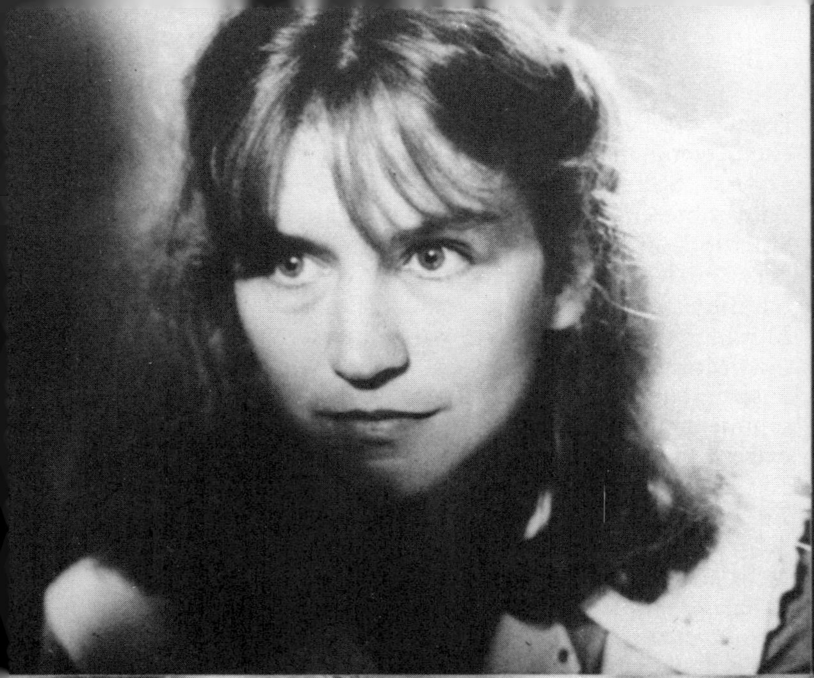
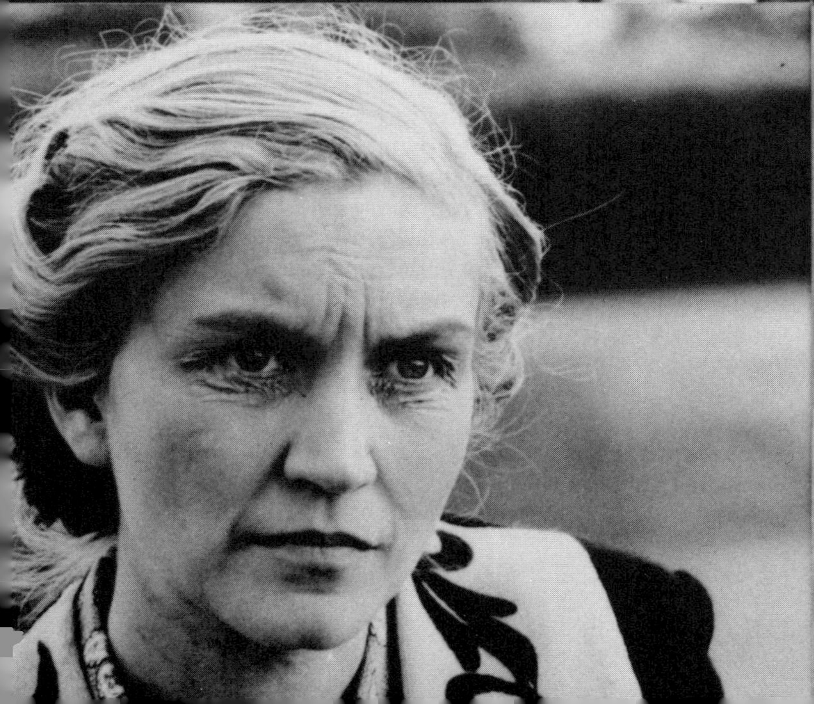

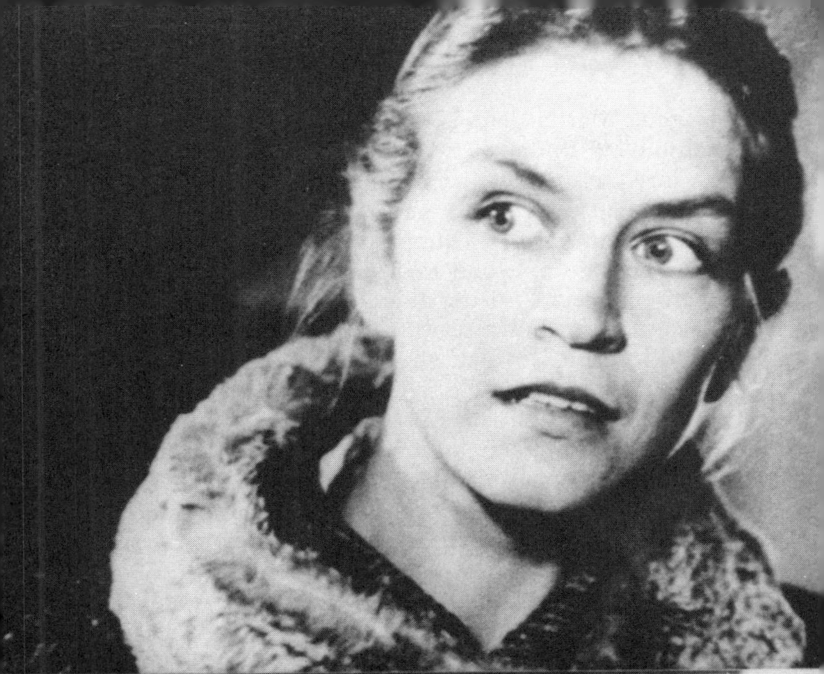

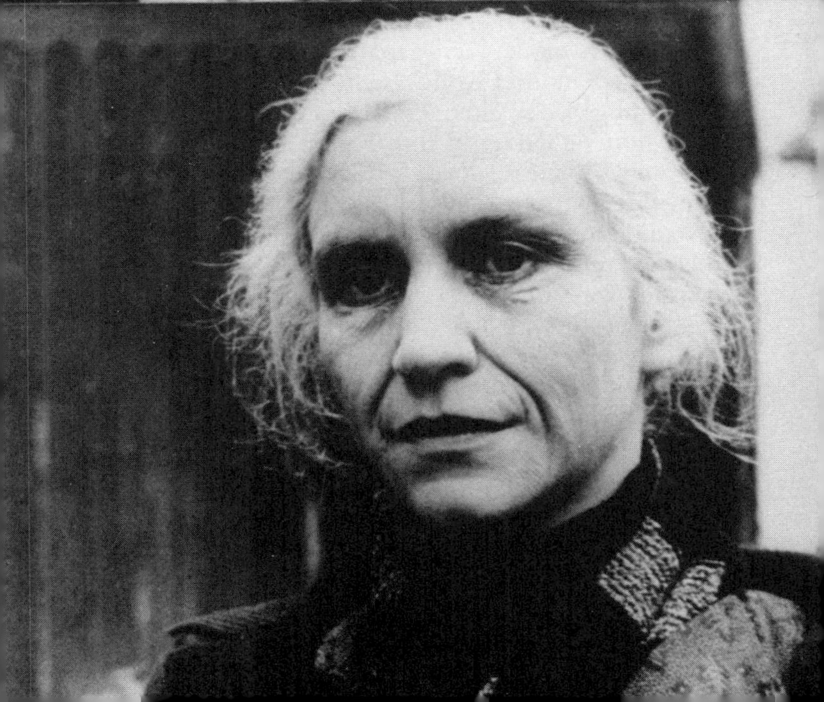

tragen. Marita leidet sehr darunter, wenn sie überschminkte Bilder sieht. Das erinnert sie ganz intensiv an ihre Gefühle, die sie beim Spielen hat. Es muß für einen Schauspieler ein eigenartiges fremdes Gefühl sein, mit diesem ganzen Gummikleister im Gesicht zu spielen. Ich glaube, wenn man die Bilder sieht, dann spürt man regelrecht wieder diesen Kleister im Gesicht. Sie hat in einem Punkt recht: Die Maske ist gerade um den Mund herum so dick aufgetragen, daß sie damit nicht mehr lachen kann. Zum Lachen muß man das Gesicht locker lassen können. Ein gegen diese Gummifläche angestrengt aufgesetztes Lachen ist gerade für eine Schauspielerin wie Marita Breuer etwas Peinliches, weil es nicht von innen heraus kommen kann, sondern etwas mit der Maske gemachtes bleibt. Wir haben verabredet, daß wir in der nächsten Woche noch einmal neue Versuche mit der Maske anstellen werden, versuchen werden, die Mundpartien nur mit Schminke herzustellen, damit hier die Haut und ihre Beweglichkeit erhalten bleiben.

Es ist auch im 10. Teil ganz erstaunlich zu sehen, wie Marita sich in ihrer Rolle als alte Frau bewegt. Sie hat die Bewegungen der alten Bäuerinnen derart intensiv studiert und sie derart in ihre Figur, die Maria, übersetzt, das ist wirklich stark, da tritt einem wirklich eine alte, abgewirtschaftete Bäuerin entgegen. Marita ist schon ein erstaunliches Talent. Sie spielt Bewegungen und Szenen, die weit außerhalb ihrer bisherigen Lebenserfahrung liegen. Ich weiß nicht, wo sie das herholt. Ich glaube nicht, daß sie bestimmte Vorbilder imitiert. Ich glaube, daß sie in dieser langen Zeit, in der wir zusammengearbeitet haben, wirklich mit der Figur die verschiedenen Phasen eines Lebens durchlebt hat, daß sie in ihrer Imagination, in ihrer Idendifikation mit der Rolle das Gefühl dieses Alters in sich erlebt. Sie profitiert hier auch von der langen Drehzeit und davon, daß wir dauernd am Ort sind,

so daß sie wirklich ein ganzes Leben in 18 Monaten durchleben kann.
Marita Breuer ist eine Schauspielerin, deren Qualitäten man mit dem bloßen Auge fast nicht erkennen kann, erst auf der Leinwand, erst in der genauen Abbildung der Kamera, wenn man ihre Szenen am Schneidetisch vor- und zurückrollt, dann sieht man, was sie im einzelnen macht. Es ist ganz entschieden die Stanislawski-Methode. Marita hat einen Lee-Strassberg-Kurs gemacht und arbeitet mit Identifikation, Vertiefungen in Empfindungen. Sie lehnt alle äußerlichen Mittel ab, das macht es ihr auch so schwer, mit der Maske zu spielen, weil das ein äußerliches Mittel ist, genauso wie sie etwas, was man nur handwerklich herstellen kann, überhaupt nicht empfindet. Sie spielt aus der Identität mit der Figur heraus. Eigentlich »spielt« sie gar nicht, sondern empfindet die Szene. Das ist ein Training, das sie sehr ernst nimmt. Sie hat die Figur der Maria in so vielen Lebenssituationen gespielt, daß sie sehr vieles, was sie gesehen und erlebt hat, mit einbringen kann, aber sie verliert den Boden unter den Füßen, wenn sie eine Szene spielen muß, die sie gerade erst jetzt während der Dreharbeiten kennenlernt, da genügt es nicht, ihr alles detailliert zu erklären, es genügt auch nicht ihr Zeit zu geben am Drehort, das macht sie krank und nervös. Marita Breuer ist die ernsthafteste und unbestechlichste Schauspielerin, mit der ich je zu tun hatte. Sie gibt dem Film eine herbe Poesie, macht aus Maria die eigentümliche Mittelpunktfigur, von der ich geträumt habe.

1. Oktober 1982
Es gab heute bei der Abnahme ein Gespräch auch über das filmische oder künstlerische Können, über die Frage der formalen Brillanz. Ich habe ja immer gehofft, daß dieses Werk nicht einen einzigen Moment »brillant« ist, daß es also der Versuchung widersteht, handwerkliches

oder fachliches oder künstlerisches Können vorzuführen.
Also auch hier eigentlich die Entscheidung für das natürliche, kaum Aufmerksamkeit auf sich ziehende Bild. Die Bilder bleiben nahe an der Handlung, suchen den Hautkontakt mit den Figuren. Ich bin auch in letzter Zeit immer wieder erstaunt gewesen, wie mir bei der Mustervorführung die Menschen begegnen und nicht die Bilder. Und dennoch sind diese Bilder in ihrer fotografischen Qualität oft ganz ungewöhnlich. Es entsteht eine Abgehobenheit, die sich nicht abhebt. Das ist ein geheimnisvoller Balanceakt, den Gernot Roll auch nicht näher erklären kann.
Als ich Herrn Witte heute sagte, die Filmkunst ist gegen die Leute, wußte ich eigentlich gar nicht, was ich damit sagen wollte, denn unser alter Kampf aus frühen Zeiten war ja gerade das Gegenteil, und man darf das, was ich hier meine, nicht verwechseln mit der Argumentation der simplen Vereinfacher und Kommerzleute. Die Filmkunst ist gegen die Leute, wenn sie Filmkunst sein *will*. Das ist schon wahr. Bilder, die schön sein wollen, Bilder, die sich anlehnen an Vorbilder oder die einem »künstlerischen Anspruch« folgen, sind gegen die Leute, weil sie sich zwischen die Geschichte und die Zuschauer drängeln. Aber es gibt auf der anderen Seite auch unglaublich schöne und bewegende und unvergeßliche Bilder, die das nicht tun, die einfach nur die Geschichte erzählen.

24. Oktober 1982
Ich habe neu entdeckt, daß Film eine Sache der Vorstellung und der Kraft ist. Vorstellung bedeutet, daß man sich die Bilder wünscht und dann die Absicht bildet, sie den Umständen abzutrotzen. Das bedeutet nicht, daß man gegen die Umstände filmt, es bedeutet nicht, daß man die Harmonie zu der lebendigen Umgebung aufgibt, im Gegenteil, man kann in diesem wahrhaftigen

Miteinander zwischen Landschaft, Menschen und dem Thema Ideen bilden, Ideen für Filmszenen, Einstellungen für Bilder, muß aber dann dafür sorgen, daß diese Bilder auch zustandekommen. Sie kommen nie von selbst zustande. Das liegt daran, daß die Filmtechnik immer erst aufgebaut, terminiert werden muß.
Die Spontaneität liegt im Gedanken, nicht im Machen. Das Machen ist Anwendung von Handwerk, erlaubt zwar Korrekturen, Weiterspinnen, aber es bindet sich immer an die Umstände. Das ist eine Erkenntnis aus 300 Drehtagen.
Die andere Erkenntnis ist die von der Kraft. In ihr liegen die Grenzen des Talents. Nicht das Talent ist die Grenze dessen, was man kann, sondern die Energien, die man in sich hat, begrenzen das Talent. Ich hätte den Film oft viel schöner machen können. Ich hatte auch oft Vorstellungen, Ideen, die weit über das hinausgingen, was wir produziert haben, aber ich hatte nie mehr Kraft, als ich hier einsetzen konnte.
Das Ende der Dreharbeiten wird mit meinem fünfzigsten Geburtstag zusammenfallen. Ein weiter Weg seit Oberhausen. Aber immer noch gilt das Prinzip der eigenen Sprache im Film. Liebe steigert und bewahrt die Bilder; Kritik ordnet und zerstört sie.
Ich werde nun noch eineinhalb Jahre an »Heimat« arbeiten: Schnitt, Vertonung, Musik, Herstellung der Kino- und Fernsehkopien. In München werde ich den Film mehr als hier im Hunsrück gegen die branchenüblichen Konventionen verteidigen müssen. Auch das ist ein altes Oberhausener Prinzip.

14. November 1982
». . . Meine Damen und Herren, Sie sehen jetzt eine Fernsehserie in elf Teilen mit dem Titel *Geheischnis*. An dieser Serie, an dieser romanartigen Erzählung in elf Kapiteln, hat Edgar Reitz fünf Jahre gearbeitet. Bitte er-

warten Sie keine Sensationen, erwarten Sie keinen Nervenkitzel, sondern versuchen Sie einmal ganz ruhig, sich diese Geschichten erzählen zu lassen und sich dabei zu erinnern an Menschen, die Sie selbst kennengelernt haben, die in Ihrem Leben eine Rolle gespielt haben, und versuchen Sie die Menschen, die Ihnen hier geschildert werden, zu verstehen als lebendige, wahrhaftige, dennoch erfundene Figuren, deren Leben so kostbar und wichtig genommen werden wollte wie das Leben der Großen in unserer Welt, obwohl keiner von ihnen zu den Großen der Welt gehört. Die Geschichte erzählt Ihnen Begebenheiten aus sechs Jahrzehnten unseres Jahrhunderts, und Sie werden dabei miterleben, wie diese Menschen versucht haben, in ihrem Leben glücklich zu werden, wie es ihnen Momente lang gelingt, wie es ihnen aber auch nicht gelingt, und erleben Sie, wie ein Jahrhundert das Leben von Menschen ermöglicht und verschlissen hat, und erleben Sie auch, daß die großen Themen dieser Welt nicht die wichtigen sind, wenn man sich mit dem Gedanken konfrontiert, daß das Leben, auch wenn es achtzig Jahre währt, sehr kurz ist. Der Titel *Geheischnis*, nicht »Heimat« ist der Lieblingstitel des Filmemachers, ein Hunsrücker Wort, eigentlich unübersetzbar, es heißt so viel wie Geborgenheit und Vertrauen, Beziehung zu ganz besonderen, ausgewählten Menschen, die einem im Leben etwas bedeuten, mehr als Freundschaft, weniger als Liebe, unentbehrlich, letztlich bedeutet Geheischnis oder ein ›Geheischnis haben‹ so viel wie ein Zuhause, eine Heimat haben. Für die meisten Menschen ist das etwas Widersprüchliches geworden in unserer Zeit. Widersprüchlich wird es in der Filmserie auch geschildert. Nicht losgelöst von dem Bösen, das alle die guten Gefühle erfahren haben. Geheischnis ist ein filmischer Roman, keine Fortsetzungsgeschichte im üblichen Sinne, und die einzelnen Geschichten sind zu verstehen als Kapitel. Jedes dieser

Kapitel erzählt sich auf verschiedene Art und setzt seine Akzente auf andere Weise. Lassen Sie sich Zeit, machen Sie keine anderen Verabredungen, während diese Filme laufen, sorgen Sie um sich herum für ein bißchen Stille, schütteln Sie die Hektik des Alltags ab und genießen Sie die Schönheit, die der Film hat, eine bescheidene, einfache, aber selten gewordene Schönheit.«
Ich weiß natürlich, daß keine Ansagerin einen solchen Text sprechen würde, kein Redakteur würde es der Ansagerin so aufschreiben, und wahrscheinlich wäre es auch ganz falsch, so zu sprechen, denn das würde die Leute nur abschrecken und würde ihnen das Gefühl geben, daß hier ein langweiliger Film verkauft werden soll. Und ich möchte mich auf gar keinen Fall bei irgend jemand für das, was wir hier gemacht haben, entschuldigen.

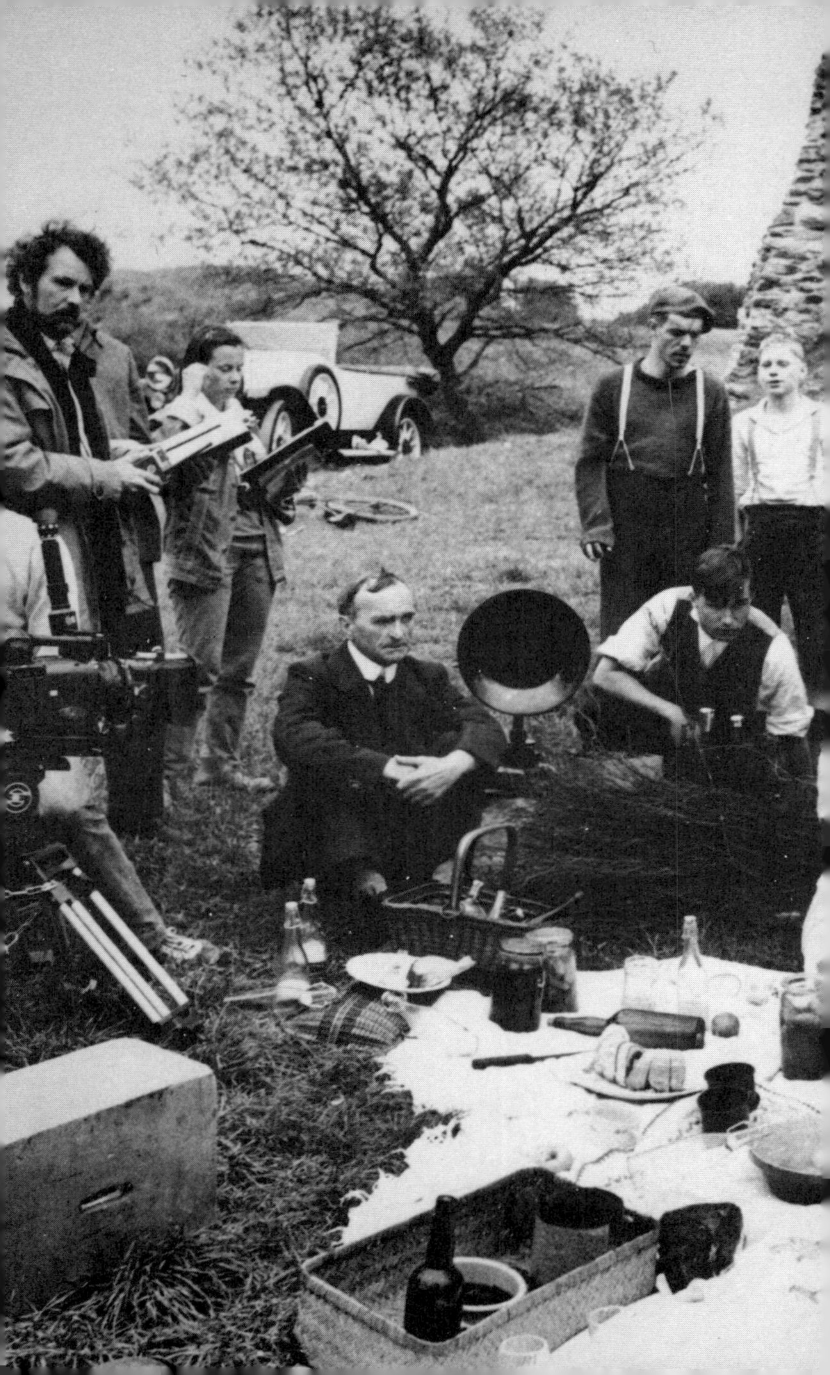

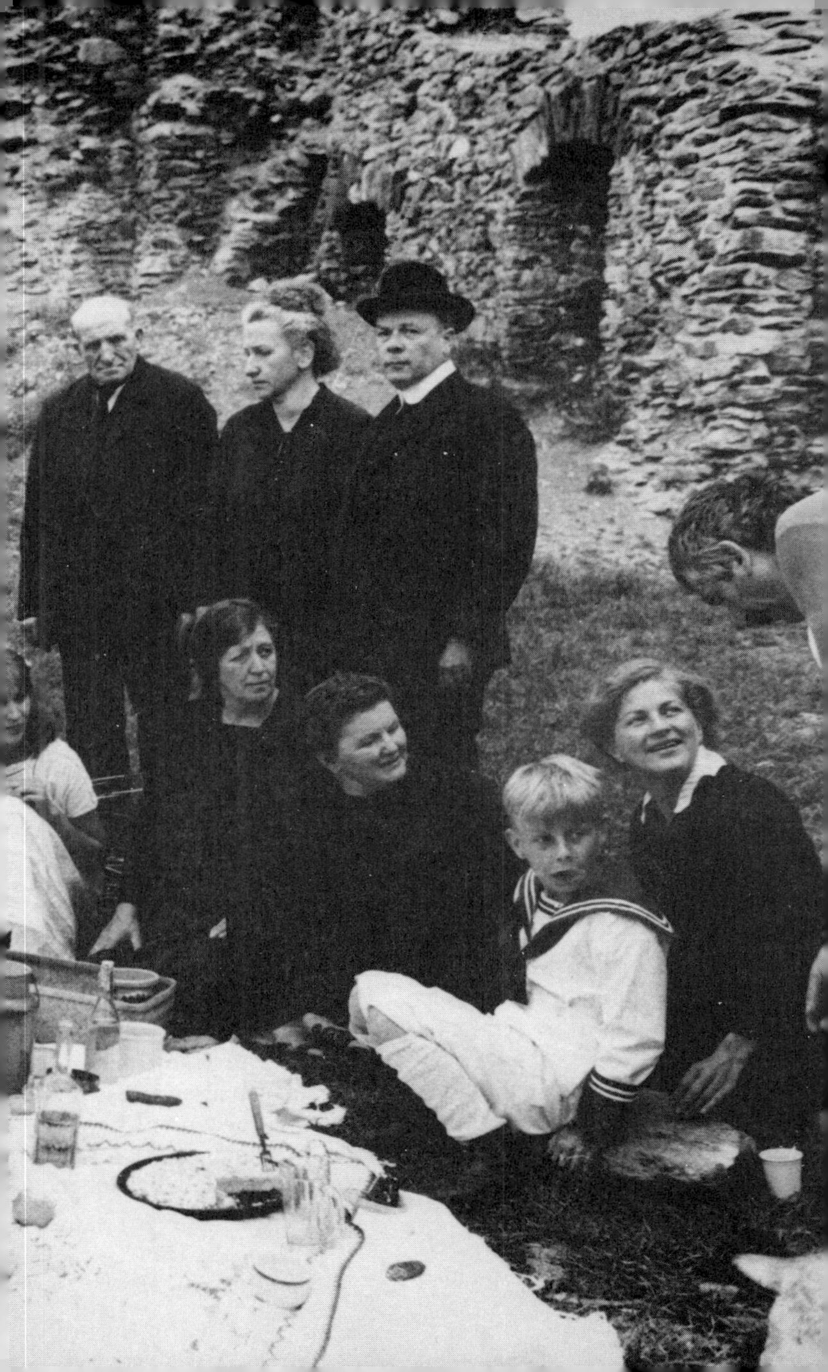

Die Zweite Heimat. Ein Entwurf

Die Welt der Städte

Während »Heimat« ein deutsches Dorf und traditionelles Familienleben zum Gegenstand hat, beschäftigt sich »Die Zweite Heimat« mit den Menschen, die ihr Lebensglück in Großstädten suchen, die sich aus den ursprünglichen Familienbindungen hinausbewegen und ihre persönliche Heimat neu bestimmen wollen. Was sie suchen und auf eigentümliche Weise auch finden, sind »Wahlverwandtschaften«. Das Verlangen nach neuen Freiheiten bestimmt ihr Leben. Sie wollen ihre Berufe, ihre Freundeskreise, ihren Aufenthalt, ihre Partnerschaften, ihre Tagesläufe und ihren geistigen Horizont freier bestimmen, als das ihre Eltern noch gewollt haben. Sie rebellieren gegen die Traditionen ihrer Herkunfts-Familien. Sie empfinden ihr Leben als eine Suche nach Sinn.

»Die Zweite Heimat« beschreibt eine Welt im Aufbruch. Die jungen Leute, deren Lebensroman hier erzählt wird, haben ihre ersten Eindrücke in Verhältnissen gesammelt, die es seit Jahrhunderten gibt. Sie tragen – jeder auf seine Weise – ihr »Schabbach« im Herzen, aber sie haben auch miterlebt, wie die Idyllen lächerlich werden, wie die Familien zerfallen oder wie in den Nachkriegsjahren familiäre Gemeinschaften Orte des Schweigens werden. Mutterliebe, Vaterliebe, Geschwisterliebe – was bedeutet das noch, wenn die Welt »draußen« bleibt, wenn die Kraft, die man in sich spürt, in der Familie nur beharrliche Verbote, nur Ängste mobilisiert?

Ohne es zu wollen, haben diese Familien aber selbst die Flucht ermöglicht. »Die Kinder sollen es einmal besser haben« ist die Devise der Wiederaufbaujahre. Also sollen die Söhne und Töchter Höhere Schulen besuchen

und später in den Städten studieren. So entkommen sie den ehrgeizigen Eltern durch den eigenen Ehrgeiz.
Die Welt der Städte ist schon lange keine Schabbach-Welt mehr. Das Individuum ist gefragt. Was zählt, ist die persönliche Leistung. Ob im Geschäftsleben, in den Büros, Betrieben oder an den Universitäten – die Individualität ist der Maßstab. Nachbarn, Arbeits- und Studienkollegen werden anonym, es sei denn, man schließt mit ihnen spezielle Freundschaften, wählt sie in Freiheit zu Partnern.
Die Welt der Städte ist international. Die Figuren unserer Erzählung erleben eine Weite und eine Beweglichkeit, die berauschen kann: Heimat ist überall! Überall in der Welt ist Zukunft das gleiche – es gilt, sie zu gestalten. Wer sich in diesen Jahren aus den alten Bindungen löst, spürt, daß er zu einer wachsenden Mehrheit der modernen Großstadt-Menschheit gehört. Die »Zweite Heimat« ist der selbstgeschaffene, ganz persönliche Lebensraum. Sie ist nicht mehr an feste Orte gebunden, ja nicht einmal mehr an lebenslange Beziehungen. Aber auch in der Zweiten Heimat suchen die Figuren unserer Geschichte etwas »Festes«: Ist es der Beruf? Sind es ihre Kinder? Sind es gemeinsame politische Überzeugungen? Ist es die Liebe? Ein Ideal? Die Musik? Die Freundschaft?

Hermann Simon

Die Hauptfigur in »Die Zweite Heimat« ist Maria Simons Sohn Hermann.
Er ist 1940, also zu Beginn des Krieges, im Hunsrück geboren und gehört zur ersten Generation derer, die keine selbsterlebten Kriegsbilder mehr in ihrem Gedächtnis bewahren. Am Ende des nationalsozialistischen Reiches ist Hermännchen viereinhalb Jahre alt. Er lernt, daß Schokolade aus USA kommt. »Have you a chocola-

te for meisch?« fragt er den Amerikaner in Hunsrücker Englisch. Seine Kindheit verbringt Hermann in einer Welt, die sich nach amerikanischem Vorbild modernisiert, in einer Familie, die Vergangenheit verdrängt und einer »Neuen Zeit« engegenfiebert.
»Wer jetzt die Phantasie hat, sich ein Königreich anzueignen, der wird es auch bekommen«, sagt Hermanns älterer Bruder Anton. »Denn die Welt wird nach diesem Krieg neu verteilt.«
Als erstes Kind der Schabbacher Familie besucht Hermann das Gymnasium, lernt Mathematik und die Literatur der Klassiker kennen. Er lernt die Sprachen der ehemaligen Sieger zu sprechen und entdeckt die Musik. Musik und Liebe – das wird eins für den 16jährigen und Klärchen die erste Frau in seinem idealistischen Bubenleben. Die Liebesgeschichte mit Klärchen wird von seiner Mutter bekämpft. Seine Gedanken sind frei – nicht aber seine Haut, seine Zärtlichkeiten, sein Verlangen. Maria will ihren Sohn bei sich behalten, indem sie die Geliebte vertreibt. Aber was die Mutter sich unter Zukunft vorzustellen vermag, ist nicht die Zukunft des Sohnes. Sobald er die Schule hinter sich gebracht hat, verläßt er das Dorf, um nie mehr wiederzukommen.
Die Liebe hat er als etwas Sterbliches erleben müssen. Jetzt soll wenigstens die Musik unsterblich sein.

Zeitgeschichtlicher Hintergrund

Unsere *Erzählung* beginnt, wenn der 19jährige Hermann in die Großstadt kommt, um Musik zu studieren: im Herbst 1959.
Welch eine Welt im Aufbruch! Welcher Hunger nach neuen Formen und neuem Ausdruck in allen Bereichen! Das grenzenlose Nachholbedürfnis der fünfziger Jahre hat nun auch die kulturellen Bereiche erfaßt. Architekten, Literaten, Designer, Filmemacher und vor allem

Musiker stürzen sich in erstaunliche Experimente, stellen alles in Frage und beginnen, alles für machbar zu halten. Die internationale Avantgarde fühlt, daß ihre Stunde gekommen ist. Zu schnell sind die Ruinen des Krieges verschwunden, zu schnell hat sich ein neues, sattes Bürgertum etabliert – jetzt wird die neue Lust an der Zerstörung entdeckt: Zerstörung der Idyllen in der Kunst. Musik wird Bürgerschreck; neue Sachlichkeit zerstört Zierat und Schnörkel. Realismus heißt die Devise des Avantgardefilms und Zerstörung der Illusionen, der Märchen und der frommen Lügen.
Ruinen und Collagen – das paßt zusammen, ebenso wie das Bohèmeleben der Untermieter zur Musiktruhe der Wirtin paßt, zu ihren Nierentischen und Bambuswänden aus dem Kaufhaus.
Hermann gerät in ein Karussell der Leidenschaften und Freundschaften derer, die die *neue* Musik, das *neue* Bauen, die *neue* Formgebung, den *neuen* Film schaffen wollen. Alles wird neu gedacht, und alles Alte ist vom Makel der Nazizeit gezeichnet. So beginnen die sechziger Jahre.
Sie sind nicht nur Hermanns Lehrjahre. Mit ihm und um ihn herum finden sich die anderen Aufbrecher: Studenten, Emigranten, Künstler, Hauserben, Filmleute oder Musiker, die bei der Zeit in die Schule gehen. Auch das ist neu: Man darf wieder ja sagen zum Zeitgeist, denn er sucht den Fortschritt in der Vernunft. Ist das nicht die menschlichste Verbindung? Humanität, Frieden und die anderen großen Ideale der Demokratie: Freiheit, Individualität? Gerade die jungen Künstler, von denen wir erzählen, beginnen sich als das Salz der Erde zu empfinden. Nie im Leben waren sie so aufgeregt in ihren Herzen, so überzeugt, zusammenzugehören über alle Grenzen und Provinzen hinweg. Sie bilden Cliquen.
Mit diesem Empfinden, zur Avantgarde zu gehören, riegeln sie ihre Kreise nach außen hin ab gegen die Zaude-

rer, die Geldverdiener, die phantasielosen Kleinbürger. Die Städte verwandeln sich in eine Welt der Cliquen – denn auch die andere Seite, die Ängstlichen und die Satten, retten sich in Cliquen. Es wird gesagt, so funktioniere inzwischen auch schon der Staat.
Die Ermordung John F. Kennedys im November 1963 erleuchtet die Szene wie ein Blitz. Hat nicht er die »Eierköpfe« in aller Welt aufgerufen, die Zukunft zu gestalten? Die Cliquen erkennen sich für einen Moment als Zeitgenossen. Chruschtschow, Papst Roncalli – es scheint, als hätten sich zwanzig Jahre nach dem Krieg die Mächtigsten auf die Seite der Jugend geschlagen.
Wie in Hermanns Kindheit ist Amerika das Vorbild – Kennedy wird der einzige Staatsmann bleiben, über dessen Tod er weinen darf. Zur »Zweiten Heimat« gehören nun auch die Gräber. In dieser Hinsicht ist sie wie die »Erste Heimat«. Der Friedhof ist zwar nicht mehr neben der Kirche, aber man weiß, wo die Freunde begraben liegen: Der Mitstudent, der von der Trambahn überfahren wurde, der Filmemacher, der im bayerischen See ertrank.
Der zeitgeschichtliche Hintergrund unserer Erzählung ist weniger prägnant, als es die Nazi-Ära, Krieg und Wiederaufbau für »Heimat« waren.
Zu viele Entwicklungen sind noch im Gange, und niemand weiß, wie sie enden werden. Die Rolle Amerikas als Vorbild oder Traum, die Probleme des Fortschritts, die Kriegsangst der Europäer, das sind auch in den sechziger Jahren schon Themen gewesen, die junge Menschen beunruhigten. Aber es gab die Revolten von 68, es gab die Bilder, auf denen der Staat seine Zähne zeigte, wie ein wildes Tier, das die jungen Idealisten anbleckt. Es ist die Ära der sexuellen Befreiung zwischen Pille und Aids. Es ist der Siegeszug der elektronischen Chips, die Überwindung des mechanischen Zeitalters durch die Computer, der Übergang vom analogen zum digitalen

Denken. Wir sprechen von einer »Zweiten Heimat«, die in der *Zeit* entsteht statt an einem *Ort*.
Der Ort der Handlung ist demnach die Zeit von 1959 bis 1986, ein Schauplatz, in dessen Mitte die Ereignisse von 1968 stattfinden. Höhepunkt und vorläufiges Ende der Cliquenbildung; denn nach Baader/Meinhof sind auch Cliquen nicht mehr das, was sie einmal waren.

Roman einer Clique

»Die Zweite Heimat« erzählt den Roman einer Clique. Sie ersetzt die Familie, ist aber wie diese nicht beliebig erweiterbar. Cliquen (oder sagen wir Freundeskreise) entstehen immer wieder in typischen Lebenssituationen:
Wenn wir in eine neue Stadt ziehen, im Zusammenhang mit der Ausbildung, dem Studium, der Lehre, bei Revolten oder auf der Flucht. Voraussetzung ist immer, daß wir beweglich sind, über unsere Zeit noch verfügen können. Der Zusammenhang einer Clique bleibt aber nicht an die Entstehungssituation gebunden. Cliquen bleiben oft lebenslang erhalten, selbst wenn vieles an Einigkeit verlorengeht. Nicht das gemeinsame Ziel verbindet für immer, sondern die gemeinsame Herkunft. Es ist die Liebe zu den Anfängen, die in den Cliquen kultiviert wird. Sie enthalten ein Element der »Zweiten Kindheit«. Innerhalb einer Clique kann es große Streitigkeiten geben. Einer kann den anderen ebenso bekämpfen, wie das Geschwister oder Verwandte oft tun. Es gibt Cliquen, die völlig zerstritten sind wie manche Familien, es gibt aber auch die Einigkeit, die gemeinsame Suche nach Glück. Das sind die guten Zeiten für die Clique. Sie ist insofern der einzige Ersatz für die verlorene Familie, denn sie funktioniert trotz ihrer Widersprüche, und sie leidet wie ein Elternpaar, wenn sie eines ihrer Mitglieder verstößt.

Am Verbleib eines Cliquen-Mitgliedes sind wir – sobald wir ihre Geschichte erzählen – ebenso interessiert wie am Verbleib eines verlorenen Sohnes. Auch die Clique ist ein produktiver Saustall.
In den sechziger Jahren haben wir oft gemeint: »Bist du nicht in meiner Partei, dann kannst du mein Freund nicht sein.« Aber die dumme Freundschaft ließ sich nicht abschütteln.
Auf der Basis von Freundschaften funktionieren mehr Bereiche der Gesellschaft, als wir meinen: Geschäfte, Politik, Mafia, aber auch Forschung, Straßenverkehr, Fernsehprogramm. Was Freundschaft zuwege bringt, ist nicht besser als das, was Familien bewirken – es ist nur weiträumiger.
Freundschaft ist keine geschützte Institution. Eher steht sie im Verdacht der »Kriminellen Vereinigung«. Es scheint, daß sie zur Familie im Gegensatz steht. Auch der »Freund der Familie« ist für diese eher eine Gefahr. Familiengründung ist innerhalb der Clique möglich. Unser Held Hermann heiratet Schnüßchen, Volker heiratet Irene, Helga und Bär zeugen ein Kind zusammen. Wer aber zur Clique im eigentlichen Sinne gehört, das entscheidet die gemeinsame Vergangenheit.
Cliquen-Geschichten sind verbindlich wie Familiengeschichten.
Sie zu erzählen ist jedoch neu.

Ein Musik-Film

Die Geschichte der »Zweiten Heimat« handelt unter Musikern. Das gemeinsame Musizieren vereint die Freunde in ihren frühen Jahren, selbst wenn sie das Musizieren im traditionellen Sinn in Frage stellen. Ein Musiker kann seine Kunst nicht durch Diskussionen ersetzen. Er muß in jedem Falle jahrelang verbissen und einsam üben, muß wie ein Hochleistungs-Sportler regel-

mäßig und unentwegt das Äußerste von sich und seinen Händen verlangen. Spontanes Musizieren ist erst dann möglich, wenn Instrument, Harmonielehre, Musikgeschichte und Stile beherrscht werden. So begegnen sich die Freunde, wenn sie gemeinsam Musik machen, nie ohne ihren Hintergrund. Sich gegenseitig ernst zu nehmen heißt, von diesen Einsamkeiten mit den Instrumenten zu wissen. Studenten sind gerade in den sechziger Jahren »Diskussions-Nudeln«. Sie können sich meist den Luxus eines »freien Geisteslebens« leisten. Nicht so die Musikstudenten, von denen wir erzählen.
Hermann und sein Freund Volker studieren in der Kompositionsklasse. Neben den drei Instrumenten, die sie studieren, nehmen sie die Strapazen eines ausgedehnten musiktheoretischen Studiums auf sich. Nur in ihren frühen Werken, in ihren provokanten Avantgarde-Konzerten oder in ihren durchtriebenen Improvisationen können sie über das elende tägliche Handwerk hinausgehen und zeigen, wie sie zur Welt stehen. Insofern ist Musik immer praktisch.
Für den Film bringt die Wahl, die Geschichte im Musiker-Milieu spielen zu lassen, unzählige Vorteile: Es gibt viel Musik, Szenen, die uns erzählen, wie die Musik sich in den sechziger und siebziger Jahren wandelt, welche Kämpfe sie auszutragen hat, wie ein junger Künstler seine Einsamkeit und sein Verhältnis zum Publikum und zum Musikmarkt bewältigt. Es gibt die Teilnahme an den Revolten auch einmal ganz anders: nicht als permanente Diskussion, sondern als musikalischer Ausdruck. So wird vieles erlebbar, ganz anders verständlich als nur theoretisch, denn die theoretischen Äußerungen verbergen oft mehr, als sie erzählen.
Hermann interessiert sich von vornherein für Film und die neuen Möglichkeiten der Elektronik. Seine Freunde Reinhard, Stefan und Rob sind Filmemacher der frühen Jahre, gehören zur Generation der »Oberhausener«, so

daß wir mit ihnen auch die Geschichte des Neuen Deutschen Films erfahren: nicht historisch, sondern als Stimmungsbericht und als Fiktion über die Fiktion.
Hermann komponiert Filmmusiken, aber die Freunde lernen von ihm, von der Musik, wie man Filme machen kann. Hermann findet Gelegenheit, elektronische Musik zu machen und am Anfang aller Entwicklungen zur Synthesizer- und Computermusik teilzunehmen.
Die sechziger Jahre erleben wir mit einer Reihe von 20- bis 30jährigen, die nicht nur ihre schwierigen Künste erlernen, sondern auch »Schüler des Lebens« sind. Die siebziger und achtziger Jahre erleben wir mit ihnen als Wanderjahre. Sie sind Profis geworden, leben nicht mehr nur in ihrer Altersgruppe, bleiben nie lange an einem Ort und tasten ihre Grenzen ab. Wenn sie 40 Jahre alt sind, müssen sie sich die Frage nach ihrer Genialität ganz anders stellen. Sie haben sich immer angestrengt. In diesem Punkt ringen sie um die Sympathien der Kollegen. Ihr Talent entdecken sie aber am Ende aller Anstrengungen in dem, was ihnen leichtfällt. In diesem Punkt finden sie ihr Publikum.

Aus dem ersten Treatment März 1986

511. Drehtag
Aus dem Produktionstagebuch zu »Die Zweite Heimat«

Ich habe mich immer wieder gefragt, warum wir uns so maßlos anstrengen. Die schönsten Momente in unserem Film sind meist »nebenher« entstanden, wenn die Arbeit im Fluß blieb, wenn wir Glück hatten mit dem Motiv, der Beleuchtung, dem Wetter, wenn alle entspannt waren und akzeptierten, was die Situation uns bot. Ich denke jetzt an die Sommernächte im »Fuchsbau«, im ersten Drehsommer, als wir noch ein Unendlichkeitsgefühl hatten bei der Arbeit: Die ersten hundert Tage hatten wir hinter uns, tausend Ängste und Qualen mit der Frage, ob uns das Glück von »Heimat« verlassen könnte... Ich denke an Ansgar und Evelyne, das glückliche Paar des ersten Sommers, Darsteller, die weit über sich selbst hinauswuchsen, ohne es zu wissen... Ich denke an die große Hochzeitsszene – (war es im zweiten Sommer, 1989?) – fast alle unsere Schauspieler saßen an diesem langen Ausziehtisch und speisten zwei Wochen lang »auf Anschluß«. Wir erstickten regelrecht in den sogenannten Anschlußproblemen: Teller, Bestecke, Gläser, Speisen, Getränke, Zigaretten, Kostüme, Bewegungen von über 30 Personen mußten beobachtet, registriert, rekonstruiert und für die vielen Kamerapositionen und Dialogpassagen in Kontinuität gehalten werden.
Wer je Filmarbeit kennengelernt hat, weiß, wie höllisch diese Probleme werden können und wie schwer es ist, den Inhalt von Tellern und Schüsseln immer wieder frisch aussehen zu lassen und tagelang oder wochenlang den Fortgang eines Festessens in Hunderte von Etappen zu zerlegen. Da hört alle Theorie auf, da herrscht nur noch das reine Handwerk, da sind alle gefordert zur äußersten Konzentration. Die Eindrücke eines solchen

Drehtages zerfallen in Bruchstücke, nichts gibt uns die Zuversicht, daß eine solche Szene einmal fließen wird oder gar sich packend erzählt.
In den Träumen quälen wir uns die ganze Nacht mit den Tücken der Objekte. Die Schauspieler sind unglücklich, weil sie fürchten, ihre Rolle zu verlieren. Niemand will etwas von den kommenden Drehtagen wissen, wir sind todmüde, wanken morgens nur noch in Maskenräume, Garderoben, Produktionsfahrzeuge, denken nicht mehr, handeln nur noch. Nachts habe ich Angst, es gesundheitlich nicht zu schaffen – rechne, daß es noch 320 Drehtage bis zum Ende sind, kann mir dieses Ende nur noch als das Ende aller Dinge vorstellen.
Und da – ausgerechnet da entsteht etwas, das leicht ist, wie in einem Guß – das fließt und hinterher dasteht, als wäre es schon immer dagewesen, als hätten wir es nur aus dem Ärmel zaubern müssen! Ein Glück! Glück – das gibt es nur im nachhinein – wenn wir sehen, daß etwas gelungen ist. Wenn man doch diese Leichtigkeit auch leicht erreichen könnte!
Heute ist der zweite Tag der »Hexenpassion«. Nie haben wir solchen Aufwand betrieben. Die Musik: Sechs Monate hat Nikos an der Komposition gearbeitet, drei Monate lang hat Salome diese schwierigen Lieder studiert und die Texte der Rezitative gelernt, rhythmisiert, ergründet, den Ausdruck geformt. Vor zwei Wochen ist Nikos aus Athen angereist, hat Elena Papandreou, die wunderbare griechische Gitarristin, mitgebracht. Wir haben mit Toni Lüdi ein Bühnenbild entworfen, haben ein Bauteam aus der Schweiz engagiert, Nicola hat Kostüme entworfen, wochenlang ausprobiert, was da passen könnte, Christian hat im Studio Probeaufnahmen mit verschiedenen Lichtquellen, UV-Licht, Quecksilberdampflicht, verschieden eingefärbten Lichtquellen gemacht, wir haben Musikproben abgehalten, die Musikerinnen aus ganz Deutschland gesucht.

Es ist das erstemal in meinem Leben, daß ich eine große Filmsequenz in einem Studio drehe. Mein Hauptproblem sind diese Preise! Ich habe seit Beginn der Produktion vor vier Jahren jede Bankanweisung, jeden Kassenscheck unterschrieben und kontrolliert. Ich bin immer auf dem laufenden gewesen, was unsere Produktion kostet, und habe mit meinem Privatbesitz gehaftet. Aber jetzt weiß ich zum ersten mal nicht mehr, was die Dinge kosten. Ich bin diese Art von Aufwand nicht gewohnt. Nun kommt die Angst wieder, die ich in den Anfangsmonaten so oft empfand, daß mir das Werk entgleitet. Jetzt, nach fast vier Jahren, im 13. und letzten Film, so nah am Ende, habe ich eine Höllenangst vor jeder Entscheidung und vor dem morgigen Drehtag.
Salome ist wunderbar. Sie ist ein wirklicher Star. Ich verstehe endlich, was sie meint, wenn sie vom Theater, vom Spiel auf einer Bühne schwärmt. Endlich steht sie auch in unserem Film auf einer Bühne und kann zeigen, wie sie mit diesem Pathos umgehen kann.
Ich habe oft gedacht, daß jeder Drehtag Stoff für einen ganzen Film abgeben könnte. Oft kann ich mich abends schon kaum mehr erinnern, womit wir morgens begonnen hatten, so übervoll war der Tag gewesen an Ereignissen und extrem verschiedenen Eindrücken. Ich versuche, mich immer wieder auf die Umstände und Menschen einzulassen. Was geht leicht, fast von allein, was müßte ich den Umständen abtrotzen, was mit Gewalt durchsetzen? Wenn wir Glück haben, dreht sich der Film von selbst.
511 Drehtage! Das ist fast 15mal soviel, wie man für einen mittleren Spielfilm braucht, das sind über 6000 Stunden äußerste Konzentration. Ich weiß nicht, wie wir das bis heute überlebt haben!
Die »Hexenpassion« ist ein kleines Stück Musiktheater innerhalb unseres Films. Aber was wir hier zeigen, wäre im Theater nicht realisierbar. Wir nutzen die Schnellig-

keit des Films, alle Verwandlungen auf der Bühne, alle Lichtwechsel, Kostüm- oder Frisurenwechsel im »OFF« geschehen zu lassen. Es entsteht ein imaginäres Theater, das sich außerhalb der Filmbilder abspielt. Ich müßte einmal diese Filmästhetik zu Papier bringen, die uns seit Jahren leitet: Die Theorie vom »ON« und vom »OFF« im Film. Die Filmkunst lebt doch von einem Widerspruch: Die Kamera kann immer nur die Oberfläche, das sichtbare Äußere von Dingen und Menschen abbilden. Gleichzeitig sind alle unsere erzählerischen Bemühungen darauf aus, »in die Dinge hineinzuschauen«, die Seelenzustände zu beschreiben, Gefühle, Gedanken, Zusammenhänge, Energien, Beziehungen, Spannungen, Liebe... Wie sehr geht es mir darum!
Hermann, mein Held, ist einer, der sich für genial hält, einer, der sich vorstellt, daß er sein 30. Jahr nicht erleben wird, weil er sich wie der junge Mozart in seinem Genie verzehren wird. Unser Film beschreibt permanent Menschen, die sich etwas vorstellen, die versuchen, ihre Ahnungen, Ansprüche, Träume zu verwirklichen. Alles unsichtbare innere Vorgänge! Und dennoch richten wir täglich unsere Objekte, unsere Lampen, unsere Schminke, Kostüme, den Fokus aller Interessen auf die Außenseite, auf die Gesichter der Darsteller, auf die Straßen, Zimmer, Türen, Wände, Treppen, Kleider, Musikinstrumente, Fahrzeuge. Wir freuen uns, wenn wir schöne Bilder zustande bringen können, ohne zu wissen, was dies ist, das »Schöne«. In der Mustervorführung berauschen wir uns an den Bildern, die uns fremd erscheinen, die schön sind, ohne daß wir es wissen, wovon sie handeln. Gute Filmbilder haben ihr eigenes Geheimnis. Sie lassen einen nicht durch die Oberfläche schauen, faszinieren mit dem Reiz ihrer Bildflächen, schweigen und verführen. Was ist da noch Inhalt? Ich sehe meinen eigenen Film oft mit ganz fremden Augen an: da erzählt sich in den Bildern noch eine andere

Geschichte, eine unaussprechliche, eine, die nicht identisch ist mit den Vorsätzen des Drehbuchs, eine Atmosphärengeschichte. Ein regelrechter Sog entsteht, der uns in die Innenwelt der Oberflächen zieht. Das ist Film.
Ich finde Filme dann am schönsten, wenn sie mich in einen hypnoseähnlichen Trancezustand versetzen. Das tun sie mit ihren Bildern, mit ihrer Musikalität, ihrem Rhythmus. Was ist mit den Worten, die gesprochen werden?
Ich bemühe mich immer um eine gewisse literarische Qualität. Meine Dialoge und Kommentartexte sind mit literarischem Anspruch geschrieben. Das lasse ich mir nicht nehmen, denn ich will, daß nichts dem Zufall überlassen bleibt. Auch nicht die Worte, die in unserem Film gesprochen werden. – Aber diese Worte treten in den Hintergrund, sie versinken regelrecht hinter den Bildern, wenn diese gelingen. Ich finde, daß man eine mißlungene Filmszene nie mit Worten retten kann. Es gibt eine gewisse systembedingte Feindschaft zwischen den Filmbildern und den Worten, die darin gesprochen werden.
Wir hatten heute überraschenden Besuch im Studio: Alexander Kluge ist mit einem Videoteam erschienen, um in aller Eile etwas einzufangen von der Atmosphäre unserer Szene. Er interviewte Abbie, die amerikanische Posaunistin, die Clarissas Freundin Camilla spielt, er interviewte Christian, den Kameramann, und wollte wissen, wie dieses merkwürdige Licht gemacht worden ist. Mich fragte er nach den Göttern Apollon und Hermes, nach Müdigkeit und Glücksgefühl, nach dem Autorenfilm, an den wir beide noch glauben, obwohl dieser Begriff im ganzen Lande verteufelt wird.
Es sind auch Freunde aus Köln, Rainer Ostendorf und Gretl Brandt, gekommen, um einen Dokumentarfilm über uns zu drehen, eine Dame vom »Stern« hat sich

angekündigt, und jemand möchte eine Dokumentation über das Ende unserer Produktion in Auftrag geben: man sieht jetzt allmählich das Ende dieser ehemals endlosen Dreharbeiten nahen. Ich habe das manchmal verglichen mit den Erfahrungen von Leuten, die einen Tunnel bauen. Jahrelang gehen sie täglich in die Dunkelheit der unterirdischen Baustelle, vergessen allmählich das Ziel ihrer Arbeit. Draußen geht das Leben weiter, Kinder werden geboren, Staatssysteme brechen zusammen, die Reichen werden reicher, die Armen werden ärmer, Leute sterben, Filme haben Premiere, werden wieder vergessen, es wird Winter und Sommer und wieder Winter, Frühjahr und Herbst, die Haare werden grau und man gewöhnt sich an sein Spiegelbild – und dann, eines Tages sehen wir Tageslicht, das hereindringt. Der unterirdische Stollen kommt auf der anderen Seite des Berges an. Plötzlich erkennen wir wieder, was unser Ziel war. Eine gewisse Enttäuschung. War das alles? Was kommt jetzt? Wir sind plötzlich erschöpfter als sonst. Wir spüren morgens beim Aufwachen, daß die Knochen nicht mehr die alten sind. Wir fangen an, uns von den Weggenossen zu verabschieden. Es gibt jetzt täglich Abschiede: von den Schauspielern, die »abgedreht« sind, von Drehorten, die zum letzten Mal gebraucht werden, von Requisiten, Kostümen und Mitarbeitern.
Ich fürchte mich vor der Zeit »danach«.

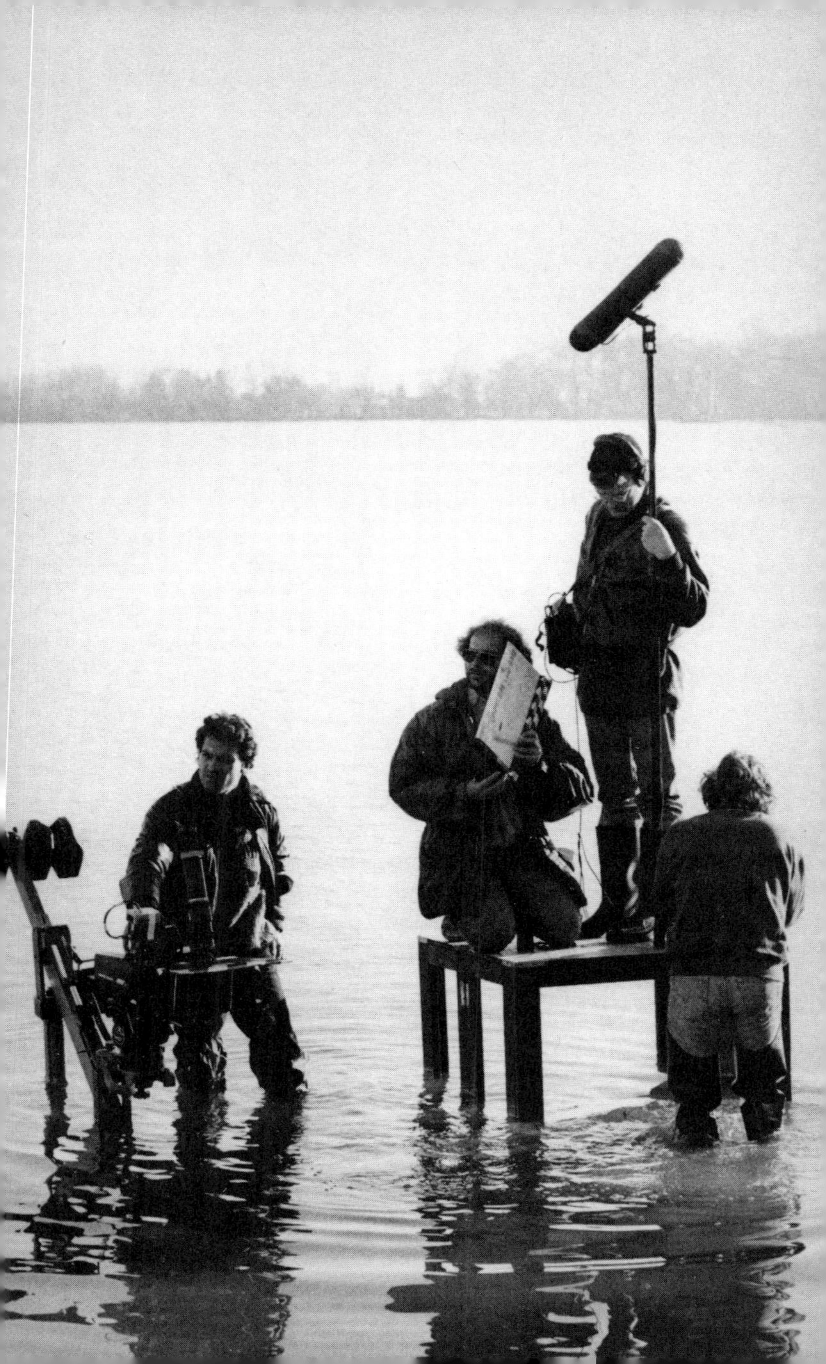

Drehort Heimat

Dableiben und Weggehen

»Als Hermann 18 Jahre alt war, verließ er das Dorf für immer. Er studierte Musik in den Hauptstädten und wurde Komponist.« So endet Teil 9 von »Heimat«. Hier knüpft »Die Zweite Heimat« an, die keineswegs eine Fortsetzung ist.

Eher ein Gegenstück. »Heimat« spielt in einem Dorf, in der Familie und in der Kindheit. »Die Zweite Heimat« handelt vom Überleben in der Großstadt. Schauplatz ist nicht die vertraute, überschaubare kleine Welt, sondern ein Ballungsraum, wo Millionen Menschen leben, aus allen Teilen des Landes hergezogen. Es ist eine Wahlheimat. Hier ist die Familie nicht länger die Grundlage für Beziehungen und Bindungen; man wählt sich seine Freunde, seinen Partner selbst, wobei der Anspruch auf Freiheit zugleich gefährlich ist und Beziehungen zerbrechen läßt. Nicht die Kindheit wird beschrieben, sondern das Alter zwischen dem 20. und dem 30. Lebensjahr, die Zeit, wo man erwachsen wird und seine Zielvorstellungen im Leben bildet, wo wir uns für einen Beruf entscheiden, aber noch nicht etabliert sind. Auch die wichtigsten Liebesgeschichten finden meistens in dieser Zeit statt. Partnerschaften werden gegründet, Freundschaften geschlossen, eine Clique entsteht und löst sich wieder auf. In der zweiten Heimat lebt man auf unsicherem Boden.
Hermann, der Sohn von Maria und Otto, ist die Hauptfigur. Im letzten Teil von »Heimat« – er spielt 1982; auch in dieser Hinsicht ist »Die Zweite Heimat« keine lineare Fortsetzung – erleben wir ihn bereits als jungen Künstler, der die Musik liebt und sie zu seinem Beruf

gemacht hat. Aus der Logik der Erzählung und der Figur (Hermann macht im Herbst 1959 das Abitur) sind wir zwangsläufig auf die sechziger Jahre gekommen, die Zeit der großen Generationskonflikte – die Eltern standen allesamt im Verdacht, Nazis oder zumindest Opportunisten gewesen zu sein – und des Erwachens einer demokratischen Generation in Deutschland. Die Bundesrepublik ist in diesem Jahrzehnt erwachsen geworden.

Im Mai 1985 haben wir mit dem WDR einen Vertrag geschlossen über das Treatment »Männer und Frauen«. War das die Keimzelle zu »Die Zweite Heimat«?

Nein, nicht direkt. Schon während der Dreharbeiten von »Heimat« habe ich in einem Notizbuch Geschichten aufgeschrieben. Einige Titel: »Ein liebenswertes Arschloch«, »Ein intelligenter Bär«, »Ein humorvolles Rasiermesser«, »Eine diskrete Hure«, »Ein hilfsbereiter Dieb« oder »Ein erschöpfter Straßenköter«. Es waren meist Kürzestgeschichten, Minidramen, oft nur die Wiedergabe von Situationen, Entwürfe für Erzählungen. Ich dachte an einen großen Bilderbogen von Liebesgeschichten: »Die Liebe und die dritte Person«, »Liebe und Arbeit«, »Lust sucht Ewigkeit«, »Mann-Frau-Kind«, »Urlaubsliebe«, »Liebe und Geld«, »Einsamkeit und Geilheit«, »Prestigekomödie«, »Rollentausch«, »Mann gegen Frau«, »Die Nacht: Tageszeit der Liebe«, »Ein schnurgerader Weg ins Unglück«. Darunter gab es auch Geschichten um Hermann, »Tage in Dülmen« zum Beispiel.
In diesen Skizzen habe ich nach einem inneren Faden gesucht, der sie verband. Mit Robert Busch habe ich mich an den Ammersee zurückgezogen; wir haben die Geschichten diskutiert und versucht, sie zu ordnen. (Ich mache das gerne im Gespräch; als Erzähler braucht man

ein Gegenüber, einen Zuhörer.) Da kam eines Tages schlagartig die Erkenntnis, daß nicht »Männer und Frauen« das gemeinsame Thema ist, sondern die »zweite Heimat«: Alle Figuren lebten in einer fremden Stadt, in die sie, von irgendeiner Sehnsucht getrieben, geraten waren. Ich werde nie den Tag im Oktober 1985 vergessen, als ich auf ein Blatt Papier den Titel »Die Zweite Heimat« schrieb und es an die Wand pinnte. Die Konsequenzen jagten mir Angst und Schrecken ein. Ich habe mich dagegen gesträubt, schließlich lastete der Erfolg von »Heimat« auf mir wie eine Hypothek. Dennoch erwies sich dieser Titel als das Zauberwort, unter dem sich die Geschichten subsumieren ließen, und ich sagte mir, man muß das annehmen.
Aus der Liebesgeschichte einer Terroristin wurde die Helga-Figur; aus zwei oder drei verschiedenen Geschichten entwickelten wir Clarissa. Bereits im Exposé war die Struktur vorhanden: Hermann verläßt das Hunsrückdorf, geht in die Stadt. Die Jahre in München gliedern sich auf nach den Freunden, die ihm hier begegnen. Jede dieser Figuren steht im Mittelpunkt eines Teils, und der letzte, 13. Teil, stellt eine Art Epilog dar.

Hermann braucht zehn Jahre (oder 26 Stunden), um in seine Heimat zurückzukehren. Sein letzter Satz lautet: »Ich möchte das Warten lernen.«

Es mußte ein Ende gefunden werden, doch in Wahrheit ist es eine Scheinlösung. Wie man in der Musik eine Fermate macht: Sie löst das Problem nicht, sondern beruhigt für den Augenblick. Beim Erzählen gibt es keine echten Lösungen (auch das Happy-End ist immer eine Scheinlösung), doch sobald man eine Geschichte erzählt, gibt es das Bedürfnis, zu erfahren, wie sie ausgeht. Zumindest formal muß man ein Ende setzen, doch Hermanns Heimkehr ist nicht endgültig, der zitierte Satz keine Antwort auf die im Film aufgeworfenen Fragen.

Die dramaturgische Struktur, die sich bereits in der Exposé-Phase herauskristallisierte, bedingt auch den Erzählrhythmus. In »Heimat« wird der Chronik-Charakter betont durch die eingeblendeten Jahreszahlen. Die einzelnen Teile haben unterschiedliche Längen, sie variieren zwischen 138 Minuten und einer knappen Stunde.

Bei »Heimat« wäre es sogar möglich gewesen, noch kürzere Teile zu machen. Es gibt viele kleine Episoden. Zum Beispiel »Eduard als Goldsucher«: Als sich herausstellt, daß im Dukatenbach kein Gold zu finden ist, ist der Teil nicht zu Ende, obwohl man auch hier hätte eine Zäsur setzen können. Die einzelnen Teile sind nicht als jeweils in sich geschlossene Form konzipiert, sondern fließen in der Erinnerung ineinander über.
In der »Zweiten Heimat« hat jeder Teil seine Hauptperson und dadurch eine größere Autonomie. Figuren wie Helga oder Evelyne konnten beanspruchen, daß um sie herum ein eigenes Drama entsteht. Zwar kann man keinen Teil einzeln vorführen, doch handelt es sich um ausgewachsene Filme, jeweils etwa zwei Stunden lang. Diese Spielfilmlänge ist offensichtlich eine Erlebniseinheit; unsere Fähigkeit, im Kino zu sitzen und über die Augen und Ohren wahrzunehmen, ist auf eine gewisse Zeitmenge begrenzt. Man kann sie nicht beliebig erweitern oder nur dadurch, daß man mehrere solche Einheiten hintereinanderkoppelt.
Beim Schreiben erwies es sich, daß ich noch tief in »Heimat« steckte. Ich konnte mühelos den Hunsrückern Dialoge schreiben: Hermännchen mit seiner Mutter, mit seiner Tante, der Marie-Goot usw. Es ist viel zu viel Material entstanden, eine Fülle von Szenen, die im Hunsrück spielen. Der Anfang, bis Hermann endlich weggeht,

war ursprünglich ein Film für sich. Noch beim Drehen war die Hunsrück-Sequenz drei-, viermal so lang, wie sie sein durfte. Die Abnabelung dauerte sehr lange.

Man kann der Heimat nicht entkommen, man muß sie als Ausgangspunkt akzeptieren, um aufzubrechen zur zweiten Heimat.

Während der Dreharbeiten von »Heimat« beschäftigte mich ein Problem: Die Leute in Schabbach plagt das Fernweh, und einige von ihnen verlassen tatsächlich das Dorf, kehren vielleicht ein Leben lang nicht wieder zurück. Als Erzähler stand ich vor der Entscheidung, ob ich einen dieser »Weggeher« begleite oder mich ganz auf die Geschichten der »Zurückbleibenden« konzentriere. Ich habe mich entschieden, im Dorf zu bleiben. Im realen Leben hatte ich die Alternative gewählt: Ich gehöre zu den »Weggehern«. Immer wenn man jemanden verläßt, begeht man eine Ungerechtigkeit: Man nimmt das eigene Leben wichtiger als das der anderen. Damals fand ich es notwendig, ihnen erzählerisch ihr Recht zu geben. Für »Die Zweite Heimat« nahm ich meine eigene Geschichte zum Ausgangspunkt.

Das Drehbuch ist ein literarisches Werk

»Männer und Frauen« war ein Novellen-Zyklus, »Die Zweite Heimat« ist ein Filmroman. Schreiben Sie literarische Drehbücher?

Früher, bei meinen ersten Filmen, habe ich das Drehbuch möglichst unliterarisch gestaltet. Meine Überlegung war: Die Filmkunst ist eine autonome neue Kunst des technischen Zeitalters, sie schafft sich ihre eigenen Gesetze und sollte frei sein von der literarischen Tradition. Film pur, eine reine Partitur, keinerlei Anlehnungen

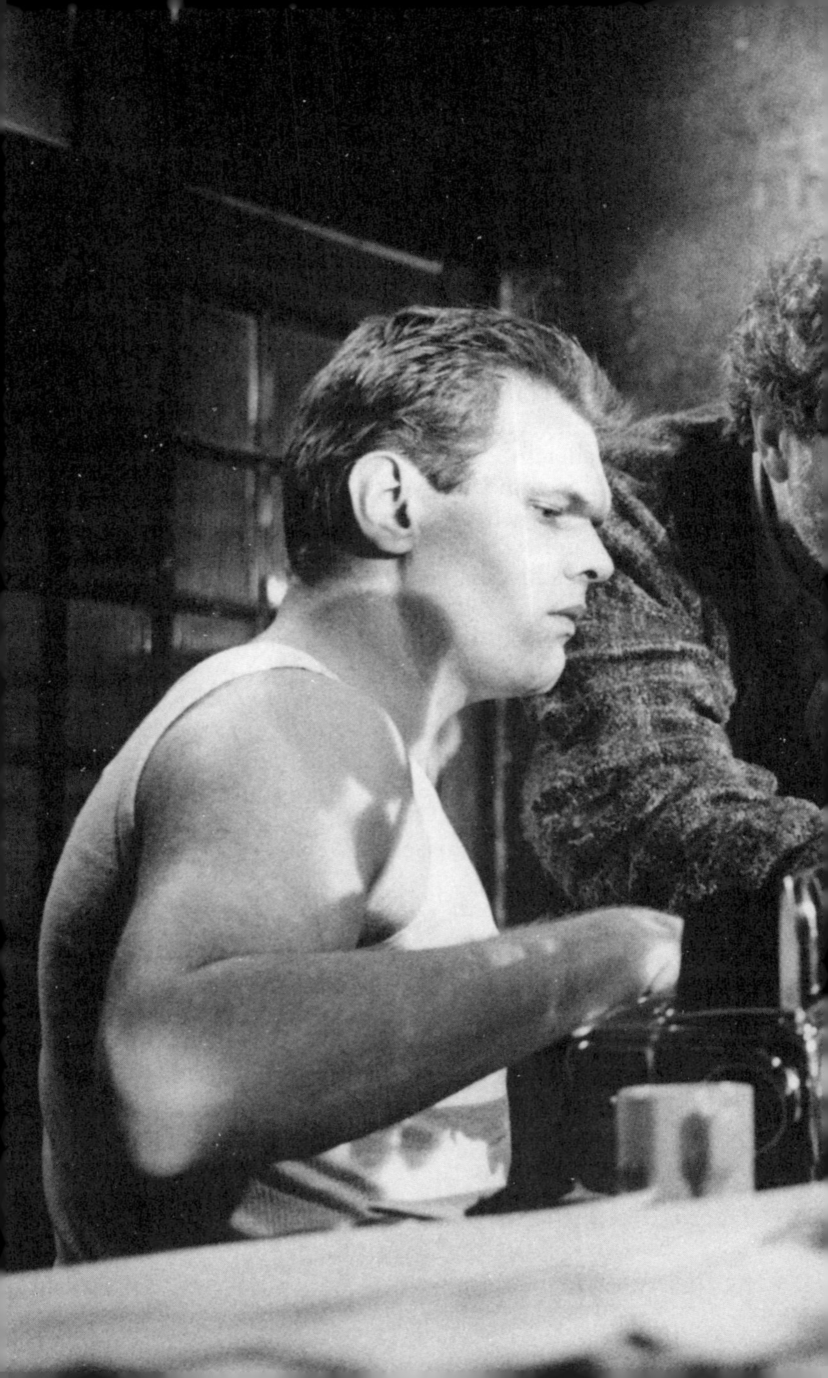

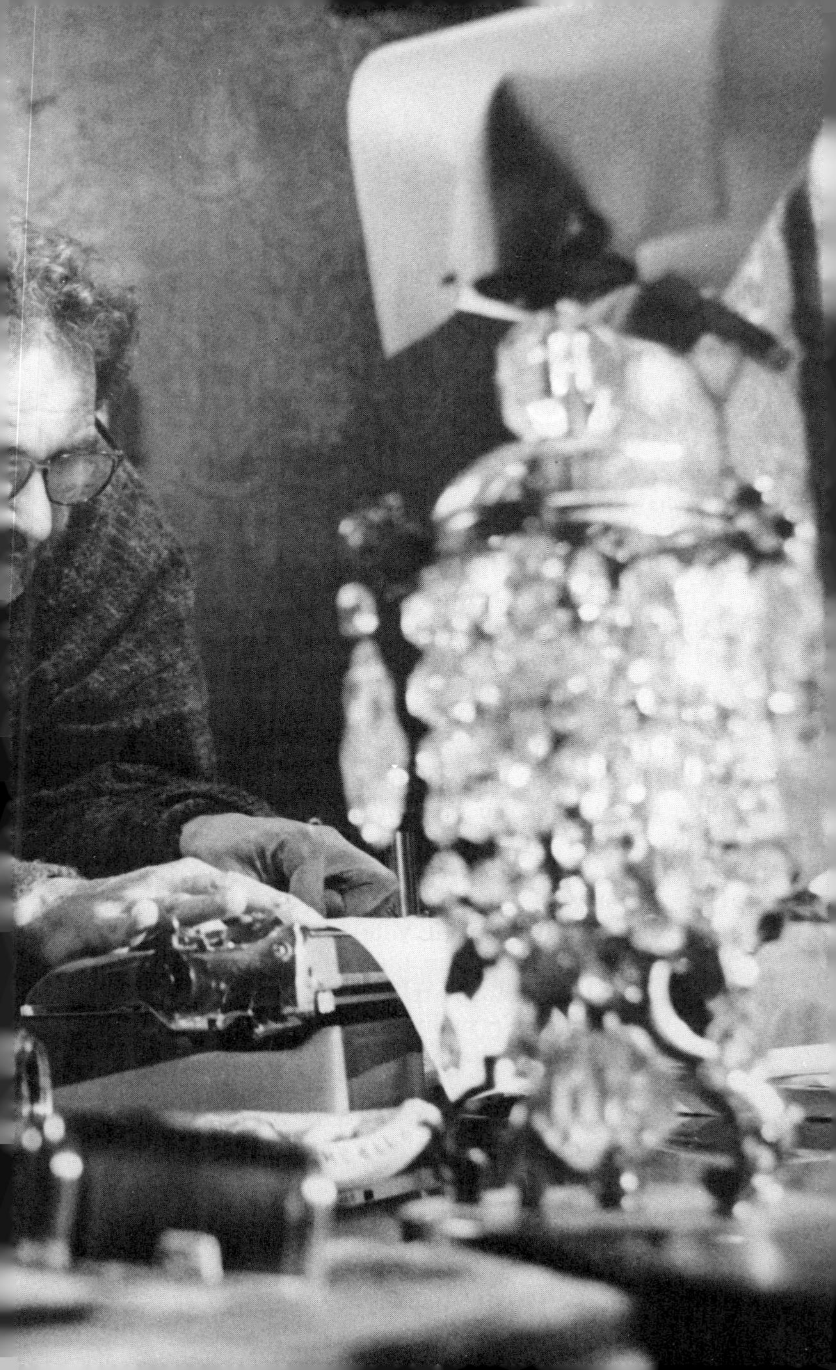

an andere Ausdrucksformen. Ein solches Drehbuch hat keinen eigenständigen Wert, ist lediglich ein Hilfsmittel zur Präzisierung der Gedanken, bevor die Dreharbeiten beginnen. Inzwischen weiß ich: Auf diese Weise kann ein experimenteller Film, eine Art von bewegter Bilderkunst, entstehen, aber keine erzählerische Form.
Wenn ich ein Drehbuch schreibe, bediene ich mich der Sprache als Mittel des Ausdrucks, und wenn ich es gut machen will, stehe ich vor literarischen Aufgaben.

Das Drehbuch zur »Zweiten Heimat« umfaßt 2.143 Seiten.

Ich habe konsequent jeden Tag zehn Stunden geschrieben – anderthalb Jahre lang, bis die erste Fassung fertig war. In diesen Monaten habe ich das Leben eines Schriftstellers geführt. Ich kenne diesen Horror vor dem leeren Blatt und weiß, wie man ihn überwindet. Die Einsamkeit der Arbeit läßt einen inneren Monolog entstehen, der sich permanent fortsetzt. Worte locken wieder andere Worte hervor oder ziehen sie hinter sich her. Der Erzählfluß setzt ein, und die Tore der Phantasie öffnen sich. Die Sprache ist ein Land, in dem man sich bewegt, ohne je an Grenzen zu stoßen. Sprache und Literatur stellen einen unermeßlichen Ausdrucksreichtum zur Verfügung, der immer weit über das hinausgeht, was einem selbst zu Gebote steht. Man bewegt sich, indem man schreibt, immer auf Vehikeln, die einen in diesem Lande umherkutschieren und gelangt zu erstaunlichen Lösungen. Jeder Schriftsteller kennt das und weiß auch, was es für eine Versuchung darstellt: Schnell ist man ganz woanders, als man eigentlich hinwollte.

Der Film erzählt eine Geschichte in Bildern. Ist es nicht zumindest ein Umweg, wenn der Drehbuchautor sich von der Sprache leiten läßt?

Selbst wenn wir mit Bildern erzählen, wird Sprache per Induktion erzeugt. Man suggeriert eine sprachliche Ebene, die der Zuschauer in seiner eigenen Wahrnehmung bildet. Im Kino sitzen, an einer Geschichte teilnehmen, heißt innerlich mitsprechen. Erst durch die Sprache wird die Geschichte verständlich, denn die Bilder selbst können keine Zusammenhänge schaffen. Sie stehen immer nur für sich.

Durch die Montage werden sie verknüpft, aus der Abfolge der Bilder erwächst über das Einzelbild hinaus eine Bedeutung.

Diese Bedeutung ist uns nur faßbar, wenn wir den Bildern innerlich einen Begriff zuordnen, zum Beispiel Hunger, Liebe, Haß, Durst usw. Der Zuschauer liest sich eine Geschichte aus den Bildern heraus und baut sie sich in Worten wieder auf. Sonst zerfällt der Film in Bilder. So wie beim Roman nur Wörter übrig bleiben. Wer einen Roman liest, inszeniert im Kopf die Handlung. Jeder Leser erschafft bei der Lektüre seine eigenen Bilder. Der Kinozuschauer spricht innerlich, und der Leser eines Buches sieht innerlich einen Film.
Es kommt hinzu, daß die literarische Sprache und der Film sich in einem ganz wesentlichen Punkt unterscheiden. Die Kamera kann nur eine äußere Scheinwelt abbilden, die wir mit Licht und Inszenierung interpretieren. Aber es bleibt immer auf das reduziert, was durch das Objektiv geht. Was sich in den Herzen, in der Seele, im Bewußtsein der Menschen abspielt, bleibt der Kamera verborgen. Die literarische Sprache kann einen großen Teil dieses Innenlebens einfangen, weil sich die menschliche Seele mit der Sprache bildet; auch die gesamte kulturelle Dimension unserer Existenz hängt mit der Sprache zusammen. Unsere Teilnahme an der Welt ist sprachlich vermittelt; vielleicht wird in späteren Ge-

nerationen der Mensch in Bildern denken und empfinden.

Wenn das Drehbuch eine literarische Eigengesetzlichkeit entwickelt, besteht die Gefahr, daß es sich am Ende der filmischen Realisation verweigert.

Jedenfalls ist die literarische Substanz nicht einfach übersetzbar ins andere Medium. Das kann nicht gelingen. Es handelt sich eher um eine analoge Neuerfindung. Die filmische Sprache, die im wesentlichen eine Bildersprache ist, kann sich aus denselben Quellen nähren, aus denen sich das literarische Erzählen genährt hat. Mit der Sprache werden die Quellen geöffnet, und bei der filmischen Bearbeitung kann ich daraus schöpfen.
Es gibt keine andere Methode, jedenfalls keine, die bezahlbar ist. Ich könnte mir vorstellen – ohne Drehbuch, mit der Geschichte im Kopf –, mit dem Team und den Darstellern von Tag zu Tag zu arbeiten, aber das würde selten zu einem gültigen Ergebnis führen, weil man ja immer an Resultate gebunden ist. Beim Schreiben kann man ohne Probleme seinen Text überarbeiten. Jeder Autor wird, wenn er am letzten Satz angekommen ist, den ersten Satz noch einmal ansehen und ihn überarbeiten. Das müßte man mit den Filmszenen auch so handhaben. Höchstwahrscheinlich müßte man die erste Szene neu drehen, damit sie auch wirklich zu der letzten Szene gehört. Man muß den Anfang am Ende korrigieren, damit es der Anfang vom Ende ist. Das Schreiben mit der Kamera ist denkbar, aber aus finanziellen Gründen undurchführbar.

Wie sieht ein Drehbuch von Edgar Reitz aus? Halten Sie sich an die konventionelle Form: auf der linken Spalte alles, was im Bild zu sehen ist, rechts der Dialog?

Nein, mein Drehbuch sieht aus wie ein normaler literarischer Text. Was bleibt von der Drehbuchform? Ich notiere einen Szenenwechsel, mache dann ein neues kleines Kapitel und nenne in der Überschrift den Ort. Das hindert mich nicht beim Schreiben, denn für alles gibt es Ort und Zeit. Ansonsten: Man kann eigentlich nicht sagen, daß etwa die Konstruktion ausgesprochen filmisch wäre.
Beim Schreiben empfinde ich die Dialoge – nach dem klassischen Modell die rechte Drehbuchseite, wo der gesprochene Text, nicht das Bild notiert wird – meist als Bilder. Wenn ich Personen sprechen lasse, kann ich mir sofort ihre Handbewegungen, ihre Kopfhaltung, ihr Gesicht vorstellen. Ich beschreibe das nicht, aber in der Satzstellung und der Ausdrucksweise steckt ein bestimmter Gestus und damit ein Bild. Frau Cerphal kommt die Treppe herunter und sagt: »Ich bin gar nicht da«. Ein solcher Satz ist gleich eine Szene.

Wie ausführlich schildern Sie den äußeren Habitus einer Figur? Enthält das Drehbuch bereits Angaben zum Kostüm?

»Er hat seinen feinen Anzug angezogen und, obwohl er das sonst nicht mag, hat er heute eine Krawatte an.« Eine solche Bemerkung kann für das Gefühl, das in dem Moment geschildert wird, wichtig sein. Aber ich würde niemals auf die Idee kommen, für jede Szene all das zu beschreiben, was der Ausstatter oder der Kostümbildner wissen will. Das wird erst später in ausführlichen Regieberatungen geklärt.
Das Drehbuch schildert Gefühle und Gedanken, die im Film an der Grenze der Darstellbarkeit sind. Später, bei der Vorbereitung der Dreharbeiten, rätselt man herum, wie diese Sätze übersetzbar sind in das Arbeitsgebiet der verschiedenen Team-Mitarbeiter. Was davon ist Kostüm,

Ausstattung, Requisite? Was davon ist Beleuchtung? Was davon ist Schauspielkunst oder Kamera? Nachdem alles geklärt ist, bleibt immer ein Rest. Und nun beginnt der Regisseur, die Szene neu zu erfinden.

Der Regisseur vernichtet das Drehbuch

Denken Sie bei der Arbeit am Drehbuch schon an Schauspieler, die diese oder jene Figur einmal spielen sollen?

Nein. Es mag sein, daß ich als Hilfskonstruktion beim Erzählen einen Darsteller im Kopf habe, jedoch nicht im Sinne einer Besetzungsidee. Man denkt an bestimmte Leute, es können auch Familienmitglieder oder ehemalige Schulkameraden sein, die so ähnlich sind wie die beschriebene Figur. Am Anfang trägt sie vielleicht Züge einer realen Person, doch schon nach kurzer Zeit entwickelt sie ein Eigenleben.
Mit der Besetzung beginnt der Abschied vom Drehbuch. Nie wird alles, was man geschrieben hat, sich realisieren lassen. Zugleich ergeben sich neue Möglichkeiten aus der Affinität des Darstellers zu seiner Rolle. Esther war laut Drehbuch eine Malerin; Susanne Lothar hat ein besonderes Verhältnis zur Fotografie. Die Leidenschaft eines Malers unterscheidet sich vom Gestus eines Fotografen: Das Drehbuch mußte umgeschrieben werden. Eine Künstlerin sollte es sein, auch gehört zu dieser Figur eine gewisse gewaltsame Phantasie. So bin ich, nach der Begegnung mit Susanne Lothar, auf die Szene gekommen, in der Esther Reinhard mit ihrer Kamera regelrecht vergewaltigt.

Und wie weit vergewaltigt der Regisseur den Drehbuchautor?

Der Regisseur beutet das Buch als Materiallager aus. Ich mußte das Drehbuch verfälschen, in seine Details zerlegen und benutzen, wie man Requisiten, Schauplätze oder die Darsteller benutzt.

Sie haben die 13 Drehbücher zur »Zweiten Heimat« allein geschrieben. Bei »Heimat« hatten Sie einen Coautor.

Die Zusammenarbeit mit Peter Steinbach, die zu einem wirklich guten Resultat geführt hat, ist nicht glücklich ausgegangen. Im Hintergrund steht ein prinzipielles Problem.
Was der Regisseur dem Autor antut, kann ich eigentlich nur mir selbst zumuten. In dem Moment, in dem es an das Drehen geht, wird dem Autor alles genommen. Wenn der Film fertig ist, bleibt vom Drehbuch nichts übrig. Schon deshalb habe ich nach Fertigstellung des Films eine Lesefassung von der »Zweiten Heimat« als Buch veröffentlicht. Ich wollte die Arbeit des Autors retten. Mir war dieses Buch wichtig, um mich an dem Regisseur zu rächen.

In der Drehbuch-Sammlung der Berliner Kinemathek stammen die gut erhaltenen Exemplare höchst selten aus dem Nachlaß eines Regisseurs: Während der Dreharbeiten wird offenbar ziemlich brachial mit dem Buch umgegangen, es im konkreten Wortsinn regelrecht vernichtet.

Der Text mag noch so gelungen sein, auch ich gehe beim Drehen bewußt lieblos mit dem Buch um. Eine Zeitlang habe ich in meinem Exemplar die Seiten, die abgedreht waren, herausgerissen und weggeworfen. Am Ende waren nur noch ein paar Seiten drin, die nie verfilmt worden sind. Es blieb ein ganz zerfleddertes Buch mit ein paar Restszenen übrig, die immer ungeliebt waren.

Die geheimnisvolle Fehlbesetzung

Jeder Schauspieler ist erst einmal eine Einengung, weil er alle anderen denkbaren Varianten ausschließt. Vorher gab es unendlich viele Möglichkeiten. Hat man sich für eine Besetzung entschieden, verliert der Autor das Gefühl der Omnipotenz. Stattdessen beginnt ein neues Abenteuer.
Während des Schreibens glaubt man, die Figuren deutlich vor Augen zu haben. Bei der Besetzung erweist sich das als Täuschung: Im Drehbuch beschriebene Personen haben nur vage Gesichter; alles, was einen Menschen im individuellen Sinne ausmacht – von der Augenfarbe bis zur Art, sich zu bewegen – ist meist noch unbestimmt. Sobald man einen Schauspieler kennenlernt, fängt die Phantasie zu arbeiten an. Oft spiele ich mit verschiedenen Möglichkeiten, stelle mir die Figur mal in dieser, mal in jener Besetzung vor. Welche Konsequenzen hat es für die Aussagekraft einer Szene, was bedeutet es für das Gesamtensemble? Ich schließe die Augen und stelle mir vor, was wird aus der Figur, wenn der betreffende Schauspieler die Rolle spielt. Nicht immer kann man die Folgen überblicken.
Es gibt Schauspieler, von denen erwartet man eine Realisation eins zu eins. Person und Rolle decken sich derart, daß man schon im ersten Augenblick sieht, wie das Ergebnis sein wird. Anke Sevenich kommt zur Tür herein, und ich weiß sofort, das ist Schnüßchen. Wenn ich die Augen schließe, sehe ich auch wieder nur mein Schnüßchen vor mir. Andererseits kann gerade die Differenz zwischen der Rolle und der Person faszinierend sein. Manchmal spürt man, mit diesem Schauspieler ist eine Figur auf geheimnisvolle Weise fehlbesetzt. Bei Clarissa erging es mir so. Die Figur, wie sie ursprünglich gedacht war, war mit Salome Kammer nicht mehr ausführbar; ich mußte sie mit ihr neu erfinden.

Musiker kann man nicht spielen

Sie haben sich entschieden, in keiner Szene mit Playback zu arbeiten und alle Szenen, in denen musiziert wird, live aufzunehmen. Für die Besetzung hatte das weitreichende Folgen: Sie brauchten Schauspieler, die zugleich Musiker sind.

Brecht hat gesagt: Arbeitsvorgänge kann man nicht spielen. Ein Schauspieler, der nur so tut, als könne er Klavier oder Geige spielen, wird nie den richtigen Ausdruck finden. Die Konzentration und die Anstrengung, die mit dem Musizieren verbunden sind, kann man nicht durch Mimik und Playback ersetzen. Achten Sie einmal auf das Mienenspiel eines Pianisten, der einen komplizierten Lauf auf dem Klavier zu spielen hat. Ein Schauspieler geht immer mit der Musik mit: Wo die Töne dahinschmelzen, zerschmilzt er auch. Wenn die Musik dröhnt, reißt er die Augen auf, und wenn es innig wird, schließt er die Augen. Die Gesichtszüge des Musikers dagegen entgleisen an einer Stelle, wo der Griff schwierig ist. Wenn die Cellistin einen Lagenwechsel hat und ihr Gehör gefordert ist, um in der Intonation sauber zu sein, erzeugt das einen mimischen Überausdruck. Ein Schauspieler, der daneben eine Musikausbildung hat, hört in diesem Moment auf, Schauspieler zu sein und ist Musiker. Das Instrument erfordert seine volle Konzentration.
Zugleich wurden schauspielerische Leistungen verlangt, die an die Grenze des Möglichen gingen. Salome Kammer hat eine wirklich schwierige Passage auf dem Cello zu spielen – als Clarissa. Oder, an Hermanns Hochzeitstag, spricht Volker mit ihr und spielt währenddessen Ravels »Gaspard de la Nuit«, auch kein leichtes Stück. Neben dem musikalischen Vortrag noch einen Dialog zu führen, das erfordert eine Intensität, die jenseits aller Kontrollmöglichkeiten liegt. Der Anspruch von Rollen

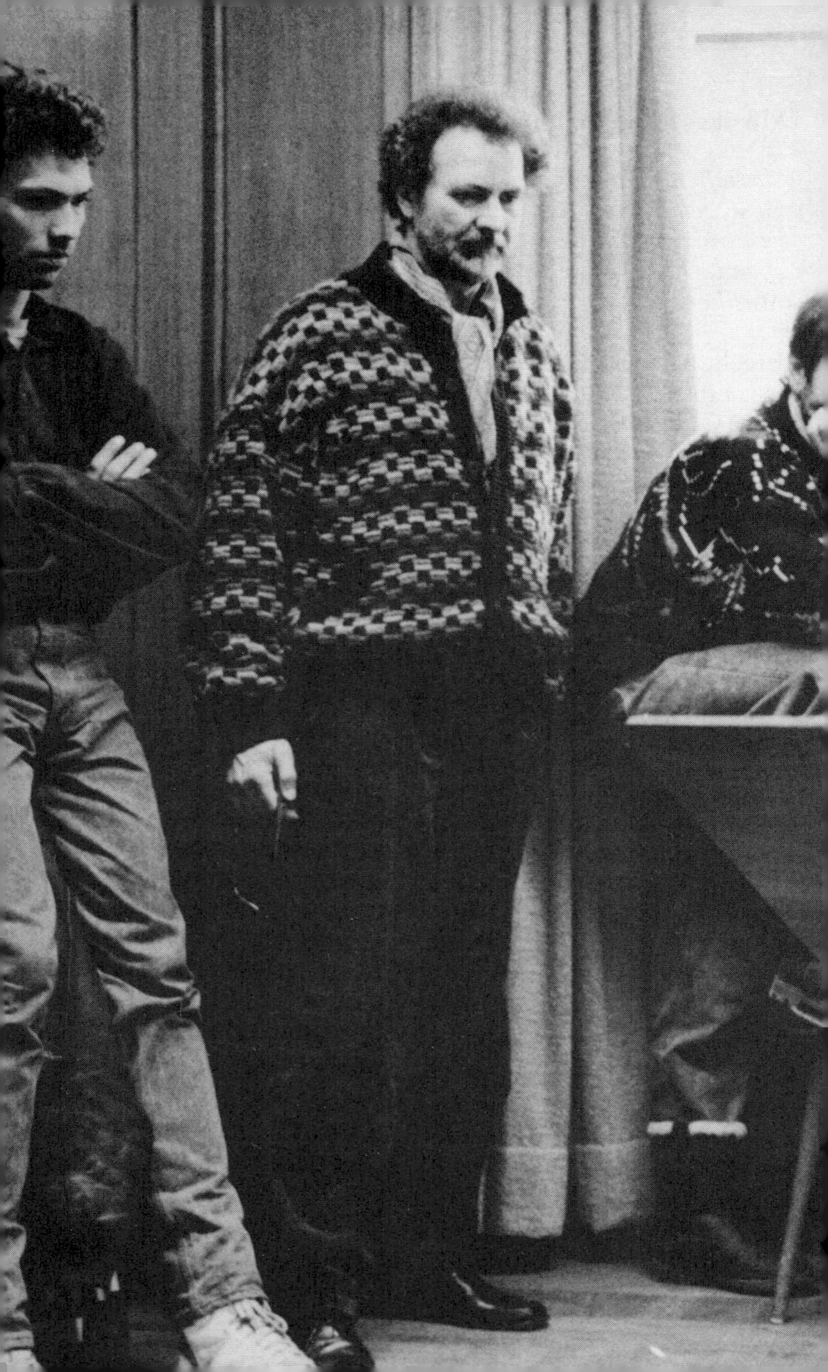

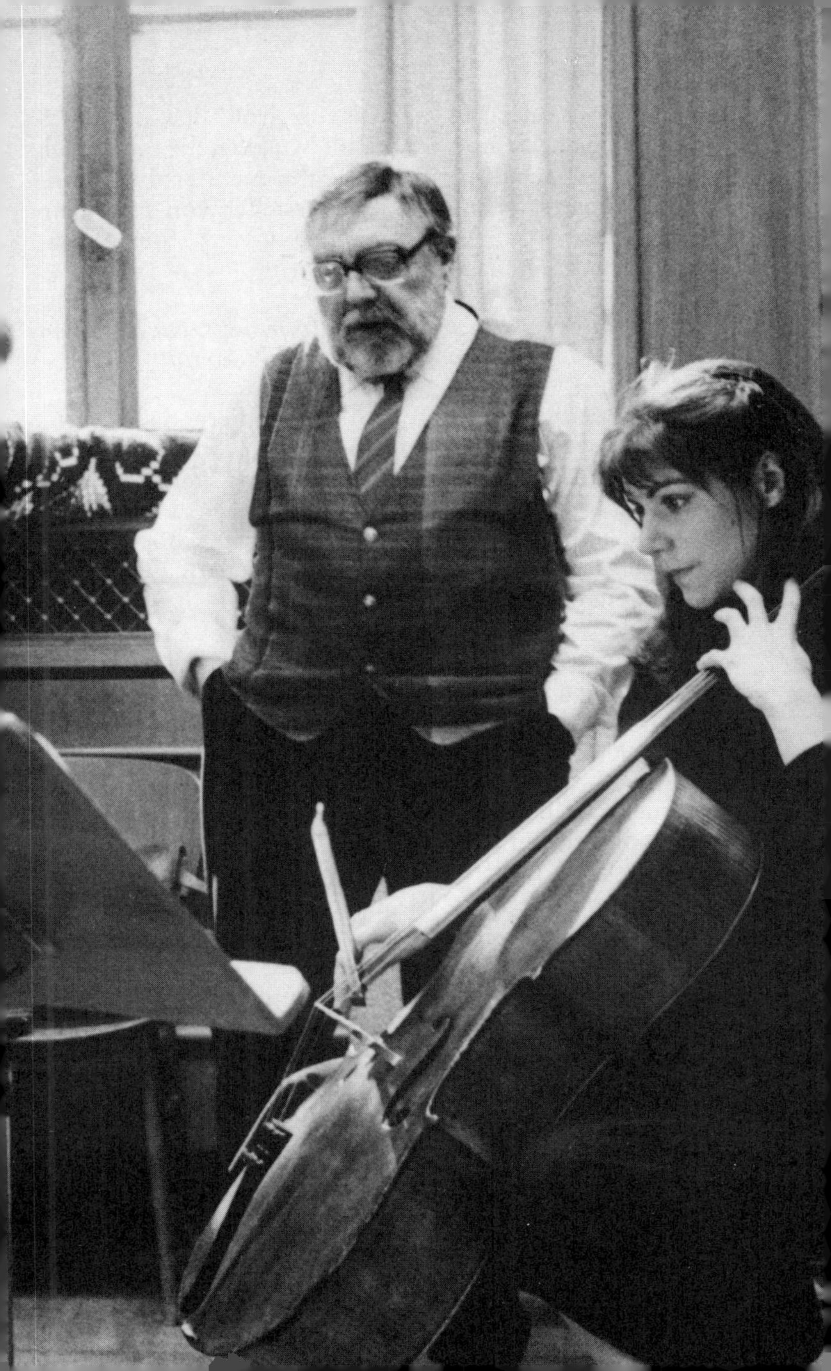

wie Clarissa oder Hermann ist so groß, daß Laiendarsteller – das heißt in diesem Fall: Musiker, die nicht auch ausgebildete Schauspieler sind – ihn nicht erfüllen können. Andererseits mußte der Darsteller von Hermann mit einer gewissen Virtuosität Beethovens »Sturmsonate« spielen können.

So gut, daß er selbst bei der Verführungsszene auf dem Speicher in Dülmen nicht aus dem Takt kommt...

Bei der Beethoven-Sonate gibt es retardierende Momente, die Arpeggios im Adagio-Teil, wo man die Töne verklingen läßt – sehr geeignet, um dem Pianisten während des Spielens das Hemd auszuziehen... Das wirkt fast wie dafür komponiert. Und hinterher Chopin, diese gewisse salonhafte Eleganz, Musik, geschaffen zum Verführen oder Brillieren.

Es ist wahrscheinlich noch relativ leicht, einen Schauspieler zu finden, der auch Klavier spielt. Dagegen dürfte es weit schwerer sein, eine Schauspielerin mit Cello-Kenntnissen zu finden.

Salome Kammer war die erste Besetzung, für die ich mich entschieden habe. Wir haben systematisch gesucht und bei allen Schauspielschulen, allen Theatern, allen Agenturen angefragt. Es gab in der Bundesrepublik Deutschland zu diesem Zeitpunkt nur eine einzige Schauspielerin, die Cello studiert hat; sie war gerade an den Städtischen Bühnen in Heidelberg engagiert.
Die Suche nach einer Besetzung für »Hermann« war ein Abenteuer. Ich hatte zuerst einen Schauspieler aus Hamburg gefunden und mit ihm einen Vertrag gemacht. Das war im Juni 1987. Dann fuhr er in Urlaub, kam zurück und erklärte, er wolle aussteigen. Vier Monate vor Drehbeginn. Wir fingen wieder mit Probeaufnahmen an und

haben erneut eine ganze Riege von jungen Schauspielern getestet. Zehn Leute wurden in die engere Wahl gezogen. Ich entschied mich für einen Kandidaten, der im letzten Jahr der Schauspielausbildung in Berlin war. Plötzlich erklärte er ebenfalls, er wolle die Rolle nicht. Ich habe mit seinem Schauspiellehrer telefoniert, ich habe alles mögliche versucht, um ihm die Bedeutung einer solchen Aufgabe klarzumachen. Aber er schreckte nur umso mehr davor zurück. Ich habe ihn noch ein zweites Mal getroffen und versucht, ihm die Angst zu nehmen. Vergeblich. Ergebnis: Wir waren zum dritten Mal in der Lage, keinen Hauptdarsteller zu haben.
Bei den Probeaufnahmen war mir ein Schauspieler aufgefallen, den wir alle irgendwie spannend fanden, der mir aber einfach zu klein erschien. So eine halbe Portion: ein Kerlchen, das ein Kerl sein möchte. Ich fürchtete, daß er in die Figur etwas Witziges einbringen würde, denn er wirkte wie ein kleiner Zauberlehrling, eben ein Möchtegern. Und plötzlich wußte ich: Das ist die Lösung! Es wäre fatal gewesen, wenn ich aus dem Hermann einen Helden gemacht hätte, ein hübscher großer Mann und Frauenheld, nein, das wäre nicht gegangen. Hermann, der mit seinem Unsterblichkeitswahn aus der Provinz kommt und Künstler wird, manövriert sich immer wieder in Lebenssituationen hinein, die durchaus komisch sind: Weil er immer wieder sich selbst überfordert, sowohl in künstlerischer Hinsicht als auch in der Liebe. Henry Arnold konnte einen Hermann spielen, über den man auch lachen kann. Ich habe ihm die Rolle angeboten, sicherheitshalber noch einmal Probeaufnahmen gemacht, auch gemeinsam mit Clarissa und mit anderen Spielpartnern, und ihn engagiert.
Das war ein wirklich weiter Weg. Heute bin ich heilfroh, daß es so gelaufen ist. Damals habe ich es als Tragödie erlebt, und jetzt bin ich der Meinung, daß dem Film nichts besseres passieren konnte.

Eitelkeit gehört zum schauspielerischen Talent

Das ganze Jahr 1987 haben wir Probeaufnahmen gemacht. Dafür nehme ich nicht Texte aus dem Drehbuch: Ich möchte nicht, daß sie sich verbrauchen. Wenn ich eine Szene während der Probeaufnahmen mit immer wieder neuen und meistens falschen Schauspielern erlebt habe, kann ich sie nachher nicht mehr sehen. Deswegen schreibe ich ganz spontan und schnell eine neue Szene. Zu einem Termin kommen zwei oder drei Schauspieler, meist nicht für dieselbe Rolle, sondern für verschiedene Rollen. Ich unterhalte mich mit ihnen, ziehe mich für eine Stunde zurück und schreibe eine Szene für sie. Der Text wird fotokopiert und verteilt. Während die Schauspieler sich mit ihrer Rolle beschäftigen, bauen wir in der Zwischenzeit etwas auf: Aus dem Zimmer machen wir – durch Verrücken der Möbel oder andere kleine Veränderungen – ein Standesamt oder eine Studentenbude, je nachdem, was die Szene beinhaltet. Es wird eingeleuchtet, und wir drehen mit zwei Videokameras, so daß wir von der Aufnahme Dialogschnitte machen können. Die Probenarbeit zeigt mir oft mehr als das Videoband. Das Stückchen Erfahrung in der Arbeit ist für mich wichtig. Wie reagiert der Schauspieler, wie formbar ist er? Wie beantwortet er meine Anstöße? Gibt es eine intuitive Beziehung?

Manches Mal waren wir monatelang unentschieden, eine Qual auch für die Schauspieler, denen man hinhaltende Briefe geschrieben hat. Salomes Aufgabe war, immer wieder Spielpartnerin zu sein. Für sie hatte ich mich bereits entschieden, ich konnte mich also auf ihr Gegenüber konzentrieren. Clarissa war ein Maßstab bei allen Besetzungsfragen, und Salome hatte einen großen Einfluß auf die Gestaltung der Figur. Ich habe von ihr viel erfahren über das Verhältnis zwischen dem Musiker und seinem Instrument: Es ist eine regelrechte Haßliebe, es gibt Dramen und Kämpfe. Sie hat mir sehr geholfen, dieses Milieu zu beschreiben und war bei der Vorbereitung des Films mehr als irgendjemand anderes beteiligt.

Vor den Dreharbeiten, als das Ensemble feststand, haben Sie einen Workshop veranstaltet.

In der »Zweiten Heimat« wird eine Generation oder eine Gruppe beschrieben, doch während der Dreharbeiten sind die Darsteller nur selten alle zusammen. Zum Beispiel die Faschingsparty am Ende von Teil 4. Juan und Frau Cerphal sind auf dem Dachboden; währenddessen läuft unten die Partyvorbereitung, und in der benachbarten Bibliothek befinden sich Ansgar und Evelyne. Später wird in der Diele getanzt, im Zimmer Klavier gespielt und in der Küche unterhalten sich zwei. Der Zuschauer hat den Eindruck, daß alle in der Villa zusammen feiern. Doch eine große Szene wie diese hat viele Drehtage, so daß sich die Darsteller in Wirklichkeit nie begegnet sind. Es geht so weit, daß jemand sich umdreht und ruft: »Hermann, was machst du da?« Dann der Gegenschnitt: Er sitzt am Klavier und streckt die Zunge raus. In Wahrheit war er gar nicht anwesend, denn als man in diese Blickrichtung drehte, befand sich dort die Kamera. Dann wurde umgebaut, der eine Darsteller ging, und der andere kam.

Obwohl sich die Schauspieler am Drehort nur selten begegnen, sollte dennoch ein Gruppengefühl aufkommen. Das war der eigentliche Zweck des Workshops. Ich habe mich mit den Darstellern zusammengesetzt und in einer großen Tischrunde in Gegenwart aller über jede Figur gesprochen. Aber das war die erste große Enttäuschung meiner Hoffnungen. Schauspieler zeigen ein minimales bis kein Interesse an der Rolle des anderen. Sie haben sich auch, sooft sie konnten, entfernt, und nicht selten ist es vorgekommen, daß ich mit dem betreffenden Schauspieler, um dessen Rolle es ging, allein blieb.

Heute verurteile ich das nicht mehr. Zum schauspielerischen Talent gehört die Eitelkeit. Es kann absurde Formen annehmen und ist gleichzeitig auch irgendwie liebenswürdig. Man darf einfach Schauspieler nicht falsch einschätzen. Es war eine Illusion und ein bißchen auch eine Erinnerung an 1968: dieser Wunschtraum, wir setzen uns an einen runden Tisch und fühlen uns alle verantwortlich für das Projekt. Stattdessen kam es bei dem Workshop zu häßlichen Streitigkeiten, die beinahe so ausgeartet wären, wie im Film Stefans Dreharbeiten in Berlin. Es entstand ein Konkurrenzgefühl, und es blieb auch nicht aus, daß über die Gagen verhandelt wurde bei dieser Gelegenheit: Für Konfliktstoff war gesorgt. Es ist sogar passiert, daß eine Schauspielerin völlig ausgerastet ist: Nach dem Workshop mußte die Helga-Rolle neu besetzt werden.

Die Story eines Drehtags

Wir betreten den Drehort, der vorher besichtigt und mit den Ausstattungsleuten besprochen wurde. Die Requisiteure haben nach bestimmten Anweisungen den Raum ausgestattet; an diesem Morgen findet die Übergabe statt. Dann kommen die Schauspieler: in Maske und Kostüm, auch zur Probe, denn so sind sie eingestimmt auf ihre Rolle. Genau wie ich betreten sie das erste Mal das Motiv, den Drehort. Beleuchtungs- und Tonteam sind für eine oder zwei Stunden später bestellt, sofern es nicht spezielle Aufgaben für sie gibt. Wir sind also fast allein; nur noch der Regieassistent ist anwesend (und die Continuity-Assistentin, denn alles, was jetzt besprochen wird, muß notiert werden). Das Drehbuch in der Hand, lese ich die Szene laut vor: Jeder kennt den Text und hat sich damit beschäftigt, aber das Vorlesen ist die beste

Methode, Einfälle und Ideen zu entwickeln. Oft werde ich auch unterbrochen, weil ein Darsteller einen Vorschlag macht: Dort könnte er sich hinsetzen, hier hätte er ein tolles Requisit usw. So kommen lauter kleine Impulse. Dann versuchen wir eine erste Probe. Es wird nicht improvisiert, denn der Dialog, die Funktion der Szene im erzählerischen Kontext liegt fest. Aber die Details der Inszenierung – wie bewegen sich die Personen, wie wird dieser Text gesprochen – werden geprobt, ähnlich wie im Theater bei einer Bühnenprobe.

Schreiben Sie ins Drehbuch: »Hermann (aufgeregt)« oder »Clarissa (ironisch)«?

Ganz selten. Solche Regieanweisungen im Dialogtext sind immer unzulänglich – was heißt schon »aufgeregt«? Entweder es ist im Text selbst enthalten, oder man läßt es gleich. Im Notfall schreibe ich »schreit« oder »flüstert«. Also eher Angaben über die Lautstärke, nicht Interpretationen. Aber alle anderen Differenzierungen müssen sich jetzt bei der Probe herausstellen.
Der Kameramann steht die ganze Zeit dabei: als stiller Beobachter. Er verfolgt, wie sich die Szene entwickelt, und bedenkt bereits die Konsequenzen für seine Arbeit. Er sieht sich im Raum um: Wo ergeben sich interessante Kameraperspektiven? Wie läßt sich der Lichtaufbau bewerkstelligen? Während einer Unterbrechung lasse ich mir von ihm Vorschläge machen; wir verständigen uns, und der Oberbeleuchter beginnt mit den Vorbereitungen.
Inzwischen setzen wir die Proben fort. Es ist fast immer so: Die allererste Probe ist sehr oft überwältigend, die Schauspieler sind wahnsinnig gut. Bei allen weiteren Versuchen, die schon aus technischen Gründen notwendig sind, wird es schlechter, permanent schlechter. Jetzt muß man die Szene erst wieder aufbauen, aber niemals

bis zu dem Punkt, wo es wirklich gut ist. Denn dieser Punkt darf erst kommen, wenn die Klappe geschlagen wird: Schließlich soll die beste Version in den Kasten, sie darf nicht vorher schon stattgefunden haben.
Wenn das Licht aufgebaut ist, beginnen die technischen Proben. Gernot Roll sagte immer: »Bitte ohne Kunst!« Die Schauspieler nehmen ihre Positionen ein und leiern ihren Text runter. Es wird lediglich kontrolliert, ob sie bei allen Bewegungen richtig im Licht sind, und es werden alle Kamerabewegungen trainiert. Manchmal gibt es Einstellungen, bei denen die Schärfeneinstellungen so schwierig sind, daß allein deshalb zehn Proben notwendig sind: eine Bewegung mit dem Kopf oder mit der Hand, schon wird das Bild unscharf.
Nach den technischen Proben ist die Geschichte vom äußeren Ablauf so eingespielt, daß daran keine Änderung mehr möglich ist. So frei der Schauspieler bei der allerersten Probe war, so unfrei ist er beim Drehen, denn jetzt darf nichts, was nicht verabredet ist, hinzukommen: Es würde zum sofortigen Abbruch der Aufnahme führen. Die Impulsivität, die naive Beziehung zur Szene ist vollkommen zerstört. Es wird viel verlangt von einem Schauspieler, der ein Empfinden für die Szene hat, und es kommt immer wieder der Schärfenassistent mit dem Maßband und hält es ihm vors Gesicht. Oder der Beleuchter sagt: »Geh ein bißchen weiter nach rechts, sonst hast du einen Schatten auf der Nase«. Die Tonleute wünschen, daß er in eine andere Richtung spricht, wobei sie vielleicht den Regieanweisungen widersprechen; der Konflikt läßt sich nur beheben, indem noch ein weiteres Mikrophon eingebaut wird. Am Ende ist es eine Einbahnstraße geworden für jeden Beteiligten.
Während der Dreharbeiten beschäftige ich mich meistens in Gedanken schon mit der nächsten Einstellung. Die Szene, die gerade gedreht wird, ist gelaufen, bevor die Klappe geschlagen wird. Aber ich kann unter keinen

Umständen drehen, bevor ich nicht den nächsten Schritt weiß, denn die kommende Szene erfordert immer schon eine Reaktion in dieser. Vielleicht stürzt jemand zur Tür herein. Dann muß die Szene damit enden, daß die Leute im Zimmer auf etwas reagieren, das vor ihren Augen noch gar nicht stattgefunden hat. Oder die nächste Einstellung ist eine Großaufnahme: Dann muß ich in dieser Szene festlegen, wo ich rausgehe, denn die Blickrichtung muß stimmen, der Anschluß in Ordnung sein. Die für die Großaufnahme bestmögliche Haltung muß an der Stelle, wo der Schnitt liegen soll, schon eingenommen sein. Kommt in dieser Szene das Licht von rechts, darf es in der anschließenden Großaufnahme nicht von links kommen. Vielleicht ist dies aber die Schokoladenseite des Schauspielers, so daß ich den Lichtaufbau noch schnell verändere. Endlich wird gedreht.
Auf den Filmschauspieler übt die Klappe eine magische Wirkung aus. So wie im Theater, wenn der Vorhang aufgeht und damit das Herz höher schlägt, etwas an innerer Bereitschaft sich öffnet und jeder weiß, jetzt geht es um Leben und Tod, so ist es beim Film, wenn die Klappe geschlagen wird. Deswegen wird man die Klappe niemals abschaffen, obwohl sie technisch längst ersetzt werden könnte durch andere Maßnahmen für die Synchronisation. Die Klappe ist ein magischer Auftakt: Die Nummer wird angesagt, der Klappenschläger springt aus dem Bild, die Kamera läuft, der Ton läuft, und der Schauspieler hat nun wie ein Uhrwerk genauestens zu tun, was verabredet ist, und muß dennoch in diesem eng abgesteckten Rahmen intuitiv und natürlich spielen als wäre es das einzige Mal in seinem Leben. Auf Klappenschlag, von einer Sekunde auf die andere, in die Rolle zu schlüpfen, um sich herum alles zu vergessen und frei zu sein, obwohl er in Wahrheit keineswegs frei ist, das ist das Geheimnis des Filmschauspielers. Auf der Bühne lernt man das niemals. Oft passiert es, daß ich eine Szene

zwanzigmal drehe und alle möglichen Spiele treibe, um den Darstellern die Hemmungen zu nehmen, sie aus diesem Gefühl des Eingesperrtseins und des Beobachtetwerdens zu erlösen.

Bis zur Klappe kann der Regisseur und jeder Mitarbeiter eingreifen und dazwischensprechen. Wenn die Klappe geschlagen wird, dann sind alle auf ihren Teil konzentriert, der Tonmann auf seine Angel, der Kameramann auf seinen Schwenker, und wenn die Szene zu Ende ist, wird abgefragt, ob es in Ordnung war. Frage auch an den Darsteller, ob er meint, es besser zu können, obwohl die meisten Schauspieler eher froh sind, wenn sie das nicht gefragt werden. Sie möchten lieber, daß der Regisseur ihnen bestätigt, es war gut.

Während die Kamera läuft, bin ich zum erstenmal Zuschauer. In diesem Augenblick betrachte ich die Szene wie in einer Mustervorführung. Übrigens habe ich mir in der letzten Zeit häufig die Szene auf der Videoausspiegelung angesehen, ein ganz gutes Mittel der Distanz. Ich spüre dann, wo ein Schnitt sein muß, denn man dreht die Szene immer länger als sie sein muß. Oft dreht man einen Dialog in der ersten Kameraposition durch bis zum Ende. Aber ich spüre, während die Kamera läuft, bis wohin die Einstellung trägt, bis wohin sie dem inneren Rhythmus der Szene wirklich gerecht wird, also eine innere Harmonie zwischen der Kamerabewegung und dem Spiel besteht, und finde so den Ausstieg, den Schnitt. In eine andere Kameraposition umzuschneiden, ist immer auch ein Eingriff, eine Störung der Kontinuität; es zerhackt das Spiel der Darsteller, und ich tue es nur dort, wo dieses Mittel wirklich einen Gewinn bedeutet.

Schreiben Sie Einstellungsgrößen bereits in das Regiebuch, strukturieren Sie eine Szene vorher in Schnitten?

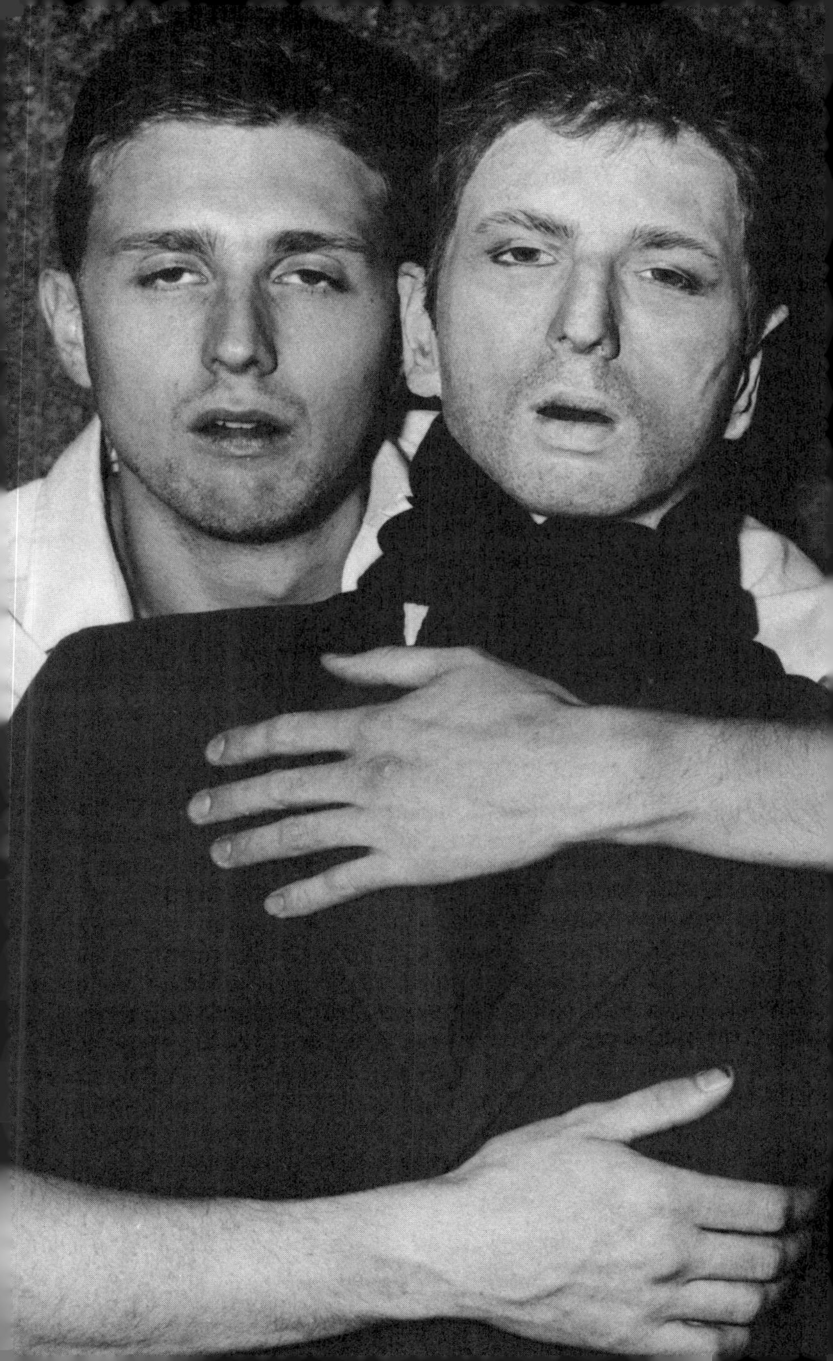

Nein. Der Schnitt passiert am Drehort. Zwar habe ich über die Einstellung vorher nachgedacht, aber wenn die Kamera läuft, habe ich vielleicht das Gefühl, diese Szene trägt nur bis zu einem ganz bestimmten Punkt, und es wird schnell umdisponiert. Ich nutze dann die Möglichkeit zu raffen: Die entstandene Leere wird übersprungen. Ich lasse mich immer bewegen von der Szene selbst. Wieviele Schnitte es werden, weiß ich erst abends, wenn wir fertig sind.

Im Lauf des Tages wird Protokoll geführt; die Continuity-Assistentin nimmt mit der Stoppuhr die Zeiten und macht eine Schnittliste. Wenn das Material aus dem Kopierwerk kommt, kann die Cutterin den Rohschnitt vornehmen, ohne daß ich dabei bin. Bei der »Zweiten Heimat« hat Susanne Hartmann den gesamten Rohschnitt während meiner Abwesenheit gemacht. Der sogenannte Feinschnitt, wo man von der ursprünglich geplanten Version abweicht, passierte viel später, drei Jahre, teilweise vier Jahre nach der Aufnahme. Ich konnte mich schon an vieles gar nicht mehr erinnern, so daß ich das Material anschaute mit dem Blick eines Fremden. Inzwischen steht man den früheren Ideen kühl gegenüber, findet bei weitem nicht alles gut, was man damals gedacht hat und sucht noch bessere Lösungen.

Das ist die Story eines Drehtages, wobei ich immer sage: Die entscheidenden Ideen werden nicht am Drehtag geboren. Die wichtigeren Dinge, zum Beispiel die Besetzung oder die Motivsuche, gehen ihm wochen- oder monatelang voraus und entscheiden dann, ob der Drehtag ein zufriedenstellendes Ergebnis bringt.

Sprinter beim Marathon

Schauspieler, Techniker, alle Team-Mitglieder sind am Spielfilm geschult. Sechs, acht Wochen Drehzeit, diesen Arbeitsrhythmus kennen sie, diesen Sprint haben sie im

Laufe ihres Berufslebens trainiert. Bei einer Produktion wie »Die Zweite Heimat« macht es gar keinen Sinn zu sprinten. Wir hatten 552 Drehtage. Nach zwei Monaten merkten die Leute, daß noch nicht einmal ein Zehntel der Arbeit geschafft war. Es brachen plötzlich Hysterien aus, es kam zu Krächen und die ersten stiegen aus. Oft haben sie das Team deshalb verlassen, weil sie mit dem Arbeitsrhythmus, in dem sie eingebunden waren, einfach nicht zurechtkamen, ihn sich nicht einmal vorzustellen vermochten. Den Sprintern ging einfach die Luft aus. Die zweite Krise gab es nach dem 100. Drehtag: Noch immer herrschte das Gefühl vor, wie stehen ganz am Anfang. Erst um den 250. Drehtag herum – das war wieder ein gutes Jahr später – kam das Gefühl auf: Wir sind schon ganz schön weit.
Am Ende bestand das Team nur noch zu einem Viertel aus Mitarbeitern, die von Anfang an dabei waren.

Gab es denn auch eine Krise für den Regisseur?

Ich habe es oft physisch nicht mehr gepackt, mich wahrscheinlich auch psychisch verkrampft. Es gab Zeiten, wo ich das Gefühl hatte, ich verteidige hier etwas – man steigert sich in die Rolle hinein, allein dazustehen. Wenn die Leute einen verlassen, reagiert man gekränkt und zieht sich zurück auf die Position des einsamen Künstlers, der auf seinen Schultern das Projekt ganz allein trägt. Da ist immer ein bißchen Selbstmitleid dabei, und vor allem wird man in dem Moment auch unkommunikativ. Man gönnt die Arbeit nicht mehr den anderen. Die Folge: Das Produkt fängt an, hermetisch zu werden, sich zu verschließen. Also, es kam der Punkt, wo ich dachte: Ich mache einen Film, den kein Mensch versteht und den auch keiner verstehen soll. Natürlich war das Ausdruck einer furchtbaren Verkrampfung und führte sofort zu Knoten im Umgang mit den Schauspielern. Es ist auch vorgekommen, daß ich mit gewissen Schauspielern überhaupt nicht mehr sprechen wollte, sondern nur noch Regieanweisungen im technischen Sinne gegeben habe. Da sage ich nur noch: »Jetzt wendest Du den Blick nach rechts, fixierst diesen oder jenen Punkt; dann neigst Du den Kopf ein bißchen und sagst den Satz, betonst dieses oder jenes Wort, anschließend hebst Du die linke Hand« usw.

Was natürlich nicht funktioniert...

Das funktioniert, damit schafft man den Anschein von gut inszenierter Szene. Man kann den Schauspieler zur Marionette machen, aber die geheimnisvolle Wirkung, wo die Rolle anfängt zu leben, stellt sich nicht mehr ein. In mehreren Fällen mußten wir eine ganze Szene wiederholen, weil sie einfach keine Kraft hatte.

Bei »Heimat« haben Sie und alle Beteiligten sich zum erstenmal auf einen solchen Langstreckenlauf eingelassen. Ist man beim zweitenmal besser geschützt vor Krisen?

Nein. Das zweite Mal war in jeder Hinsicht schlimmer. Nach »Heimat« haben alle hinterher gesagt, das war die schönste Zeit unseres Lebens, dort im Hunsrück. Das ganze Team lebte im Dorf. Wir begegneten uns auch in der freien Zeit täglich. Man saß abends zusammen in der Gastwirtschaft, und auch diese Vermischung mit dem Dorfleben war für uns Städter ein großes Erlebnis, weil wir sozusagen zurückgekehrt sind zu einer einfacheren Lebensweise usw. Aber das wurde nachher gesagt, in Wirklichkeit war es nicht ganz so. Das ist die Idyllisierung, die nach dem Erfolg kommt.
Bei der »Zweiten Heimat« hatte ich es anfangs mit einem Team zu tun, das nur von den Erlebnissen bei »Heimat« erzählte. Ich wollte möglichst viele von meinen da-

maligen Mitarbeitern wieder beschäftigen. Alle waren sofort dabei und haben andere Angebote abgesagt. Was man als Idylle von dieser Hunsrückproduktion in sich trug, sollte nun von vornherein realisiert werden. Wir wollten in München eine Art Schabbach installieren. Dazu gehörte die Idee, ein Haus zu mieten, in dem das Team sich Tag und Nacht aufhalten kann, wo es immer zu essen und zu trinken gibt und die auswärtigen Filmschaffenden übernachten können. Wir haben darüber sogar schon mit Gaststätten verhandelt. Es war ein Versuch, dieses Gefühl, außerhalb der Welt zu sein mit unserem Projekt, auch in der Großstadt herzustellen. Und das funktionierte überhaupt nicht und zwar vom ersten Tag an nicht.

Dafür gibt es mehrere Gründe. Die meisten Beteiligten sind in München zu Hause und wurden selbstverständlich am Feierabend von ihren Frauen oder ihren Männern erwartet. Im Hunsrück konnte man sich von der Familie absetzen, da war eine Dienstreise notwendig, aber hier sieht es keiner von der Familie ein, warum der Papa nicht nach Hause kommt.

Außerdem hat man in der Stadt, in der man lebt, viele andere Bindungen und Interessen: Da sind die Freunde, die einen sehen wollen, oder man wird eingeladen zu Geburtstagen oder sonstigen Festivitäten. Es gibt ein anderes kulturelles Angebot, an dem man teilnehmen möchte. Nach kurzer Zeit stand der Feierabend absolut im Vordergrund. Und dann entstand auch so eine Intrigenwirtschaft. Es gibt in jedem Team immer die Kneipengängertypen, Leute, die nicht gerne nach Hause gehen, und die haben bald auch irgendwo eine Stammkneipe, aber die halten sie geheim: Sie bilden untereinander eine Clique und legen allergrößten Wert darauf, nach der Arbeit irgendwo hinzugehen, wo sie die anderen Kollegen, die sie den ganzen Tag gesehen haben, eben nicht treffen.

Ein Film und drei Kameraleute

Jetzt muß ich unbedingt sprechen über die größte und schlimmste Krise: die zwischen mir und Gernot Roll. Was da wirklich passiert ist, ist mir ein Rätsel. Es hat zu Beginn eine gewisse Reibung gegeben zwischen uns, die ich aber für eine ganz normale, produktive Reibung hielt. Sein Ehrgeiz als Kameramann war ganz offensichtlich, sich bei diesem Film qualitativ zu steigern, und er hatte Ideen, die mir alle nicht so zusagten. Er wollte mit ganz selten verwendeten, raffiniertesten technischen Mitteln arbeiten. Die sogenannte Schnorcheloptik zum Beispiel: Mit einem speziellen Verlängerungsobjektiv, das wie ein Elefantenrüssel an der Kamera vorne dranhängt, kann man zwischen Gegenstände und in Löcher kriechen und extrem niedrige Kamerapositionen einnehmen. Gleich im ersten Teil wurde das eingesetzt: Hermann spielt bei dem Abiturkonzert Klavier, und Gernot fuhr mit der Schnorcheloptik über die Tastatur des Flügels in einer Höhe, sagen wir mal, von einem Zentimeter. Stunden vergingen, um dieses sehr elaborierte Bild zu machen. Währenddessen war ich dauernd auf der Suche nach dem natürlichen Blick auf das menschliche Gesicht. Meine Vorstellung war: Wir drehen hier einen Film über junge Künstler. Aus der Sicht der meisten Zuschauer sind das Spinner, diese verschrobenen Studenten mit ihren Wahnvorstellungen von der Unsterblichkeit. Wenn man solche Leute beschreibt, die obendrein auch noch Avantgardekunst machen, dann muß man ihnen gegenüber eine ganz natürliche Erzählhaltung einnehmen, weil das die einzige Chance ist, ein Verhältnis zu ihnen zu bekommen, eine sympathische Beziehung aufzubauen. Dazu paßt keine Schnorcheloptik. Ich wollte keinen Experimentalfilm über Experimentalkünstler machen. Der Akzent liegt nicht auf ihrem avantgardistischen Kunstgetriebe, sondern auf ihren menschlichen Empfindungen.

Im Zentrum von »Heimat« stand eine Familie; der Freundeskreis in der »Zweiten Heimat« ist eine Art Ersatzfamilie. Auch das Verhältnis des Zuschauers zu den Figuren wird rasch familiär: Der eine oder andere Freund mag seltsame Ansichten vertreten oder komische Ideen verfolgen, aber er gehört doch zur Familie.

Diese Erzählhaltung habe ich Gernot Roll nicht vermitteln können; er dagegen empfand es wahrscheinlich so, daß ich ihm die Qualitätssteigerung verweigere.
Gegen Ostern 1988, wir hatten ein Vierteljahr Dreharbeiten hinter uns, spürte ich schon, daß etwas in der Luft lag. Eigenartig war, daß wir nie außerhalb der Arbeit miteinander sprachen. Eines Tages kam er zu mir und teilte mit, er wolle dem Film nicht schaden, aber zum frühestmöglichen Zeitpunkt aussteigen. Natürlich schadet das, keine Frage. Doch Roll stritt dies ab und meinte, er sei ersetzbar. Er war offenbar gekränkt, schließlich ist Gernot Roll – und das weiß er auch – einer der besten Kameramänner Deutschlands. Vielleicht hatte er den Glauben an das Projekt verloren: Er meinte wohl, daß dieser Film mißlingt und daß er sich schadet, wenn er nicht geht.

Bei »Heimat« hatte er solche Zweifel nicht?

Nein.

Nun ist es eine andere Aufgabe, München zu fotografieren als den Hunsrück. Die Landschaftsbilder in »Heimat« sind faszinierend, aber auch in der »Zweiten Heimat« gibt es phantastische Kranfahrten. Hermann und Juan kommen vom Südfriedhof, und die Kamera fährt am Kreuz entlang hoch bis zum Blick über die ganze Stadt, in der Ferne die Frauentürme.

Diese Einstellung hat Gernot Roll noch gedreht. Bis zu dem Zeitpunkt, als er wegging, hat er natürlich viele Maßstäbe gesetzt, das muß man auch sagen. Ich verehre nach wie vor sein Können, und es bestehen heute auch Versöhnungstendenzen.
Aber zwischen dieser Verkündung um Ostern herum und seinem letzten Drehtag, das war erst Ende Oktober, blieben noch ein paar Monate: die schwerste Zeit, die ich je in meinem Leben beruflich erlebt habe. Die Zusammenarbeit mit einem Kameramann, der ein Projekt für gescheitert hält, ruinierte endgültig mein Selbstbewußtsein. Nun muß man dazu wissen, daß ich nach dem Erfolg von »Heimat« immer wieder angesprochen wurde: »Was wollen Sie eigentlich nach dem Film jetzt noch machen?«. Die Kritiker schrieben von einem »Lebenswerk«...

... das ist wie ein Sarg.

Ein Sarg und Deckel zu. Für mich war es eine furchtbare Belastung, fast schon eine fixe Idee. Als Roll sagte, er geht, fürchtete ich die Katastrophe: Daß es sich erweist, daß ich nichts zu sagen habe, was wichtig genug ist, um nach »Heimat« gesagt zu werden.
Normalerweise ist in einem Team das Verhältnis zwischen Regisseur und Kameramann eine Bastion. Wenn die zwei zusammenhalten und sich gegenseitig stützen, dann ist nichts zu erschüttern. Ich hatte jetzt niemanden mehr, bei dem ich mich vergewissern konnte, daß es weitergehen muß und daß es sich lohnt. Ich wäre wahrscheinlich daran zerbrochen, wenn nicht zwei Leute mir Mut gegeben hätten: Robert Busch, der nach anfänglich schweren Irritationen eine ganz erstaunliche Solidarität entwickelte, und Salome Kammer, mit der ich mich damals befreundete und die mir geholfen hat, die Beziehung zu den Schauspielern aufrechtzuerhalten.

Aber wenn ich mich daran erinnere, das waren Monate, wo ich unter Schlaflosigkeit litt, körperlich sehr erschöpft war, anfällig für jegliche Art von Krankheit – ich war vollkommen ohne Widerstandskräfte.

Währenddessen liefen die Dreharbeiten.

. . . und zwar forciert, weil wir bis zum Weggang von Gernot Roll so viel wie möglich noch in den Kasten kriegen wollten. Roll ist so sehr Vollprofi, daß er niemals aus Affekt schlechtere Arbeit machen würde. Er hat das Bestmögliche gegeben, obwohl wir zu dieser Zeit nicht mehr miteinander gesprochen haben.

Für einen Außenstehenden ist die Arbeit des Kameramannes schwer einzuschätzen: Es gibt Regisseure, die während der Dreharbeiten ständig durch die Kamera schauen, andere lassen dem Kameramann völlige Freiheit. Sie haben selbst als Kameramann gearbeitet, zum Beispiel bei »Abschied von gestern« von Kluge. Schreibt der Regisseur Reitz dem Kameramann den Bildausschnitt vor, geben Sie ihm die Brennweite vor?

Das kommt auf den Kameramann an. Es gibt natürlich Kameraleute, deren berufliches Wissen und künstlerisches Training größer ist als meines. Gernot Roll sage ich sehr ungern, welche Brennweite er nehmen soll. Es ist auch für ihn befriedigender, mit einem Regisseur zu arbeiten, dem er sagen kann, wir nehmen statt der 32er jetzt die 24er oder die 35er Optik und er braucht nicht zu erklären, was das bedeutet. Bei einem Optikwechsel kann ich die Bildgrenzen angeben, ohne durch die Kamera zu schauen: Ich weiß, wer im Hintergrund noch im Bild ist oder nicht mehr, kann einem Komparsen sagen, wo er das Bild betritt. Für einen Kameramann mag dies eine Erleichterung sein, kann aber unter Umständen auch zum Konfliktpunkt werden, weil er seine Selbständigkeit eingeschränkt glaubt.

Roll legt Wert darauf, im Vorspann nicht als Kameramann zu erscheinen, sondern mit der Bezeichnung »Bildgestaltung«. Die meisten Kameramänner betrachten nur die einzelne Einstellung und konzentrieren sich völlig auf die Beleuchtung, Roll dagegen mischt sich auch sehr gerne in Schnittfragen ein. Er will mitentscheiden, ob man eine Szene in fünf oder sechs Schnitte auflöst oder in einer Einstellung durchdreht, ob man eine Großaufnahme mehr oder weniger einfügt. Dieses Mitdenken mit der filmischen Erzählung meint der Begriff »Bildgestaltung«, das finde ich auch vollkommen gerechtfertigt.

Das Licht, die Hauptdomäne der Kameraleute, bestimmt die Atmosphäre des Bildes. Es ist wirklich eine große Kunst, und Roll hat viel dazu beigetragen, daß die Geschichte lebendig wird und von sich aus anfängt zu erzählen. Die Lichtführung hat Konsequenzen für die Erzählung, und der Regisseur muß aufgreifen, was ihm vom Kameramann angeboten wird. Man kann mit dem Licht einen Raum klein oder groß erscheinen lassen, man kann andere Räume einbeziehen oder ausschließen. Raum und Zeit, beides eng verbunden mit der Arbeit des Kameramanns, sind die Koordinaten des Erzählens. Gernot Roll vertritt handwerkliche Regeln, die ich sehr respektiere; von ihm stammt beispielsweise dieser Satz: »Ein guter Film besteht aus tausend Dingen, die man nicht sieht.« Also die Mühe im Kleinen, in Bereichen, die kein Mensch wahrnimmt. Er geht intuitiv, überhaupt nicht intellektuell an diese Dinge heran, und das ist gut so. Ich mag nicht gerne intellektuell angehauchte Mitarbeiter, weil ich es selbst viel zu sehr bin und genau weiß, daß man durch intellektuelle Arbeit künstlerisch nicht vorankommen kann. Durch Diskussion und Analyse verbessert man keine Szene. Roll ist unintellektuell, auf eine sehr intelligente Weise.

Je mehr man einen Menschen schätzt, umso tiefer trifft es einen, wenn er einen verläßt. Ich konnte nicht einfach weitermachen, sondern mußte die Dreharbeiten erst einmal abbrechen. Das Team wurde beurlaubt. Die Gehälter wurden weiter gezahlt, aber es wurde nicht gedreht.

Die Drehpause nach dem 5. Teil war also nicht vorgesehen?

Nein, diese Drehpause war nicht vorgesehen.
Der neue Kameramann Gerard Vandenberg hat mir mein Selbstbewußtsein wiedergegeben. Bei ihm gab es keine Gespreiztheiten oder Überempfindlichkeiten. Im Gegenteil. Er hat meine Ideen bewundert und sie mit Freude ausgeführt. Er ist ein sehr ruhiger, ausgleichender Typ, der alle Menschen gelten läßt und sich begeistern kann. Bei der Zusammenarbeit mit ihm merkte ich plötzlich, daß ich seit Gernots Kündigung das Loben verlernt hatte. Ich konnte während dieser ganzen Zeit keinem mehr sagen: »Du hast es gut gemacht«, war unfähig geworden, die Leistungen, die man für meinen Film brachte, anzuerkennen. Mit Vandenberg habe ich das wieder gelernt, und nach kurzer Zeit ist eine enorme Verbesserung des Betriebsklimas entstanden. Es wurde wieder Hoffnung geschöpft.
Zunächst einmal gab es enorme stilistische Orientierungsprobleme. Stilistisch nicht im akademischen Sinne, sondern ganz praktisch bezogen auf den Arbeitsstil. »Le style, c'est l'homme«, der Stil, das ist der Mensch. Wie geht der Kameramann mit seinem Team um? Schindet er Zeit oder nicht? Wieviel Einstellungen pro Tag schafft man? Ich war von Gernot Roll gewohnt, nie mit weniger als 20, 30 Einstellungen pro Tag zufrieden zu sein; manchmal haben wir – immer auf der Suche nach weiterem Schnittmaterial – 35 oder 40 Einstellungen an einem Tag zuwege gebracht. Jetzt war das nicht mehr möglich;

in der ersten Zeit mit Vandenberg drehten wir fünf oder sieben Einstellungen, selten einmal zehn. Solche Dinge sind stilprägend und haben Folgen für die Filmästhetik. Um trotz des anderen Arbeitstempos mein Erzählpensum zu schaffen, drehte ich längere Einstellungen und größere szenische Einheiten. Statt Großaufnahmen inszenierte ich so, daß die Schauspieler bei bestimmten Emotionen nah vor der Kamera standen. Damit ersparte ich mir aufwendige Kameraumbauten, doch zugleich änderte sich der Erzählduktus. Denn jetzt war der Zeitablauf, der in einer Szene durchmessen wird, identisch mit der Kamerabewegung. Plötzlich kam ich vom einen Punkt zum anderen nicht mehr durch den Schnitt, sondern durch die Kamerabewegung, die immer eine gleitende und etwas behäbige Gangart hat.
Wir haben eine Schnittliste gemacht. Bei den ersten fünf Teilen, die Gernot Roll gedreht hat, gibt es jeweils zwischen 800 und 1000 Schnitte; ab dem sechsten Teil, als Gerard Vandenberg die Kamera übernahm, sind wir nur noch auf 350 bis 400 Schnitte gekommen. Teil 7 enthält die längste Einstellung, die wir gedreht haben.

Sie ist mir nicht besonders aufgefallen – welche Szene ist das?

Das merkt man auch gar nicht. Hermann und Schnüßchen warten nach dem Konzert im Fuchsbau auf die Freunde, und keiner kommt. Diese Szene ist, nach anfänglich zwei kleinen Schnitten, durchgedreht, ohne daß es auffällt. Es gibt auch im achten Teil eine solche Einstellung. Um bei verändertem Arbeitsstil das innere Tempo zu wahren, mußten wir den Rhythmus ändern.

Offensichtlich war dies nur eine Lösung für die drei mittleren Teile, denn bei den letzten Teilen haben Sie wieder mit einem anderen Kameramann gearbeitet.

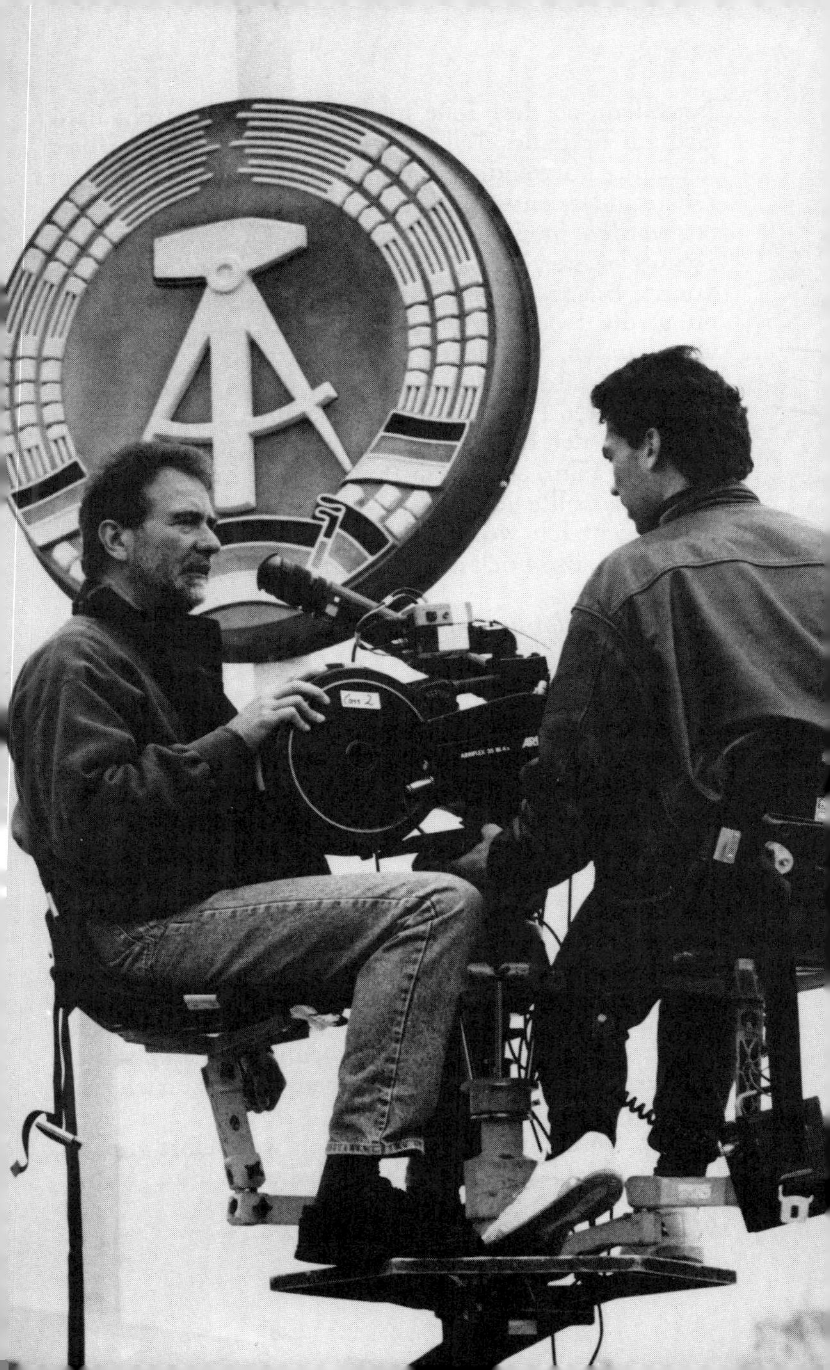

Nachdem ich drei Teile mit Vandenberg gedreht hatte, also am Ende des Teils 8, wurde nochmals eine Unterbrechung notwendig: Es hatten sich inzwischen so viele Dinge anders entwickelt, daß die Drehbücher überarbeitet werden mußten. Während der Drehpause lief der Schnitt weiter, ich schaute mir das Material an und konnte Bilanz ziehen. Unser Team war wieder in Ordnung, die Kooperation funktionierte, der Schock war überwunden. Wir haben mit Vandenberg Episoden wie Hermanns Hochzeit gedreht, gewiß ein Glanzstück in der »Zweiten Heimat«. Jetzt erwachte der Ehrgeiz wieder. Nach der Rohschnittvorführung hatte ich das Gefühl: Der Film, an diesem Punkt in der Erzählung angekommen, sollte jetzt noch einmal einen anderen Ton anschlagen: Ich wollte alles roher, spröder, bohrender, suchender, also noch radikaler angehen.

Teil 8 endet damit, daß Frau Cerphal der Clique Hausverbot erteilt – der Fuchsbau ist nun den Freunden verschlossen, wird bald abgerissen.

Ja, die letzten fünf Teile schildern den Zerfall, nicht nur des Hauses und der Gruppe, sondern auch der Hoffnungen. Ehen, Freundschaften, Lebensträume zerbrechen: Das mußte sich auch in der Ästhetik abbilden.
Gewiß war es ein Wagnis, meinen Sohn Christian, der bis dahin nur Rolls Assistent war, als Kameramann zu verpflichten. Schließlich hatte er noch nie die Verantwortung alleine getragen. Andererseits: Ich verstehe genug von der Kameraarbeit, ich hätte immer noch die Notbremse ziehen können, wenn das Experiment schiefgegangen wäre. Zudem haben wir es zunächst beschränkt auf den neunten Teil.
Es ging vom ersten Tag an gut. Ich war selbst erstaunt darüber, wie Christian sich zu helfen wußte. Immer,

wenn er unsicher wurde, hat er sich an seinen Meister Roll erinnert und Lösungen gefunden. So wurde eine stilistische Verwandtschaft mit dem Anfang hergestellt. Zunehmend entwickelte er eigene Töne, wurde immer freier und hat mehr gewagt bis hin zu der »Hexenpassion« im letzten Teil: mit Quecksilberdampf-Lampen, phosphoreszierenden Stoffen und fluoreszierende Farben erzielte er ganz ungewöhnliche Lichtwirkungen.

Man muß bedenken, daß Christian es schwer hatte, denn er arbeitete nach zwei berühmten Vorgängern und an der Seite eines Vaters, dem man es nie rechtmachen, den man aber auch nie absetzen konnte. Doch alle Formen von Widerstand und Selbständigkeitsbestrebungen sind aussichtslos zu einem so späten Zeitpunkt bei einem so übermächtigen Projekt, mit einem auch letztendlich so übermächtigen Vater. Den kann man ja gar nicht mehr absetzen oder in Frage stellen. Alle Vatermordphantasien, die ein vernünftiger Sohn hat, sind in dieser Situation völlig vergebens.

Ein Film entsteht im Himmel

Die Zuschauer sind oft enttäuscht, wenn sie nach der Vorführung mit den Schauspielern sprechen. Man hat die Figuren 26 Stunden lang auf einer Zeitreise durch die sechziger Jahre begleitet; man hat gehört, daß die Produktion des Films vier Jahre gedauert hat. Doch auf die Frage, wieweit sich die Darsteller mit ihren Rollen identifizieren, wird der Zuschauer meist unbefriedigende Antworten erhalten.

Im Film scheinen die Figuren immer präsent zu sein. Wenn jemand zur Tür hinausgeht, denkt man, er ist ja nur im Nebenzimmer. Die Freunde von Hermann leben in der Stadt, er könnte sie jederzeit treffen. Die Realität bei den Dreharbeiten sieht anders aus. Schnüßchen z.B. hat in einer Folge vier Drehtage, dann kommt Anke Se-

venich im Laufe von 40 Tagen viermal angereist. Für den Zuschauer ist sie immer anwesend, schließlich taucht sie in jeder Folge auf.
Der Schauspieler ist an einem Drehtag nur wenige Minuten in seiner Rolle. Er hat eine Großaufnahme oder ein Teilstück der Szene von 40 Sekunden; die Einstellung ist beim ersten oder beim fünften Mal gestorben, und dann heißt es wieder warten. In einer Stunde oder in zwei Stunden bekommt er Bescheid und spielt das nächste Teilstückchen der Szene. Wie entsteht bei dieser zerhackten und vollkommen unpoetischen Arbeit, bei diesem fürchterlichen Einbruch von Alltäglichkeit, wie entsteht in dieser Situation die Rolle? Der Schauspieler muß ein Bild davon ganz tief in sich empfunden haben, es speichern und abrufbar machen. Und es gehört zu seinem Handwerk, auf Zeichen, auf Kommando sofort in der Rolle und zwar nicht allgemein, sondern ganz speziell in der Situation zu sein. Er ist wie ein Künstler, der einzelne Mosaikstückchen herstellt, ohne zu wissen, zu welchem Bild sie gehören.

Wissen die Schauspieler es wirklich nicht? Sie haben doch das Drehbuch gelesen, kennen die Geschichte.

Sie erleben es nicht, können es nicht erleben. Jeder Schauspieler ist erstaunt, wenn er später den fertigen Film und seine Rolle sieht.

Aber der Regisseur kennt das Mosaik, erlebt, wie es zusammenwächst?

Er versucht, es im Kopf zu haben. Es ist meine Geschichte, ich habe sie verinnerlicht und entscheide am Drehort instinktiv. Man ist oft traumwandlerisch sicher, weiß genau, welches Tempo das jetzt haben muß oder welchen Ausdruck es haben muß. Aber auch der Regisseur erlebt seine Überraschungen bei der Mustervorführung. Sehr oft erzählt das Material eine Geschichte, die man nicht geahnt hat. Keiner von uns hat beim Drehen gelacht, keiner auch nur eine Miene verzogen, und nun sehen wir plötzlich, wie viel Humor die Szene hat. Oder sie hat eine Melancholie, die wir beim Drehen nicht empfunden haben.

Die Ausschließlichkeit, mit der die Kamera den Bildausschnitt fixiert, kann das menschliche Auge nicht nachvollziehen. Man kann, auch nach 40 Jahren Berufserfahrung, nicht völlig abstrahieren und sich nur auf die Bildgrenzen konzentrieren. Beim Drehen ist das ganze Team beschäftigt, und bei der intimsten Szene, einer Liebesszene zwischen zwei Leuten, die nackt im Bett liegen, sind 30 Personen rundum, von denen jeder seine Aufgabe hat. Aber wenn man die Szene nachher auf der Leinwand sieht, dann ist nur noch die Geschichte anwesend.

In der Mustervorführung sieht man seine Geschichte werden. Es ist eine unendliche Mühe im Konkreten, und im übertragenen Sinne entsteht der Film außerhalb der Welt, im Himmel sozusagen. Stück für Stück, das aus der Werkstatt kommt, aus der Drehwerkstatt, fügt sich eins zum anderen, und es entsteht an einem fiktiven neuen Ort der Film. Letztlich bleibt es auch für mich ein Geheimnis, wie das Ganze zusammenwirkt, weil das Ganze mehr als die Summe der Teile ist. Wir arbeiten immerzu in den Teilen, aber plötzlich bilden all die Details der Ausstattung, des Kostüms, der Kamerabewegung und Lichtsetzung zusammen eine neue Welt.

Wie inszeniere ich einen abgegessenen Tisch?

Es kommt nun noch etwas hinzu: Die Phantasie des Zuschauers. Der Bildrand ist beim Drehen nichts anderes als eine Begrenzung, die es mir erlaubt, außerhalb des

Bildrandes Dinge geschehen zu lassen, die nicht in die Geschichte gehören. Im Kino geht die fiktive Welt des Bildes an den Rändern in Gedanken weiter. Der Raum weitet sich über die Bildränder. Wenn ich am Siegestor eine Szene drehe, ein paar Autos aus den sechziger Jahren hinstelle und Komparsen in zeitgenössischer Kleidung vorbeigehen lasse und dafür sorge, daß der moderne Verkehr für 30 Sekunden ruht, dann ist das eine Szene: 30 Sekunden München 1960, und der Zuschauer stellt sich vor, daß die ganze Stadt voll von diesen Oldtimern ist. In Wirklichkeit steht am Bildrand schon ein Polizist, der den Straßenverkehr absperrt.

Nun gibt es genügend Filme mit großem Budget, wo nicht gespart werden mußte an Ausstattung und Statisten. Ganze Komparsen-Heere bevölkern die Szene, und man hat trotzdem nicht das Gefühl, daß die Stadt belebt ist.

Man kann etwas dazu tun, damit sich dieses Gefühl einstellt. Jede Bewegung, die im Bild stattfindet, muß von außerhalb gedacht werden. Wenn ein Passant vorbeigeht, muß er so inszeniert werden, daß man spürt, woher er kommt und wohin er geht. Der Mann bewegt sich von einem bestimmten Ausgangspunkt zu einem bestimmten Ziel, er hat es vielleicht eilig, hat etwas in der Hand oder er läuft hinter jemand her – es werden Geschichten erzählt, die außerhalb der Bildränder beginnen und enden.
Das gilt genauso für das Spiel der Schauspieler. Jede Szene, die man macht, hat eine Vor- und eine Nachgeschichte, ist nur der Ausschnitt aus einem Kontinuum. Bei mir weiß jeder Schauspieler die Lebensgeschichte seiner Rolle: Wann er geboren ist, wer seine Eltern sind, wie er aufgewachsen ist, was er für einen Werdegang hat. Selbst wenn der Schauspieler nur einen kleinen Auftritt hat, weiß er von seiner Figur, wo sie herkommt und wo-

hin sie geht. Das ist notwendig, damit die Geschichte über die Bildränder hinaus Suggestivkraft entwickelt. Die Arbeit des Autors besteht auch darin, allen Figuren eine Vorgeschichte zu geben, die nicht aufgeschrieben, die aber ausgedacht sein muß.
Ich finde sogar, daß auch Gegenstände eine Geschichte brauchen. Normalerweise sagen sich die Ausstatter: »Wann spielt das? 1964? Damals waren solche Tische und solche Schränke üblich und das stellen wir da hin und das da.« Mit dieser Einstellung wird die Szene, der Raum niemals leben. Man muß ganz anders rangehen. Man muß fragen: Wer wohnt hier? Wieviel Geld hat er? Seit wann wohnt er hier? Wieviel Kinder hat er? Wozu braucht er das und wann hat er das angeschafft? Hat er das geerbt oder hat er es gekauft? Wenn man diese Fragen beantworten kann, dann gewinnt der Raum Leben. So gehen wir an die Ausstattung heran. Auch das Möblieren ist Autorenarbeit.

Speziell beim Fernsehen hat man das Gefühl, die Ausstattung wird nach Katalog gemacht.

Sicher. Es gibt diese Kataloge, da schauen die Kostümbildner und Requisiteure nach, was in welche Zeit paßt und genau das ist der falsche Weg.
Es geht noch weiter. Die Anordnung der Gegenstände: Es ist ja nicht nur die Frage, was steht da, sondern wo steht es. Man kann ein Zimmer so einrichten, daß alles irgendwie gut da steht, aber das hat eine Geschichte, warum etwas wo steht. Manchmal hat ein Mensch ein Gebrechen oder er ist faul, vielleicht hat er auch bestimmte Neigungen; demnach stellt er die Dinge anders. Es gibt Leute, die haben Rückenschmerzen und die setzen sich verkehrt herum auf den Stuhl.
Ein anderes Beispiel: Ich beschreibe Leute, die nach dem Essen, nach einer Feier am Tisch sitzen. Wie inszeniere

ich einen abgegessenen Tisch? Die Requisiteure stellen mir zwölf Gedecke hin, machen die Messer und Gabeln schmutzig, verschmieren die Teller und füllen die Aschenbecher. Das Ergebnis sieht schrecklich aus, das lebt überhaupt nicht. Es gibt nur eine Methode, die Anordnung der Gegenstände auf dem Tisch richtig zu machen: Ich muß die Leute zusammenholen, die Feiern spielen und die Szene abbrechen: So wie die Dinge dann stehen, haben sie Ausdruck. Wir spielen die vorausgegangene Szene, die gar nicht im Film vorkommt: Das ist für mich die einzige Methode, zu einer richtigen Anordnung auf dem Tisch zu kommen.

Was stört, ist lebendig

Ich liebe den Originalton, weil zwischen dem Ausdruck und der Sprache, auch im konkreten Sinne des Tones, eine innere Übereinstimmung entsteht, und ich der Meinung bin, daß man durch eine nachträgliche Synchronisation diese Übereinstimmung zwischen Sprache und Spielausdruck nicht wiederherstellen kann.
Produktionstechnisch bedeutet Originalton eine sehr große Belastung; man muß oft einen gewaltigen Aufwand treiben. Fast an jedem Drehort hat man heutzutage mit Umweltgeräuschen zu kämpfen. Sie entstammen einer modernen Welt, die in der Geschichte nichts zu suchen hat, aber durch die Geräuschatmosphäre wieder in die Szene eindringt. Räume müssen mit allerlei Maßnahmen – es kann soweit gehen, daß man Fußböden und Decken rausreißt – akustisch abgesichert werden. Manchmal muß man weiträumig den Verkehr sperren, obwohl es für das Bild überhaupt nicht erforderlich wäre. Und nicht immer kann man mit dem Mikrophon nah genug heran an die Szene, vor allem bei Totalen nicht; die Schauspieler bekommen Sendemikrophone in die Taschen gesteckt. Oft wird auch das ganze Set mit Mikro-

phonen bestückt. Die Schauspieler gehen einen Schritt zurück, schon kann wegen einer Lampe oder eines Dekorationsteils die Tonangel ihnen nicht mehr folgen. Dann müssen an verschiedenen Stellen Mikrophone eingebaut werden, und die Inszenierung macht eine große technische Anordnung notwendig: Über verschiedene Kanäle muß sich der Tonmeister mit seinem Mischpult den passenden Ton fischen. Auch im Ton gibt es die Probleme des Anschlusses. Die nächste Szene muß an die vorige Szene passen, und häufig finden auf der Tonebene Überlappungen statt. Im Bild steht jemand auf, um ein Fenster zu schließen, das sich vielleicht außerhalb des Bildes befindet: Dann müssen diese Töne extra hergestellt werden. Zusätzlich zu dem Dialog werden Atmosphären aufgenommen. Einerseits sorgt man dafür, daß man möglichst nichts hört, muß andererseits aber später doch etwas hören, was zur Fiktion der Szene gehört. Bei einer Szene auf dem Bauernhof, die wir in einem Zimmer ganz woanders drehen, muß die gesamte Geräuschwelt des Bauernhofes vorhanden sein: Der Zuschauer hat das Gefühl, draußen vor dem Fenster gackern die Hühner. Also auch hier eine fiktive Welt, hergestellt mit künstlichen Mitteln, die aber alle auf ähnliche Weise zustandekommen wie der ganze Film: indem man die Teile zusammenträgt, nichts synthetisch oder beliebig.

Im Studio hätten Sie es einfacher und billiger haben können.

Gewiß. Aber das Studio ist eine leere Halle mit Steckdosen. Hier treffe ich nichts anderes an als das, was ich hineintue. Bei der Arbeit im Atelier gibt es nichts Unvorhergesehenes; all die beschriebenen Störfaktoren sind beseitigt, die Schwierigkeiten im Vorweg ausgeräumt. Die praktische Arbeit wird damit erleichtert, aber es entfällt auch eine wichtige Quelle der Inspiration.

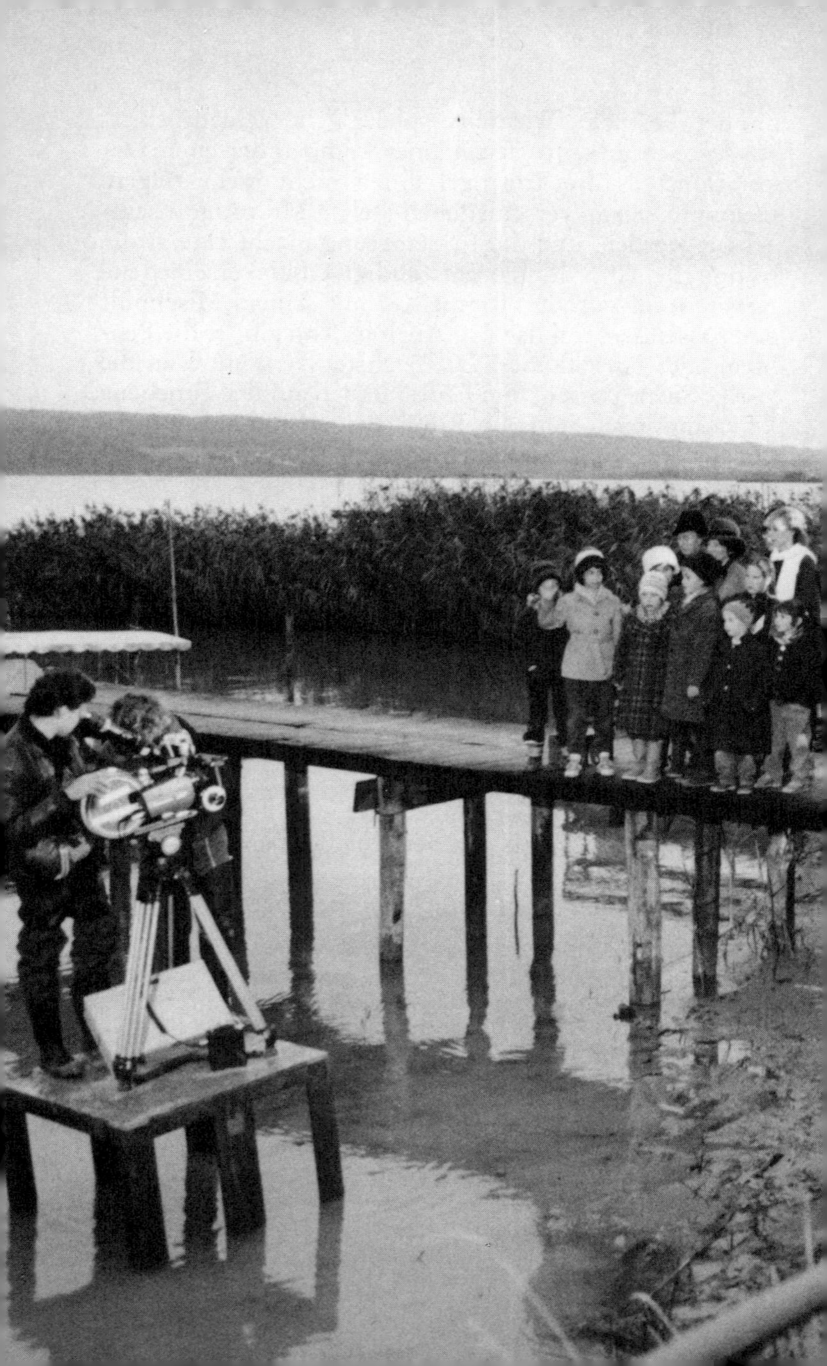

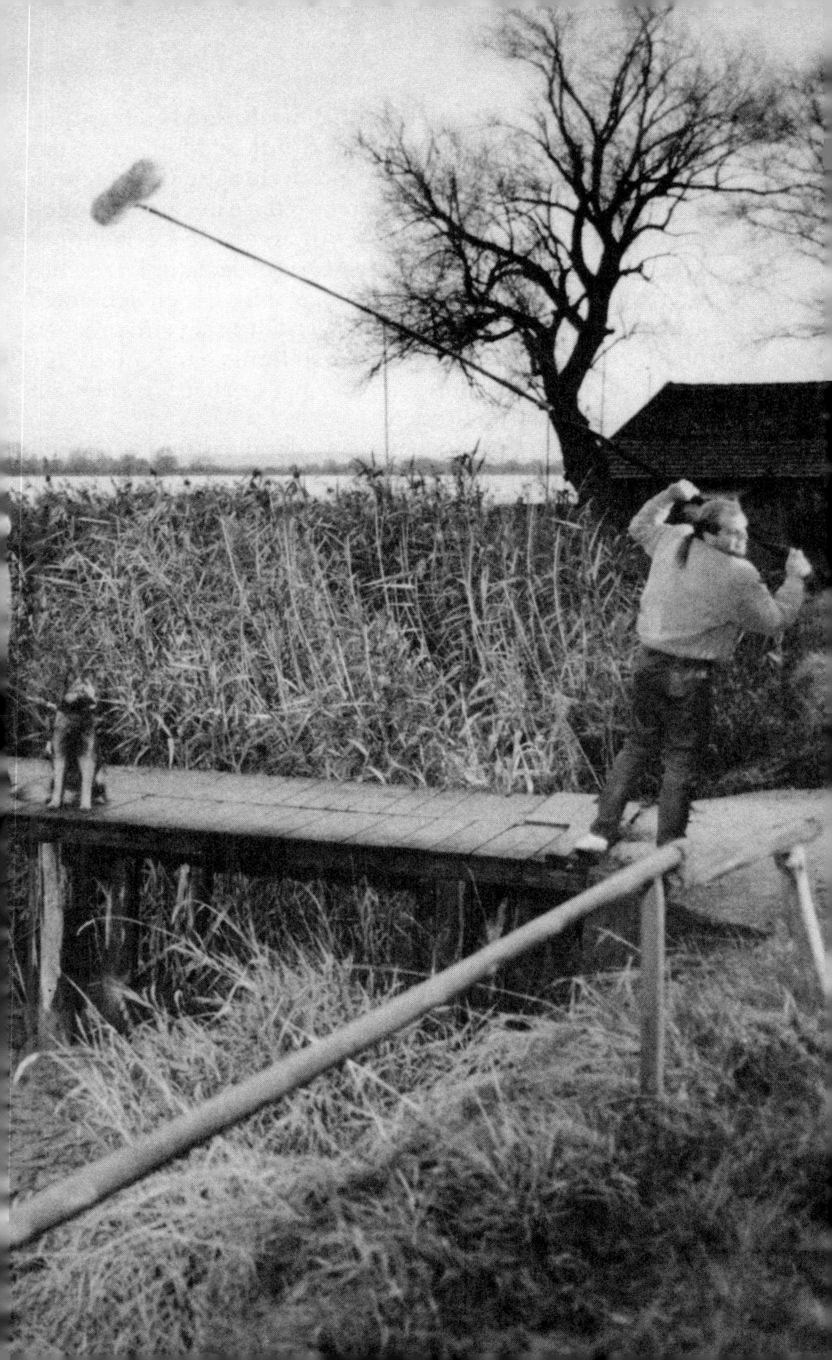

Die Tendenz geht zurück zu den Studios. Als ich anfing, hieß die Parole: Raus aus den Studios. Man hatte das leichte Equipment entdeckt und drehte die Geschichten an den Schauplätzen und Orten, wo sie auch stattfinden im Leben. Ich hänge nach wie vor an dieser Konzeption. Der wichtigste Grund: An den Originalschauplätzen begegnen mir immer wieder Dinge, mit denen ich mich auseinandersetzen muß. Die Verhältnisse entsprechen nicht vollkommen meiner Vorstellung, sind nicht für den Film gemacht. Sondern hier hat vorher wirklich ein Stück Leben stattgefunden.

Wären wir im Studio gewesen, dann hätten wir noch bessere Kamerapositionen finden können, noch besser das Licht setzen können. Die Szene wäre noch perfekter, schlichtweg optimal geworden. Aber auf bestimmte Ideen wären wir im Studio nie gekommen. Man kommt in einen Raum und muß sich ducken, um durch die Tür zu kommen – plötzlich wird das ein Spiel, ein Ritual, das genau zur Geschichte paßt.

Originalschauplatz im puristischen Sinn heißt: Man dreht am Ort des historischen Geschehens. Aber erstens gibt es das München der sechziger Jahre nicht mehr – wirklich »original« kann es nicht sein –, zweitens erzählen Sie eine Geschichte, deren Handlung erfunden ist, also auch die Orte des Geschehens. Diese fiktive Welt, am Schreibtisch erdacht, hätte doch in der gebauten Wirklichkeit des Studio ihre Entsprechung.

Das ist ein Irrtum. Denn natürlich orientieren sich die Filmarchitekten bei ihren Entwürfen an Realitätsvorbildern. Sie besorgen sich Fotos von einem Schwabinger Café der sechziger Jahre und imitieren mit Dekorationsbauten den Stil der damaligen Zeit. Absurderweise wirken Studiobauten oft realistischer als Motive, die man in der Wirklichkeit vorgefunden hat.

Ich bevorzuge reale Schauplätze, definiere sie aber um. In der Stadt entdecke ich ein Café, dessen Atmosphäre meinen Vorstellungen entspricht. Um das Motiv für den Film benutzen zu können, müssen selbstverständlich alle modernen Gegenstände – Espressomaschine, Fernsehgerät, Registrierkasse etc. – entfernt werden. Vom Tresen bis zur Tapete: In der Regel haben wir das gesamte Interieur ausgeräumt und vollständig neu eingerichtet. Damit der Schauplatz in die Fiktion paßt, sind meist weitere Veränderungen notwendig, die sich aus der filmischen Kontinuität, der Logik der Erzählung, ergeben. Der Blick aus dem Fenster z.B. muß stimmen – vielleicht bauen wir auf dem Trottoir vor dem Café Hintersetzer, fotografische oder gemalte Ausblicke, so daß man durch die Fensterscheiben jenen Teil Münchens sieht, in dem laut Drehbuch das Café liegt.
Für das junge Ehepaar Simon haben wir eine Schwabinger Mansardenwohnung gesucht, wobei uns der Ausblick wichtiger war als die Inneneinrichtung: Wir wollten die Dächer von Schwabing zeigen, aber ohne Parabolantennen oder postmoderne Fenster – man hat in den vergangenen Jahren gerade in diesem Stadtteil viele Dachausbauten gemacht. Die Inneneinrichtung war für unsere Zwecke völlig ungeeignet. So haben wir die Wohnungseigentümer für drei, vier Wochen ausquartiert – sie bekommen so lange eine Ersatzwohnung oder man finanziert ihnen eine Urlaubsreise – und während ihrer Abwesenheit die Wohnung von oben bis unten nach den Erfordernissen des Films eingerichtet. In jeder Schublade liegen dann unsere Requisiten, die wir für das Spiel brauchen. Altbauten weisen häufig im Grundriß bauliche Besonderheiten auf; z.B. kann man nicht von einem Zimmer ins andere gelangen, ohne immer durch ein drittes Zimmer zu gehen. Solche Probleme regen die Phantasie an: Wie wär's, wenn sich da ein Untermieter einquartiert hat? Plötzlich lebt das junge

Paar in engster Verbindung mit einer fremden Person, eine Reibungsfläche im Alltag.

Franz Bauer organisiert ein Schlafzimmer

Wie hat sich die Motivsuche gestaltet? Haben Sie die Drehorte selbst entdeckt oder sich Vorschläge machen lassen? Gibt es einen Munich Location-Guide, eine Liste von dankbaren Motiven?

Ich bin mit Franz Bauer durch die Stadt gefahren, und wir haben uns die Lokalitäten angesehen. Oft war man nach der Besichtigung enttäuscht, hat sich aber später an das Motiv erinnert und konnte es für eine ganz andere Szene verwenden. Auf diese Art lernt man nach und nach die Stadt kennen.
Franz Bauer – ich kenne ihn seit »Der Schneider von Ulm« – ist viel mehr als Requisiteur. Er hat eine unverwechselbare Art, zu handeln und zu denken im Sinne eines Films. Ich beneide ihn um seine Fähigkeit, auf die Menschen zuzugehen. Auf eine unglaubliche Art – wobei das Bayerische eine große Rolle spielt, obwohl er gar kein Bayer ist – öffnet er alle Türen. Er bekommt alles, weil er die Leute anzusprechen weiß. Franz Bauer klingelt an einer Wohnungstür und sagt: »Jetzt könnens mich zerreißen, also i hab mir da wirklich eingebildet: In ihrer Wohnung, da steht a solcher Schrank und wenns nit wahr ist, schickens mich gleich weg.«
Schon bei »Heimat« war er mein Ausstatter. Ein Schlafzimmer, genau so eines, wie es meine Eltern hatten, als ich Kind war, suchte ich und habe eine entsprechende Zeichnung gemacht. Franz Bauer zog los und hat sich überall bei den Leuten umgehört. Eine alte Frau sollte ein solches Schlafzimmer haben. Franz geht hin: Die Alte liegt in diesem Bett – sterbenskrank. Und er hat ihr

gesagt. »Weißt, Mutterl, sterbn kannst auch in dem anderen Bett. Wir brauchen nämlich dein Bett für den Film, woaßt, Mutter und nachher, wennst noch lebst, gell, dann tu ich di in dein Bett zurück.« Und dies Mutterl läßt das mit sich machen. Nach den Dreharbeiten bringt er ihr die Möbel zurück und legt sie in ihr Bett: »Schau, jetzt hast kurz vor deinem Tod noch ne gute Tat begangen!«

Ist München eine dankbare Filmkulisse? Ich kann mir vorstellen, daß man etwa in Berlin viel leichter Straßenzüge und Häuser findet, die sich seit den sechziger Jahren kaum verändert haben.

München ist sehr schwierig in der Hinsicht. Es ist kaum noch etwas erhalten, nicht einmal aus den sechziger Jahren, weil München eine verhältnismäßig reiche Stadt gewesen ist und hier unendlich viel renoviert und gebaut worden ist.
Außerdem ist München *die* deutsche Filmstadt. Überall waren die Filmleute schon mal und haben die Beziehungen verdorben. Wo schon gefilmt wurde, kommt man in der Regel nicht mehr rein.

Sicher nicht ohne Grund.

Die Filmleute hinterlassen meist verbrannte Erde. Viele Hausbesitzer haben schlechte Erfahrungen gemacht und erlauben Dreharbeiten nicht mehr. Oder aber sie lassen sich das teuer bezahlen. Unter 2.000 bis 3.000 Mark kann man nirgendwo mehr auch nur einen Tag drehen, nicht einmal in Hinterhöfen, also ohne überhaupt das Haus zu betreten.
Auch aus diesem Grund besteht fast jedes Motiv in der »Zweiten Heimat« in Wahrheit aus mehreren Motiven; oft ist das Außenmotiv ganz woanders als das In-

nenmotiv. Die Berliner Kommune oder der Cerphal-Verlag: diese Schauplätze wurden gesplittet und nach den Regeln der filmischen Montage zusammengesetzt. Das Interieur des Verlages fanden wir in einem Schlößchen in der Holledau; die Außensicht mußte in München sein. Die Wohnung von Hermann und Schnüßchen: Da gibt es den Hof mit der Eingangstür, das Treppenhaus ist ein neues Motiv, die Wohnung selbst das dritte Motiv. Hermann kommt nach Hause, läuft durch den Hof, geht durch das Treppenhaus und betritt die Wohnung. Diese kleine Szene, die nicht viel erzählt, aber naturgemäß häufig vorkommt, erfordert drei verschiedene Drehtage, die vielleicht Wochen auseinanderliegen – schon beginnen die Continuity-Probleme. Da muß man aufpassen: Wie war die Jacke geknöpft, war ein Knopf offen? Hat sich die Haarlocke verschoben? Im Film kommt es unmittelbar hintereinander, nur durch einen Schnitt getrennt. Damit der Anschluß stimmt, halten die Assistenten alles mit Polaroidfotos fest.

München. Eine Fiktion

Eine fiktive Welt, deren Bausteine Realitätsfragmente sind. Das München Ihres Films ist nicht auf dem Stadtplan zu finden.

Es gibt nur wenige Ausnahmen. Im 13. Teil haben wir eine Szene im »Alten Simpel« gedreht. Aber schon, wenn Hermann das Lokal verläßt, auf der Straße Volker und Jean-Marie mit der Tänzerin trifft, kommen sie an einen Ort der Imagination.

Eine unwirkliche, nächtliche Szene, vielleicht auch nur ein Traum – trotzdem müssen Sie diese Szene irgendwo gedreht haben...

Im Inneren des Justizpalastes. Nachts, nach einem Abend im »Alten Simpel«, kommt man bestimmt nicht an diesen Ort. Im letzten Teil ist nie ganz eindeutig, ob eine Szene Hermanns Ängste und Wünsche, seine Erinnerung oder eine reale Geschichte beschreibt. Deshalb erschien mir der Lichthof des Justizpalastes ein idealer Drehort: ein Schauplatz, den es zwar in München gibt, den aber niemand zu dieser Nachtzeit jemals zu sehen bekommt. Wir haben diese Irritation durch das Licht noch verstärkt: Man weiß nicht genau, ob die Szene innen oder außen spielt.

Ihren prinzipiellen Bedenken zum Trotz mußten Sie zum Beispiel die Schwabinger Krawalle im Studio drehen.

Die Leopoldstraße, die Hauptader von München-Schwabing, hat sich sehr verändert, vor allem durch den Bau der U-Bahn, die bei den Olympischen Spielen 1972 eröffnet wurde. Vorher gab es diese gemütliche Trambahn, die durch das Siegestor mitten auf der Ludwigstraße und Leopoldstraße fuhr. Abgesehen davon, daß es undenkbar ist, diese Straße abzusperren – der Verkehr in München würde zusammenbrechen –, mit keinem Geld der Welt hätte man die Straßenansicht der sechziger Jahre rekonstruieren können. Auf der anderen Seite kann man die Schwabinger Krawalle nicht beschreiben ohne eine Totale der Leopoldstraße. Deshalb hat ein Trickspezialist uns ein Modell gebaut, vier bis fünf Meter lang, mit lauter kleinen Autos und Straßenbahnzügen in Modellgröße. Das Ergebnis ist sehr begrenzt: Ein solches Modell kann man nur aus einer einzigen vorberechneten Kameraperspektive filmen, sonst erkennt man sofort den Trick. Durch einen Schwenk auf Helga haben wir das tote Modell mit der Handlung verbunden. Wir haben davon profitiert, daß die ganze Straße verstopft ist,

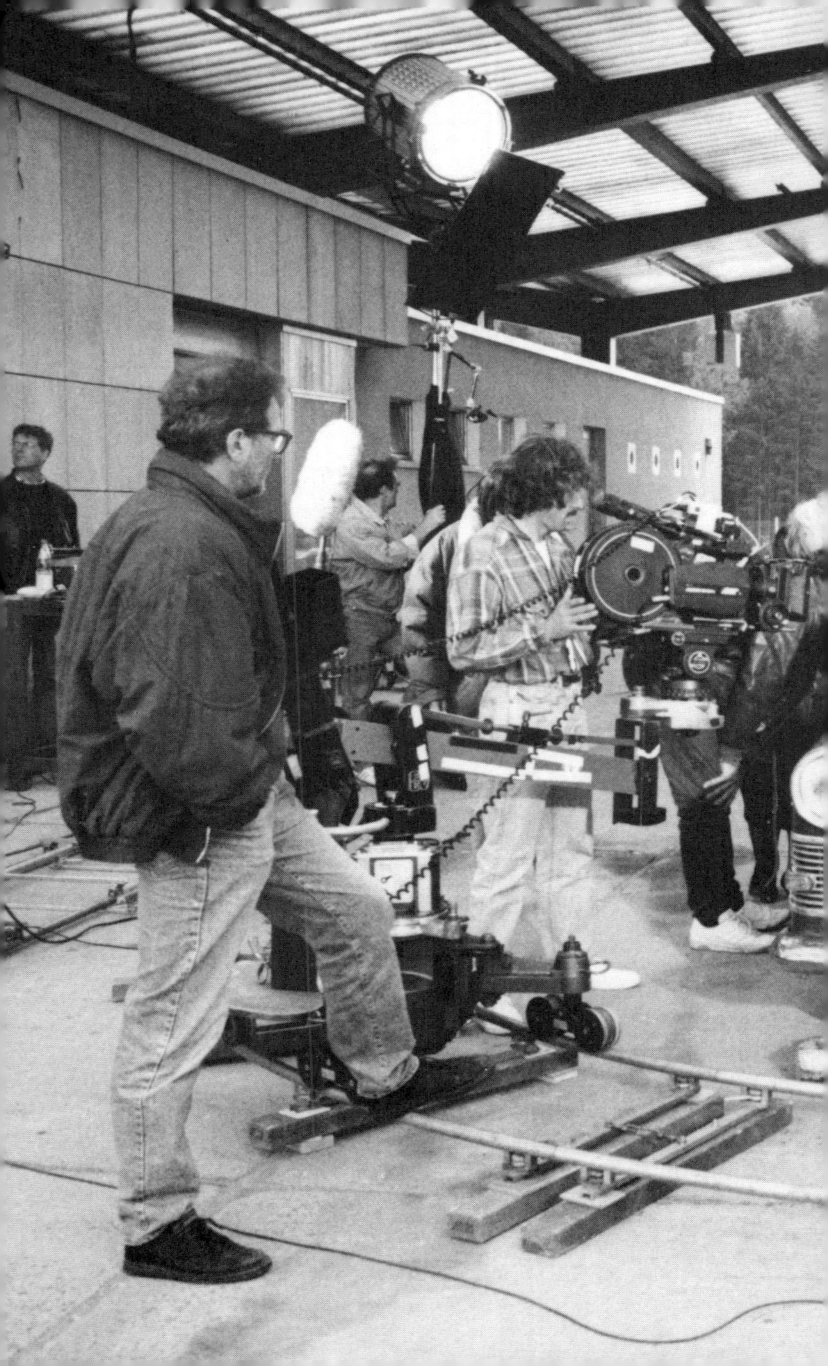

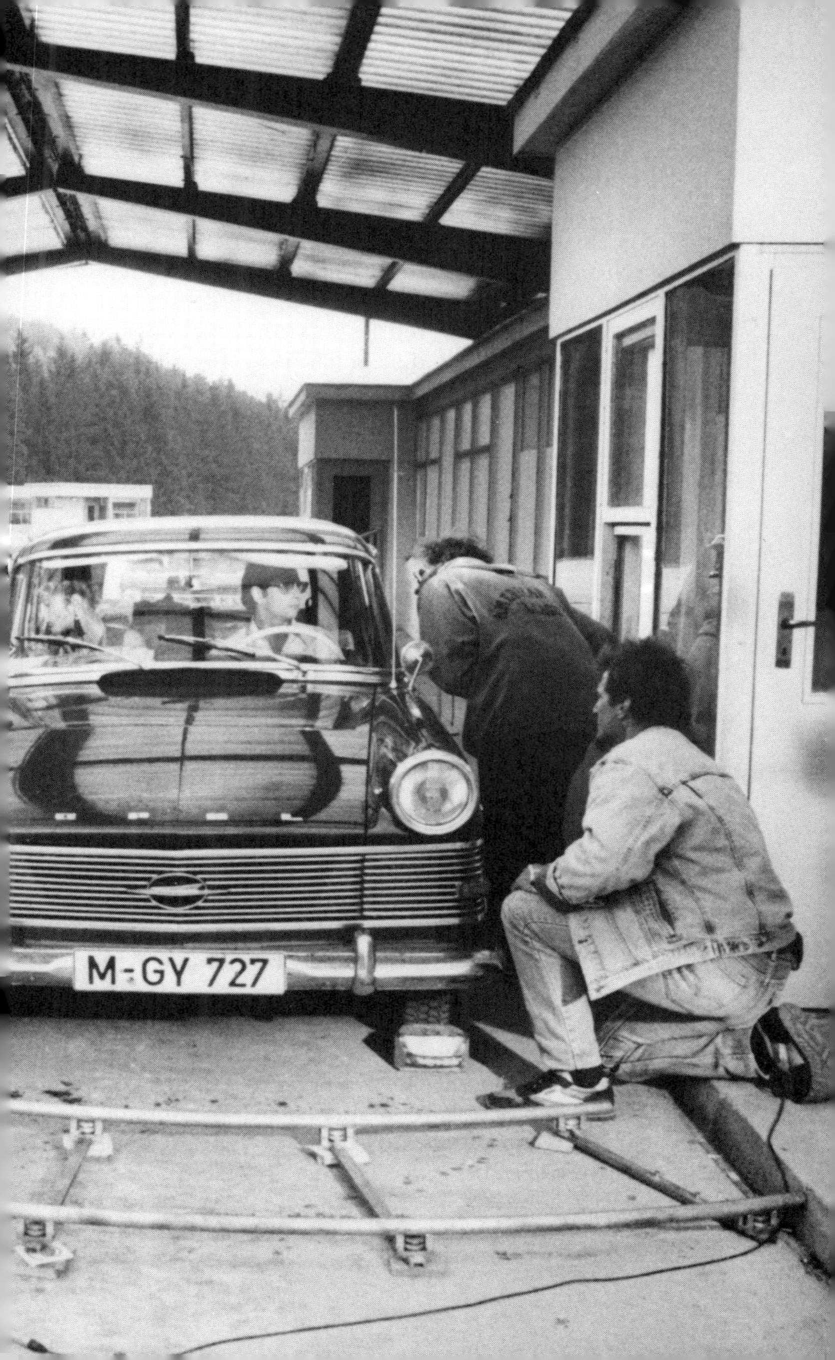
M-GY 727

die Miniaturautos alle stehen, Lichter und Blinklampen Bewegung suggerieren. Aber man kann ein solches Bild nur sekundenlang zeigen, gleich muß der Schnitt kommen. Die gesamte Sequenz – die Szene mit den Polizeiautos, die Szene am Hauseingang – wurde im Atelier gedreht, schon um den Übergang zu dem Modell zu gewährleisten.
Das Oktoberfest im 13. Teil ist uns offenbar besonders gut gelungen: Jeder hält den Schauplatz für real, dabei stand das Festzelt im Studio. (Der Grund ist einfach: Unter all den betrunkenen, aggressiven Leuten auf dem Oktoberfest kann man keine Filmaufnahmen machen.) Der ganze Radau im Zelt ist inszeniert, und sämtliche Menschen sind von uns engagierte und eingekleidete Komparsen.

Es gibt ein paar Szenen, wo Sie ein Heer von 400, 500 Komparsen dirigiert haben. Vor allem natürlich die Konzerte, etwa Hermanns Abiturkonzert im ersten Teil...

Oder das »Konzert für die linke Hand«, wo Volker mit einem richtigen Sinfonieorchester spielt, Musikern von der Bayerischen Staatsoper. Das Publikum im Saal: alles Komparsen, im Festgewand der sechziger Jahre eingekleidet.
Häufig ahnt man den Aufwand nicht, schließlich handelt es sich nur um Passanten auf der Straße. Doch nicht ein einziger Mensch, den man im Film sieht, geht zufällig über die Wiesen und führt seinen Hund aus. Als wir im Englischen Garten drehten, war alles weiträumig abgesperrt: Damit nicht etwa echte Spaziergänger in heutiger Kleidung durchs Bild laufen.
Der Film spielt in den sechziger Jahren, d.h. wir erzählen Geschichten aus unserem eigenen Leben, müssen sie aber ausstatten wie einen Kostümfilm. Alle Klamotten müssen herbeigeschafft oder eigens hergestellt werden,

die Frisuren müssen entsprechend gemacht werden. Jedes Detail – Gebrauchsgegenstände wie eine Brille oder ein Lichtschalter – muß stimmen. Erst einmal muß man die Trottoirs freiräumen, es müssen alle Menschen weg, und dann durch Inszenierung wieder beleben. Man findet die Szene nicht lebend vor – nur in der Erinnerung, in der Vorstellungswelt lebt sie.

Ernst Lubitsch hat einmal gesagt: »There is Paramount-Paris and Metro-Goldwyn-Mayer-Paris and, of course, the real Paris. But Paramount's is the most Parisian of all!«
Wie sieht das Edgar-Reitz-München aus?

Es hat eine merkwürdige Nähe zum Kirchturm. Das Heimat-Gefühl hängt für mich mit der Vorstellung zusammen, daß die Kirche mitten im Dorf steht. In der »Zweiten Heimat« ist München eine Stadt, in dessen Mitte die Frauenkirche steht. Nun weiß jeder Münchner, daß man diese Kirche nur von ganz wenigen Stellen aus sieht; sie ist kein so beherrschendes Gebäude wie der Kölner Dom. In der Realität muß man die Perspektiven regelrecht suchen, wo man einen Blick auf die Frauentürme hat. Mein München wird – wie Schabbach, nur eben in größeren Dimensionen – vom Kirchturm dominiert. Es ist keine Metropole, sondern – diese Bezeichnung hat man in den sechziger Jahren für München geprägt – ein »Millionendorf.«
Dann gibt es eine merkwürdige Überbetonung des Stadtteils Schwabing. Unser München wird sehr viel mehr von Künstlern, Jungintellektuellen und Nachtschwärmern bevölkert, als es tatsächlich der Fall ist. In der Zeit, wo die Handlung des Films spielt, hatte Schwabing diese Bedeutung längst nicht mehr. Vor dem Ersten Weltkrieg gab es eine Schwabinger Bohème; die Sezessionisten, der Blaue Reiter, all diese Maleratliers schu-

fen eine Art Münchner Montmartre. Schon in den zwanziger Jahren, als die Cerphal geboren wurde, war diese Zeit vorbei.

Die Verlegerstochter lebt von der großen Vergangenheit: Berühmte Maler, aber auch Dichter wie Brecht und Feuchtwanger lebten in der Stadt. Frank Wedekind trat mit der Laute in der Hand bei den »Elf Scharfrichtern« auf, Thomas Mann schrieb: »München leuchtet...«

Wenn ein Ort ein Traumziel ist, bleibt er es auch noch, wenn man angekommen ist. Man geht nicht mit offenen Augen durch die Stadt, sondern mit einer Vorstellung, die man nur ungern vom Augenschein korrigieren läßt. So ist es in der »Zweiten Heimat« auch. Der Film betrachtet die Stadt mit einem Sehnsuchtsbild; nur wo es unbedingt sein muß, konfrontieren wir dieses Bild mit der Wirklichkeit.

Die Großstadt München ist das Traumziel für den jungen Hermann Simon aus dem Hunsrück. Auch Edgar Reitz aus Morbach ist nach München gezogen, um zu studieren und Künstler zu werden. Wieweit ist das fiktive München des Films auch das Sehnsuchtsbild des Filmautors?

Letztlich berührt das die Frage, ob man mit Hilfe des Films in eine vergangene Zeit zurückkehren kann. Können wir die sechziger Jahre, zumindest im Rahmen unserer Erzählung, betreten? Können wir die Uhr zurückdrehen, indem wir mit filmischen Kunstgriffen unsere Erinnerungen beleben? Entsteht damit tatsächlich ein Film, der von dieser Zeit handelt und unsere Fiktion in diese Zeit hineinträgt? Das halte ich für eine Illusion.
Die Gegenwart läßt sich nicht verleugnen, und der Film spiegelt unsere heutige Beziehung wider. Vor 40 Jahren

bin ich in diese Stadt gezogen, ich kenne bestimmte Plätze so gut, daß ich ein Geschichtsempfinden habe. Ich weiß, was sich früher hier befunden hat, was ich damals hier erlebt habe. Der Ort mag sich völlig verändert haben, dennoch bleiben die Erinnerungen. Man sieht nicht nur den aktuellen Zustand, sondern auch die Vergangenheit der Räume. Dieser Blick bestimmt das München-Bild der »Zweiten Heimat«. Aber es wird immer spürbar bleiben, daß der Film nicht in den sechziger Jahren gedreht wurde, sondern heute.
Es gibt in der »Zweiten Heimat« permanent Indizien dafür, bewußte »Fehler«, die die Fiktion brechen. Einer der beiden Türme der Frauenkirche trägt ein Gerüst, weil er während unserer Drehzeit renoviert wurde. Wir haben uns entschieden, das nicht zu kaschieren. Solche baugeschichtlichen Daten kann man in den Annalen nachlesen, sie sind dem Film eingebrannt wie eine Signatur.

Eine Rose für Joris Ivens

Verehrt habe ich ihn schon immer, vor allem in den sechziger Jahren, wo seine politische Filmarbeit für uns ein Vorbild war. Diese Mischung von Engagement und Poesie faszinierte mich. 1984 wurde »Heimat« in Rimini gezeigt, und als ich in diesem Hotel in den Aufzug stieg, stand da ein kleiner Mann mit langen, weißen Haaren. Im Fahrstuhl, vielleicht durch die Enge der Kabine ausgelöst, bekam er einen Asthmaanfall. Ich war mit ihm allein im Aufzug und wußte nicht, was ich machen soll, versuchte, ihn unter die Arme zu nehmen und zu stützen. In diesem Augenblick kam der Aufzug unten an. Die Tür ging auf, und draußen standen lauter Fotografen, die auf ihn gewartet hatten. So habe ich Joris Ivens kennengelernt.
Am Abend haben wir ein langes Gespräch miteinander geführt. Ich erzählte ihm auch von meinem Film. Er ist

dann am nächsten Tag in die Vorführung gegangen und blieb drei Tage. 16 Stunden »Heimat« hat er sich angesehen, wofür ich ihm dankbar war, weil ein Mensch im hohen Alter mit seiner Zeit geizen muß. Ich besuchte ihn später in seiner Pariser Wohnung, und es entwickelte sich eine Freundschaft. Wir fingen einen Briefwechsel an, und ich half ihm bei der Finanzierung und den Vorbereitungen zu seinem letzten Film. Ich war mit den Dreharbeiten zur »Zweiten Heimat« beschäftigt, und er drehte in China »Eine Geschichte über den Wind«. Auch da schrieben wir uns noch Postkarten. Dann kam Ende Juni 1989 die Todesnachricht. Ich hatte vorgehabt, ihn zu besuchen, und nun war er tot. Zwei Monate später war das Team in Paris, und wir haben ihn auf dem Friedhof besucht. Spontan habe ich gesagt, meine Hauptdarstellerin soll eine Rose auf sein Grab legen. Wir haben das gefilmt, und als die Kamera emporschwenkte von der Hand mit der Rose auf Clarissas Gesicht, kam ein Windstoß und bewegte ihre Haare. Das hat uns so gerührt, daß wir diese Szene in den Film nahmen.

Buñuels Kästchen, Antonionis Tanz

In »Belle de Jour« von Buñuel gibt es diese Geschichte mit dem Kästchen: Im Bordell taucht ein Chinese auf, keine der Frauen will ihn mit auf ihr Zimmer nehmen, nur Séverin. Plötzlich hört man einen entsetzlichen Schrei. Man sieht sie und den Chinesen, in der Hand ein Kästchen mit aufgeklapptem Deckel. Was darin ist, erfährt der Zuschauer nie. Diese Szene ist ein genialer Einfall. Gerade weil die Kamera nur die sichtbare Welt abbilden kann, beschäftigt sich der Zuschauer auf fast zwanghafte Weise mit dem Nicht-Sichtbaren. Keine sexuelle Perversion, die man vor der Kamera inszeniert, kann so aufregend sein, wie das, was unter dem Deckel des Kästchens verborgen bleibt.

In der »Zweiten Heimat« habe ich diese Szene zitiert. Während der Hochzeitsfeier verdrückt sich der Kameramann Rob mit der Finnin Anniki in die Garderobe. Während Jean-Marie ein Chanson vorträgt, ertönt plötzlich der Schrei. Man öffnet die Tür: Rob hat ihr das Kästchen gezeigt.

Solche Zitate gibt es mehrere in der »Zweiten Heimat«. Wer sie nicht erkennt, kann trotzdem der Logik der Geschichte folgen, und wer sie erkennt, hat ein Zusatzvergnügen.

Ein anderes Beispiel ist Antonioni. In »La notte«, zweifellos einer der wichtigsten Filme Anfang der sechziger Jahre, gibt es eine Szene im Nachtclub: Während Jeanne Moreau und Marcello Mastroianni an der Bar sitzen, führt eine dunkelhäutige Tänzerin einen waghalsigen Balance-Akt mit dem Glas Wein auf der Stirn vor. Diesen Tanz haben wir auch inszeniert. Oder »L'eclisse«, einen Film, den wir damals geradezu verehrt haben. Monica Vitti verkörpert diese sexuell erwachende, sich befreiende und gleichzeitig unglaublich gehemmte Frau. Da kommt Alain Delon, ganz der aus dem französischen Film entlehnte Typ des Draufgängers, und es passiert nichts. Alle Filme von Antonioni erzählen davon, daß Männer und Frauen nicht zusammenkommen. Das Verhältnis zwischen Hermann und Clarissa ist über weite Strecken eine Antonioni-Geschichte.
Ich komme aus dieser katholischen Welt, in meinen Filmen ist ein romanisches Element. Die Liebe ist ein Drama, das weiß man in Italien, versteht man in Frankreich, wo man immer eine gewisse Libertinage pflegte, aber niemals verzichten konnte auf den Reiz des Verbotenen. Luis Buñuel, der zutiefst katholisch war, hat in seinen Filmen nie etwas anderes getan, als die Sünde als Genuß zu beschreiben. Erotik mit Raffinesse, das Verbot als

Würze der Sünde, das gibt es in der protestantischen deutschen Tradition nicht.

Es gibt eine andere Art von Film-Zitaten: Die Film-Figuren gehen ins Kino. In »Heimat« schwärmen Pauline und Maria von Zarah Leander und sehen sich in den Postlichtspielen Simmern Carl Froelichs melodramatisches Rührstück »Heimat« von 1938 an. In der »Zweiten Heimat« gibt es ebenfalls mehrere Kino-Szenen. Am Tag der Ermordung von John F. Kennedy läuft der Monumentalstreifen »Cleopatra«, und die Vorstellung wird unterbrochen.
Ich habe nachgesehen: Es stimmt, am 23. November 1963 erlebte der Historienschinken im Royal-Palast am Goetheplatz seine Münchner Premiere. Die »Süddeutsche Zeitung« berichtete: »Während der Pause lief die Schreckensnachricht aus Dallas, Texas, durch das Foyer und verwandelte die Gala-Stimmung in tiefe lähmende Drepression. Es galt bei den meisten als Selbstverständlichkeit, daß der nur auf Pomp, Prunk und überdimensionale Ausstattung gestellte Film abgebrochen werden würde. In der Tat erschien ein Sprecher vor dem Vorhang, gab die offizielle Meldung bekannt und erklärte, daß die Vorführung des zweiten Teils ... sich um einige Minuten verzögern müsse.« Viele Zuschauer verließen das Kino, nur wenige wollten noch sehen, wie Liz Taylor im Marmorbecken mit vergoldeten Gondeln spielt.

Ich habe mich erinnert und dann durch Recherche verifiziert: Die Nachricht von Kennedys Tod ist etwa um zwanzig nach acht über die Sender gekommen. Spätestens eine halbe Stunde später wußten es auch die Kinobesitzer und der Verleihchef. Es war ein erzählerisches Bedürfnis, die beiden historischen Ereignisse miteinander zu konfrontieren. Niemand weiß, wie Cleopatra in Rom eingezogen ist, nur Hollywood hat eine Version

davon. Und niemand weiß, wie Kennedy erschossen worden ist, wir kennen nur die Fernsehbilder.
Übrigens habe ich mir mit den Schauspielern alle Filme, die im Dialog erwähnt werden, angesehen. Ich wollte nicht, daß ein Darsteller im Film sagt: »Wir haben 'La notte' gesehen«, aber den Antonioni-Film nicht kennt.

Ohrenklappen und Unterwäsche

Ich diskutiere mit Schauspielern ihre Rollen gern in der Garderobe. Für diesen Tag lasse ich mir von der Kostümbildnerin 20, 30 denkbare Kostüme besorgen, und während wir über die Figur sprechen, wird der Darsteller ununterbrochen angekleidet. Er bekommt eine bestimmte Jacke, irgendwelche Pantoffeln, eine Brille auf die Nase. Dann nimmt man die Brille wieder weg und setzt ihm einen Hut auf. Bei der Anprobe fängt der Schauspieler an, die Rolle zu begreifen. Zum Beispiel Alex: ein ewiger Student, den jeder kennt, der in Wirklichkeit aber ein einsamer Mensch ist. Wir haben für diese Figur einen pelzgefütterten Mantel gefunden, in den Schultern ganz schmal; immer wenn er ihn trägt, fühlt er sich eingeengt. Bei späteren Proben, kaum hatte Michael Schönborn diesen Mantel an, war er in der Rolle. Außerdem haben wir Alex Ohrenschützer gegeben, wie sie die alten Männer früher getragen haben: Irgendwie hat er immer entzündete Ohren. In der Garderobe konkretisiert sich die Figur.

Kostüm und Maske charakterisieren die Figur, müssen zugleich aber zeittypisch sein.

Nicht nur die Oberbekleidung sollte stimmen, sondern auch die Wäsche: Was die Schauspieler auf der nackten Haut tragen, mußte aus den sechziger Jahren stammen.

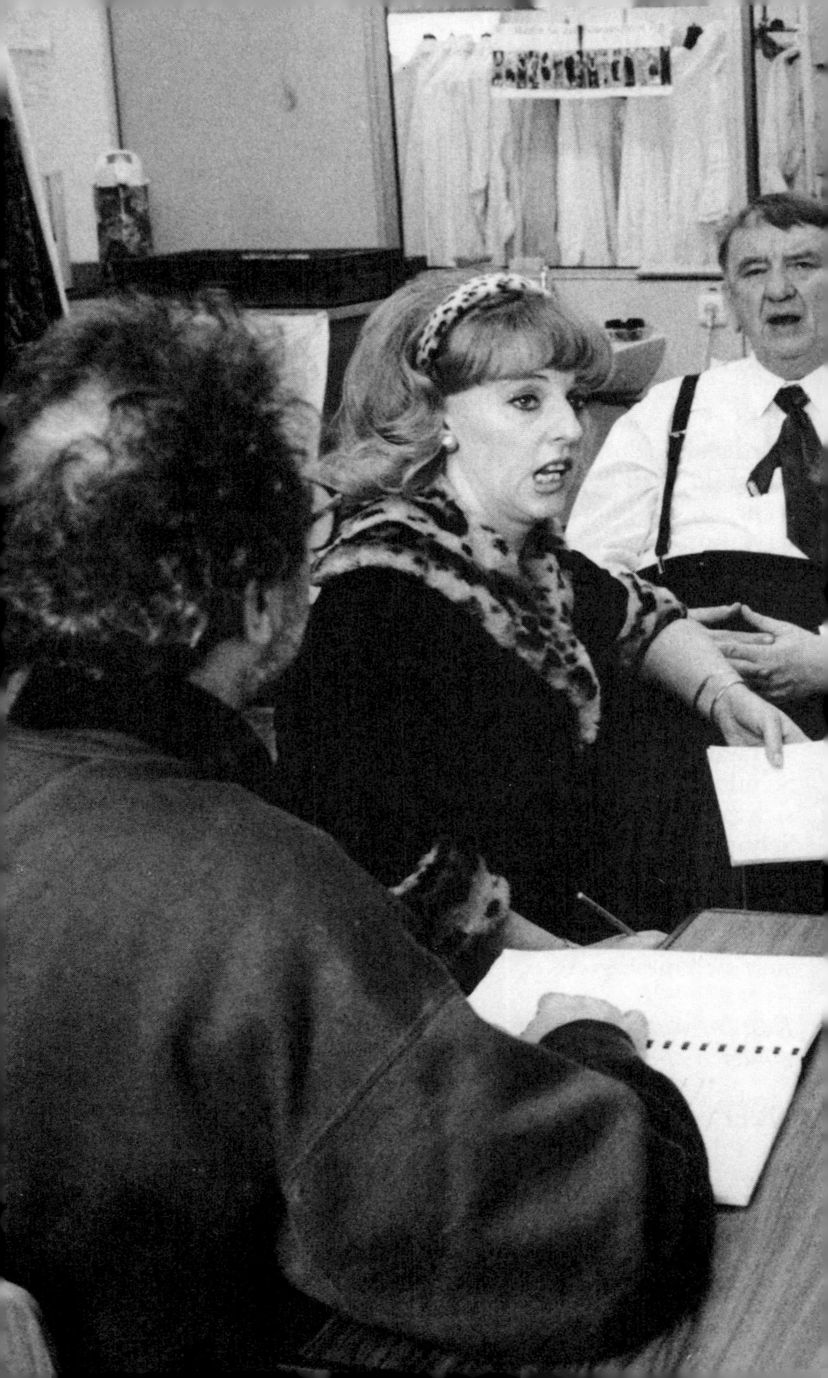

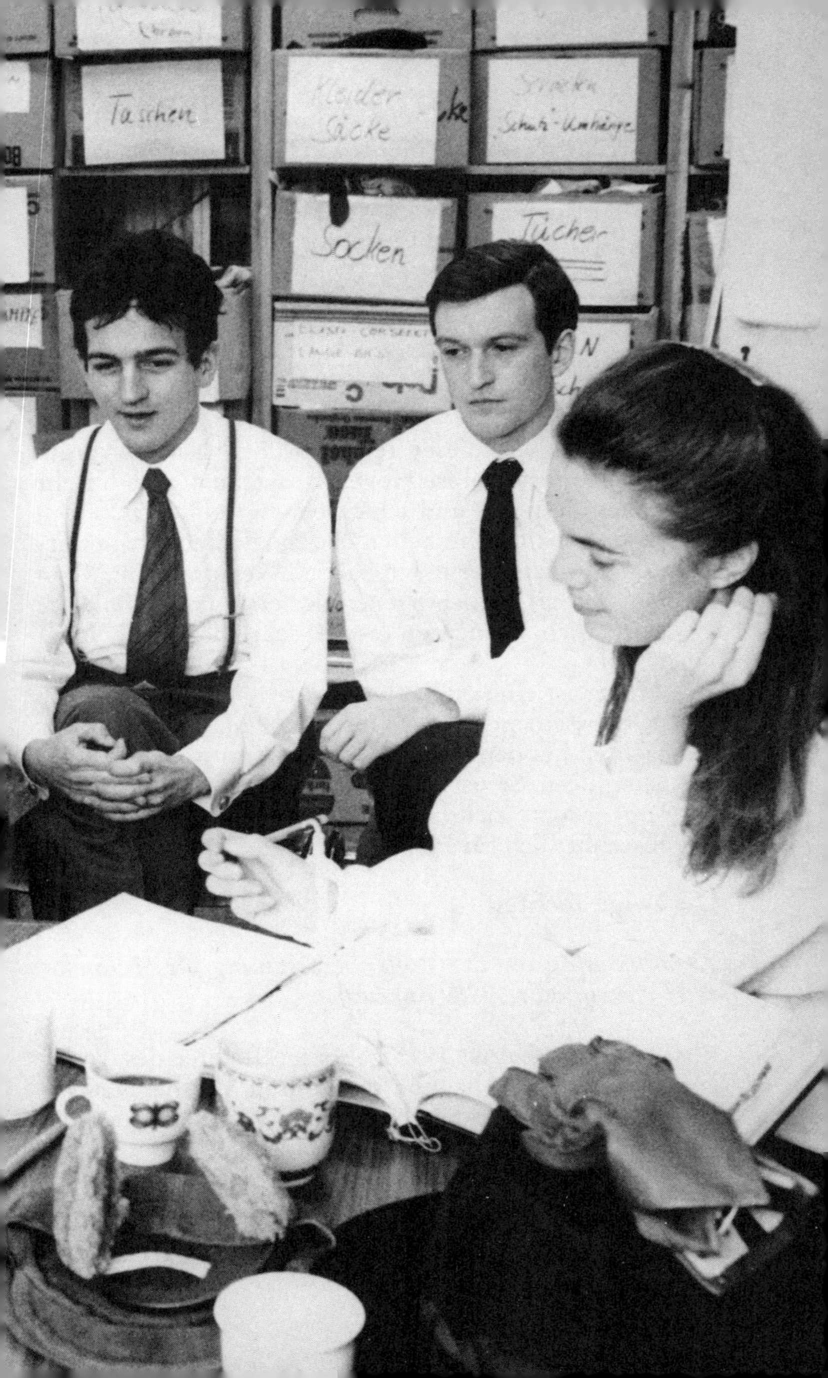
Taschen
Kleider Säcke
Socken
Tücher

Hannelore Hoger wollte unter keinen Umständen, daß man ihre Stirn sieht; sie mußte so frisiert werden, daß die Haare nach vorn fallen. Dahinter steckt wohl der Wunsch, mädchenhaft zu wirken und das enstprach wiederum ihrer Rolle: Frau Cerphal ist die ewige Tochter.

»Die ewige Tochter« heißt der 9. Teil der »Zweiten Heimat«. Diesmal steht im Mittelpunkt nicht ein Mitglied des Freundeskreises um Hermann, sondern eine etwas seltsame Vertreterin der Eltern-Generation.

Im Drehbuch war dieser Teil ursprünglich nicht vorgesehen. Bevor Hannelore Hoger zusagte, hatte ich mit ihr ein langes Gespräch und schickte ihr anschließend einen Brief, wo ich auf zehn Seiten alle möglichen Charakterzüge der Rolle notierte. Ich habe ihr versprochen: Wenn es nicht gelingt, in den Szenen der ersten acht Teile die Figur deutlich werden zu lassen, schreibe ich dir extra einen Teil.
Die Hoger ist eine unglaublich gute Schauspielerin, die einen Regisseur permanent inspiriert. Man muß sie nur beobachten bei den Proben, schon kommt man ständig auf neue Ideen. Sie ist bis in die Knochen eine Komödiantin; es machte richtig Laune, ein Buch zu schreiben, das ausschließlich für Hannelore Hoger bestimmt war.

Die ewige Tochter

Zusammenfassung der Rollenbesprechung für Hannelore Hoger, Januar 1988 (Auszug)

Elisabeth Cerphal ist 1915 geboren, Tochter des Verlegers Friedrich Cerphal und seiner Frau Martha. Der Vater stammt aus einer hamburgischen Kaufmannsfamilie, wohlhabende hanseatische Verwandtschaft. Die Mutter ist Münchnerin, Tochter einer alten Bürgerfamilie.

Trotz des über zwei Generationen anhaltenden hanseatischen Einflusses ist das Haus Cerphal in München ein ganz und gar bayerisches Haus geblieben.
In den zwanziger Jahren, als Elisabeth und ihre beiden Brüder Peter und Arno noch Kinder waren, verkehrte die damalige literarische Prominenz im Hause Cerphal. Es heißt, daß Elisabeth als Zwölfjährige auf dem Schoß von Lion Feuchtwanger gesessen hat und Bert Brecht »Onkel Berti« nannte. So ist für Elisabeth literarische Zeitgeschichte und Kulturgeschichte immer etwas ganz Privates gewesen, etwas, was einem so gehört wie die Familie oder wie die Spielsachen.
Der Vater Friedrich Cerphal ist ein patriarchalischer und weltmännischer Unternehmertyp mit Kultur. Er wird immer respektiert; die Schriftsteller, deren Bücher er verlegt, verehren ihn (so wie Verleger vom Format eines Peter Suhrkamp oder Ernst Rowohlt verehrt wurden).
Für Elisabeth Cerphal bleibt dieser Vater in ihrem ganzen Leben die einzige verbindliche Instanz. Sie liebt ihn, respektiert ihn und bleibt immer »die Tochter«. Das Bild der Elisabeth Cerphal ist das Bild der »ewigen Tochter«.

Elisabeth Cerphal wird ihr Leben lang »Fräulein Cerphal« tituliert. Für die Haushälterin, Frau Ries, bleibt sie immer die Tochter des Hauses.
Elisabeth Cerphal ist sehr unordentlich. Sie läßt alles, was sie einmal benutzt hat, herumliegen, sieht die Unordnung auch kaum, hat eine Art, über die am Boden liegenden Dinge hinwegzuschreiten. Wenn Frau Ries einmal krank ist oder verreist, läßt Elisabeth es soweit kommen, daß sie fast im Chaos erstickt. Frau Ries muß nach der Rückkehr tagelang aufräumen.
Elisabeth lebt, als ob die Eltern sie immer beobachteten. So bemüht sie sich, nett und freundlich und wohlerzo-

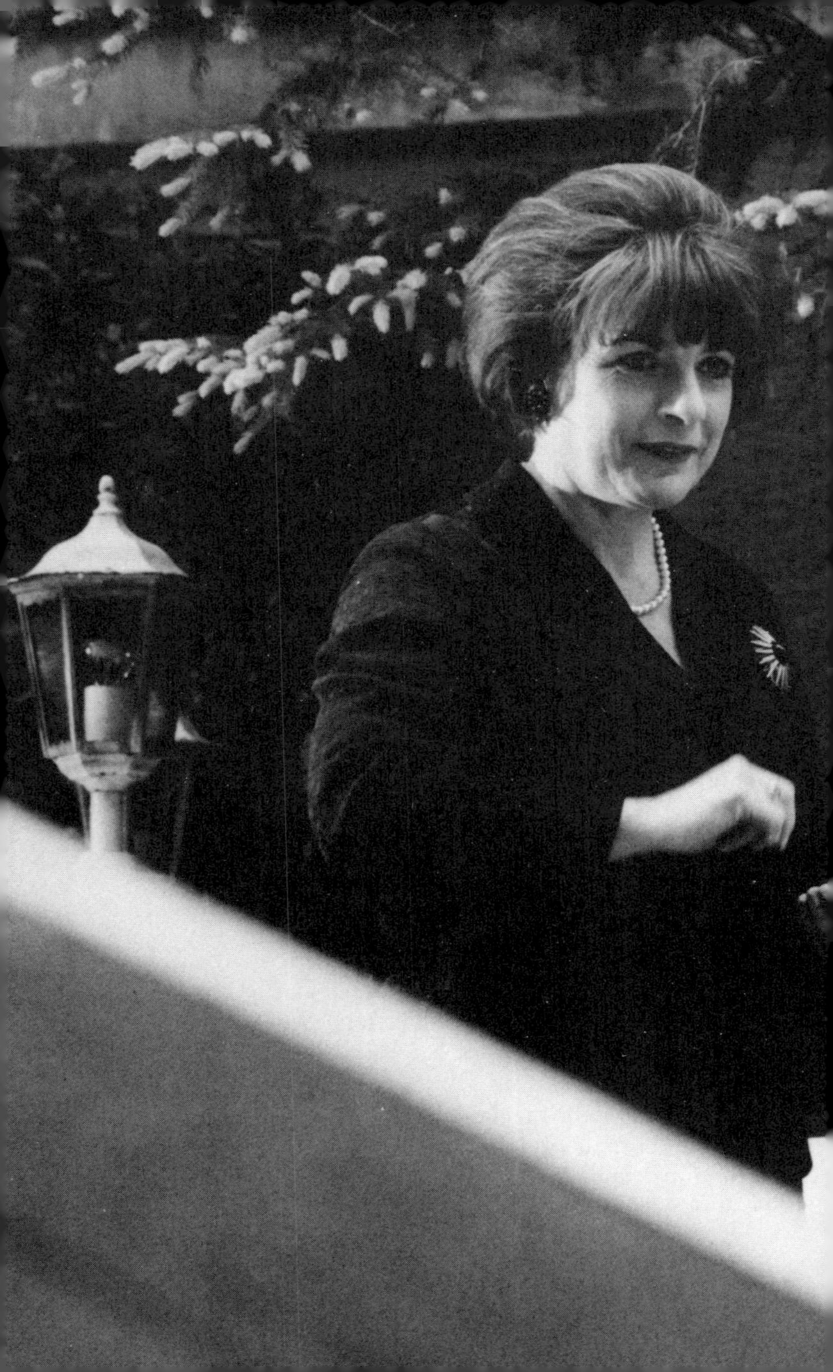

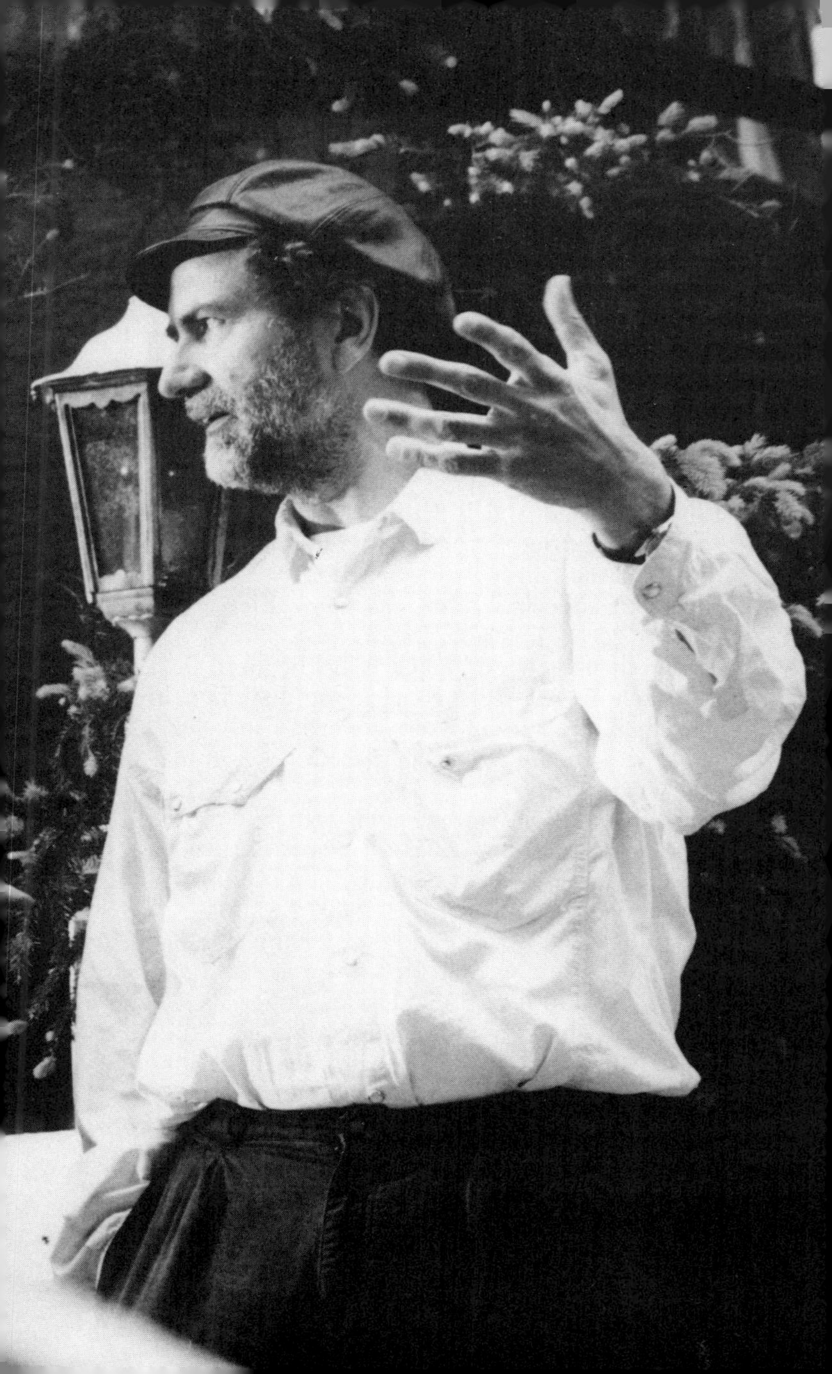

gen zu sein, wenn Gäste kommen; wenn sie allein ist, läßt sie sich aber sehr gehen. Sie respektiert die Zimmer der Eltern, auch wenn diese nicht mehr im Hause sind, und wenn sie aus Veranstaltungen, Konzerten, Vernissagen etc. neugefundene »Spielkameraden« mit nach Hause bringt, gibt sie denen Zeichen, in der Nähe der Elternzimmer leise zu sein.

Elisabeth verkauft das Haus zwei Tage nach dem Tode ihres Vaters und verschafft sich sofort einen Ersatzvater, der aber ein Betrüger ist. Nach dem Verlust ihres Vermögens ist Elisabeth ein unabhängiges Kind, das weinend auf der Straße steht (das passiert ihr in ihrem 49. Lebensjahr).

Elisabeth bindet sich in ihrem Leben nicht an einen Mann. Unter den Freunden, die sie sucht, finden sich oft die Vornamen ihrer Brüder wieder.

Elisabeth ist »ein Huhn, das keine Eier legt«, aber sie möchte gerne. Alles ist Ersatz.

Elisabeth hat ewige Projekte. So beginnt sie zum Beispiel schon vor dem Krieg, eine Familienchronik zu schreiben, die wie ein Roman werden soll. Seit 20 Jahren verschiebt sie die Arbeit an diesem Buch immer und immer wieder.

Zukunft ist für sie immer noch kein Thema. Sie lebt mit der Vorstellung, daß Zukunft etwas ist, das erst später aktuell wird. Sie merkt nicht, daß die Zukunft sie eigentlich schon eingeholt hat.

Sie studiert seit über zehn Jahren, kann sich nicht für eine Fachrichtung entscheiden, aber sie fühlt sich als Studentin. So sind ihre Freunde viel jünger als sie, denn sie schaut aus ihren Studentenaugen andere Studenten an. Diese Studenten aber (20jährig) sehen in ihr eine alte Frau. Das ist tragisch für sie.

Das poetische Prinzip der Figur Elisabeth Cerphal ist das Nicht-erwachsen-sein-können. Für Elisabeth sind viele Gleichaltrige und Jüngere schon »Erwachsene«.

»Erwachsen sein« bedeutet für sie: Verzicht auf Ideale, realistische Anpassung an die Welt, auf die Jungen herabschauen. Erwachsen sein bedeutet auch, dem Tode näher zu sein. Das bereitet ihr Angst. Überall, wo sie dem Tode begegnet, verdrängt sie dessen Bild. Bei der kleinsten Krankheit, zum Beispiel Schnupfen, hat sie panische Todesängste. Der Wunsch, ein Kind zu sein, das mit Menschen und Dingen spielt, läßt nie nach.

Sie kann sich nicht in der Stadt orientieren, wenn niemand bei ihr ist, der sie führt. Sie nennt diese Krankheit »topographischer Kretinismus«. Die Fahrt mit Stefan zum Konzert im Amerikahaus erlebt sie als ein Chaos von Erinnerungen und Stadtbildern. Das Konzert, das aus einem Chaos von Tönen besteht, gefällt ihr, aber sie will Erklärungen des Komponisten, daß in den Tönen strenge Ordnung herrsche, nicht akzeptieren. Sie will in der Musik das Wilde sehen, was der Komponist gar nicht gemeint hat.

Ihre Erzählungen und Berichte gibt sie oft im Namen der Anderen ab. »Wenn mein Vater hier wäre, der könnte Ihnen alles viel besser erzählen.«

Sie führt ein Tagebuch, in dem sie selber nicht vorkommt.

Liebe zu Nebenfiguren

Frau Cerphal ist auf sonderbare Weise weltfremd und gerät deshalb immer wieder in komische Situationen. Ihr Denken ist unlogisch, ihr Handeln unvorhersehbar. Solche bizarren Charaktere gehören offenbar zu Ihrem Figuren-Repertoire. Ich denke zum Beispiel an Lucie in »Heimat«.

Diese Leute sind unangepaßt, lebendig und widersprüchlich. Keineswegs von Grund auf liebenswürdig, sind sie doch menschlich – man kann ihnen keinen Vorwurf machen. Die schwärmerische Lucie macht bei den Nazis mit, aber sie schafft es einfach nicht, wirklich dazuzugehören. Weil sie letztendlich viel zu lebendig ist, als daß sie sich auf eine Parteilinie einschwören ließe. Ihre Unzuverlässigkeit schützt sie davor, politisch mißbraucht zu werden. Die Parteileitung würde auch Eduard, der in die NSDAP eintritt und Ortsbürgermeister eines Kuhdorfes wird, niemals höhere Ämter anvertrauen.

In der »Zweiten Heimat« sind solche Figuren Renate oder die Moretti. Renate Leineweber aus Neu-Ulm träumt davon, Schauspielerin zu werden, ist aber so häßlich und schwäbelt derart, daß jeder sie auslacht. Trotzdem gibt sie ihren Traum nicht auf. Diese maßlose Selbstüberschätzung ist mir sympathisch, denn darin zeigt sich Lebendigkeit und Leidenschaft. Mit solchen Figuren versuche ich, dem Leben, das vergänglich ist, ein klein bißchen Ewigkeit zu verschaffen.

Ihre Liebe gilt offenbar den Nebenfiguren. Die Rolle Renate, die im ersten Drehbuch fast marginal ist, haben Sie während der Dreharbeiten immer weiter ausgebaut.

Schon bei »Heimat« hat es das gegeben: Nebenfiguren fingen plötzlich an, sich zu verselbständigen. Glasisch wurde zum Chronisten der ganzen Geschichte.

Eine Hauptrolle für eine Nebenfigur, denn Glasisch steht ja nicht im Zentrum der Geschichte.

Aber er ist immer irgendwie dabei. Die Erzähler, im Film wie im Leben auch, spielen eher eine Rolle am Rande. Chronisten können niemals Protagonisten sein. Über Jahre hindurch haben alle gedacht, der Glasisch ist ein bißchen »neben der Kapp«, wie man im Hunsrück sagt, also nicht ganz ernst zu nehmen. Und eines Tages, es sind 50 Jahre vergangen, stellt sich heraus, der ist der einzige, der alles erzählen kann.

So eine ähnliche Rolle spiele auch ich, für den Hunsrück, aber auch im Neuen Deutschen Film. Nach der Vorstellung der »Zweiten Heimat« meinte ein Kollege, den Film hätte eigentlich jeder von uns machen können: Diese Zeit haben wir alle erlebt, jeder kennt ähnliche Geschichten. Nur gemacht hat ihn niemand, und ich war doch in diesem Geschehen immer nur eine Randfigur.

Wenn ich an Oberhausen und den Autorenfilm denke: Ich war einer der ersten sechs, aber nicht der erste und nicht der zweite, sondern der sechste. In keiner Liste der wichtigen deutschen Filmemacher dieser Zeit steht mein Name. Andererseits war meine Position nie so extrem, daß ich daraus wiederum Profil gewonnen hätte wie Jean-Marie Straub. Ich war kein Außenseiter, sondern irgendwo im Mittelfeld des Randes, und da fühle ich mich ganz und gar diesem Glasisch verwandt.

Ein Film in Schwarzweiß und Farbe

Zu den Besonderheiten des Films gehört der überraschende Wechsel zwischen Schwarzweiß und Farbe. Diese Mischung folgt keinem strikten Ordnungsprinzip. Üblicherweise benutzt man dieses Mittel, um Vergangenheit und Gegenwart gegeneinander abzusetzen. Die Rückblende ist dann, als bewußte oder unbewußte Imitation der früheren Technik, schwarzweiß.

Ich habe es schon bei »Heimat« anders gehalten. Die Filmkunst ist in den entscheidenden zwei Dritteln ihrer hundertjährigen Geschichte schwarzweiß. Nur ganz wenige Farbfilme kamen später hinzu. Wenn ich ein Kinopathos empfinde, stellt sich fast immer Schwarzweiß ein. Das Medium ist in der s/w-Fotographie weiter entwickelt, sie ist die künstlerisch durchdrungenere Form des Films.

Aber es gibt Bereiche, wo man heutzutage auf die Farbe weder verzichten kann noch soll. Ein Beispiel, gleich zu Anfang von »Heimat«. Paul Simon kommt aus dem Krieg zurück und geht an der Schmiede vorbei. Der Vater schlägt auf sein glühendes Eisen, und die Funken sprühen. Das ist ein Farbeindruck; in Schwarzweiß kann man das nicht erzählen. Oder wenn Eduard seine Lucie aus Berlin in den Hunsrück holt: Ihr Blick wandert zum Kirschbaum, voll mit reifen Früchten. Das kann man nur in Farbe wiedergeben.

Wissen Sie schon bei der Arbeit am Drehbuch, diese Szene wird schwarzweiß, jene Einstellung muß farbig sein?

Bei »Heimat« wußte ich es noch nicht, bei der »Zweiten Heimat« habe ich es schon frühzeitig entschieden. In diesem Film gibt es viele Nacht-Szenen, draußen auf der Straße, aber auch in Innenräumen wie Kneipe oder Studentenbude. Räume, in denen wenig Licht ist. Der Schwarzweiß-Film kann Kerzenlicht-Stimmung, Schattierungen zwischen wenig Licht und gar kein Licht, nicht wiedergeben. Es entsteht keine Brillanz, sondern nur eine graue Soße. Die Schwarzweiß-Fotographie braucht Licht und Schatten, eben weiß und schwarz. Nur dann ist sie ausdrucksstark. Aber zwischen hellgrau und mittelgrau ist ihr keine Schönheit abzugewinnen. Dagegen kann die Farbfotographie gerade in den sogenannten low-light-Bereichen, wo alle Farben einander ähnlich werden, besonders reizvoll sein.

Die Beweglichkeit des Films

Sie sitzen neben der Cutterin im Schneideraum und bearbeiten einen Dialog mit Schuß/Gegenschuß. Wonach entscheiden Sie, was ins Off geschnitten wird?

Ein Darsteller, der mich enttäuscht und nicht überzeugend spielt, wird ins Off geschnitten. Auf diese Art mache ich ihn zu einem guten Schauspieler. Ich habe schon erlebt, daß er nachher mit einem Darstellerpreis ausgezeichnet wurde: Die Phantasie des Zuschauers bewirkt Wunder.
Unser Leben wird von unsichtbaren Kräften bestimmt: Ehrgeiz, Sehnsucht, Verliebtheit, Habgier oder Haß. Erregungszustände der Seele oder Antriebskräfte für unser Handeln, die sich nicht durch Mimik darstellen lassen. Wenn ein Schauspieler Begierde spielen soll, wirkt es entweder unglaubwürdig oder vieldeutig. Man muß diese Dinge im Off inszenieren und im On widerspiegeln. Das geheimnisvolle Gegenüber beschäftigt den Zuschauer: Außerhalb des Bildes befindet sich jemand, in dessen Seele es kocht. Das Unsichtbare, das die Kamera nicht abbildet, entzieht sich nicht dem Zugriff der Filmkunst. Man muß nur das Spiel mit on und off beherrschen.
Die gezeigten Bilder müssen so stark sein, daß sie das Off miterzählen. Aber Bilder sind nie eindeutig, sie ändern ihre Bedeutung im filmischen Kontext.

Der russische Stummfilmregisseur Pudowkin hat ein Experiment veranstaltet: Er montierte dieselbe Großaufnahme, das ruhige, unbewegte Gesicht des Schauspielers Mosjukhin, in drei verschiedene Bildfolgen: Einmal folgte der Schnitt auf einen Teller Suppe, dann auf einen Sarg, schließlich auf ein kleines Mädchen mit Teddybär. Das Publikum sah jedesmal ein anderes Bild: beim er-

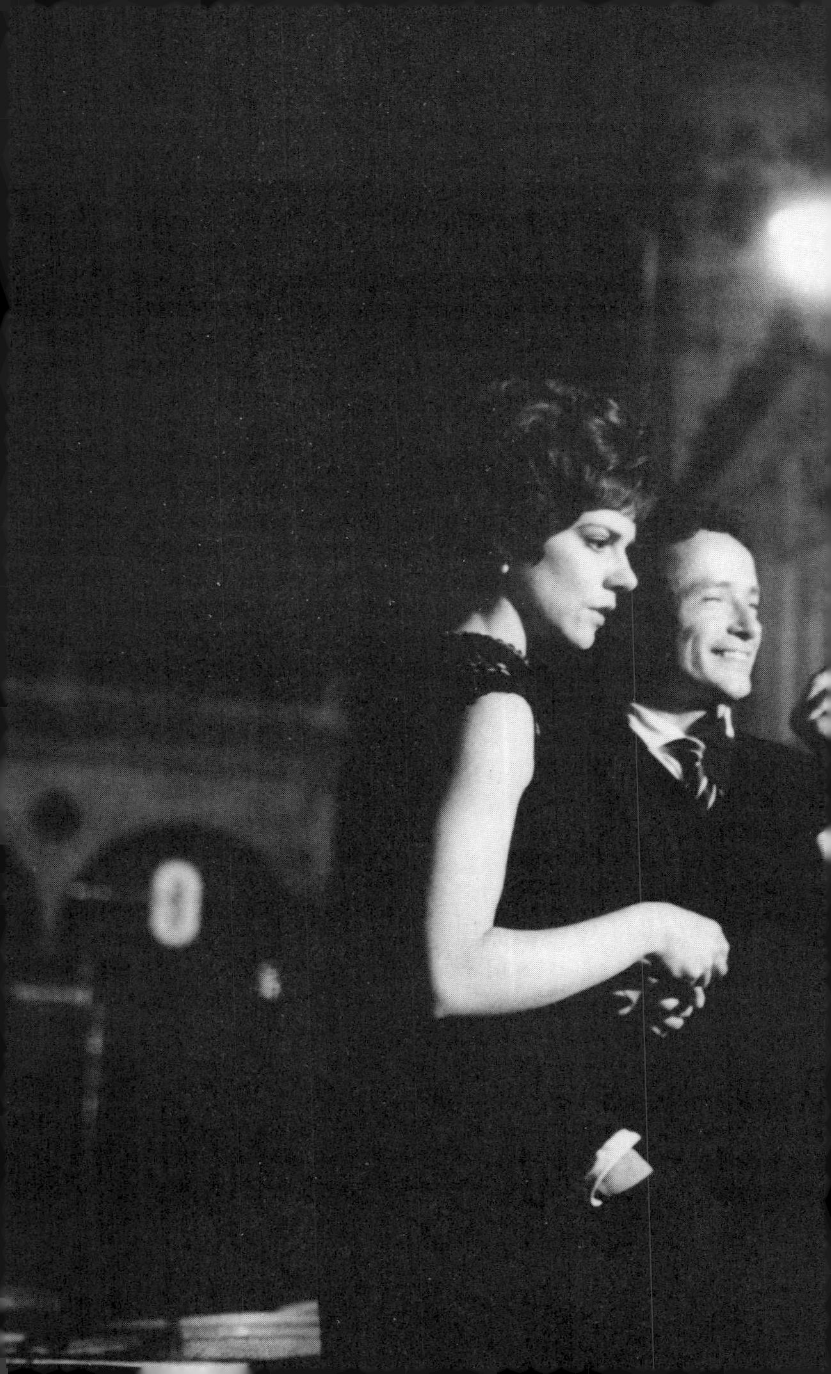

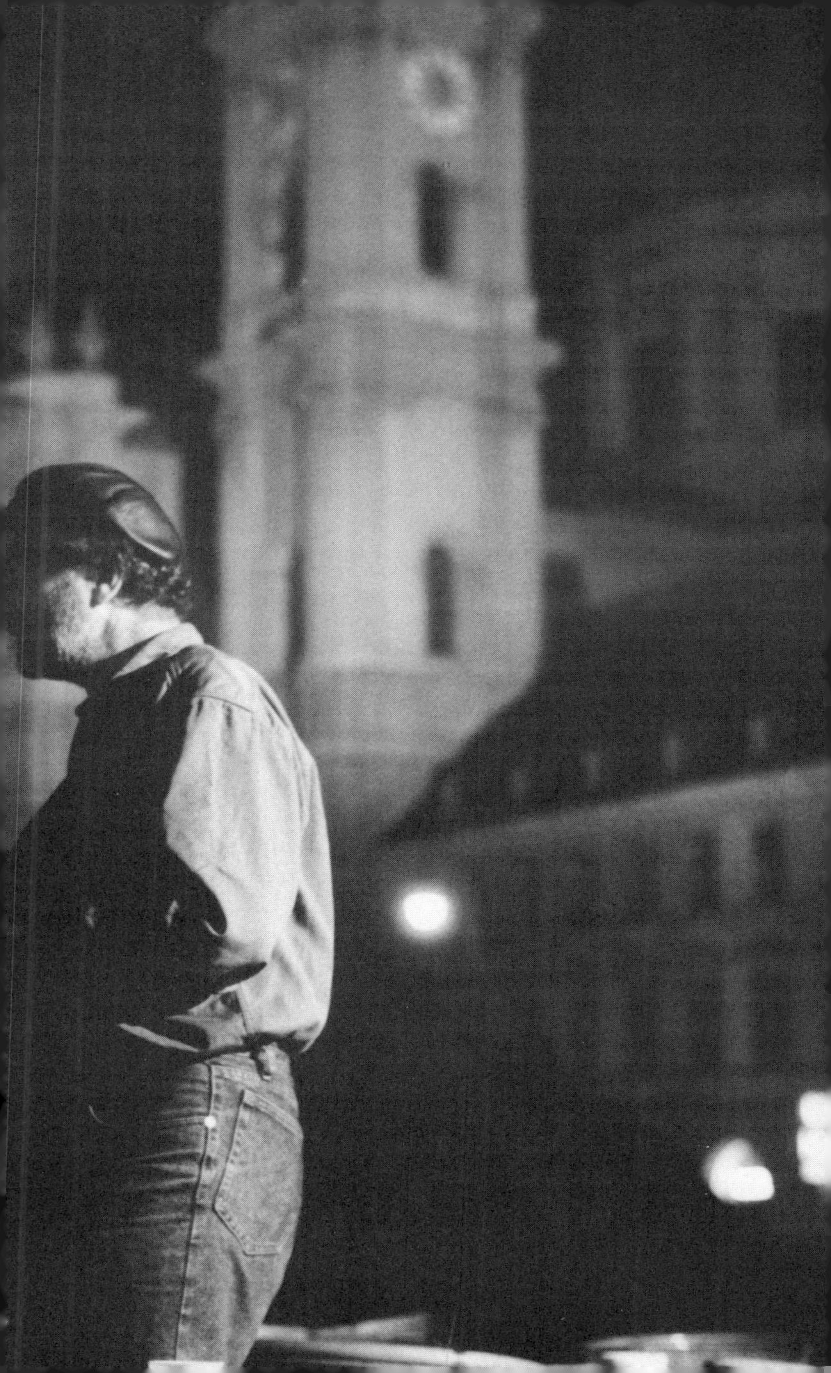

*stenmal einen tief nachdenklichen Mann, der darüber
seine Suppe vergaß, beim zweitenmal spürte es die Trauer über einen Toten, und in der dritten Version glaubte
man, ein sanftes Lächeln zu entdecken, mit dem Mosjukhin dem spielenden Kind zuschaute.*

Ähnlich ist es mit der Musik. Unterlegt man eine Szene
mit verschiedenen Musiken, ändert sich ihr Charakter:
Es wird eine andere Geschichte erzählt.
Wenn ich einen Dialog durch den Schnitt mit einem ausdrucksstarken Bild verknüpfe, dann färbt sich alles ein,
was vorher geschieht. Sofort stellt sich ein Bezug zur
Handlung her. Plötzlich kann ich mir einen Reim machen auf etwas, was sich nie gereimt hat.

Sie haben gesagt: Der Schnitt beginnt am Drehort. Umgekehrt gilt auch: Im Schneideraum findet die Inszenierung statt.

Der Schnitt strukturiert den Zeitablauf. Es wird Kontinuität suggeriert, obwohl ich die Zeit durch permanente
Sprünge straffe. Man kann die Erzählung beschleunigen,
ganz chiffrenhaft und schnell werden. Manche Schnitte
fallen überhaupt nicht auf; der Zuschauer hat das Gefühl, alles gesehen zu haben. Die Bildfolge wirkt wie ein
natürlicher Fluß; würde man die Szene realistisch drehen, erschiene sie unerträglich lang. Umgekehrt kann es
auch vorkommen, daß ich Vorgänge dehne, die in Wirklichkeit nur Sekunden dauern. Mehrere Leute in einem
Raum reagieren auf das gleiche Ereignis, vielleicht mit
einem Lachen oder einem Abwinken. Ich kann hintereinander erzählen, was gleichzeitig stattfindet, und der
Zuschauer akzeptiert es: In seiner Wahrnehmung haben
die segmentierten Vorgänge parallel stattgefunden.
Das kann nur der Film. Das gehört zu der ungeheuren
Beweglichkeit seiner Mittel. Ich kann auch Hintergrund

mit Vordergrund vertauschen, von einer Figur auf die andere springen, ohne daß das Gefühl entsteht, das erzählerische Interesse hat sich geändert. Die Kamera folgt einer Person und kreuzt den Weg der anderen; der Schwenk hört einfach an dieser Stelle auf und geht mit der anderen Figur mit. Dann füge ich, ein Bild von wenigen Sekunden, die Person A wieder ein, die damit erhalten bleibt, aber durch den kleinen Schnitt von der Haupt- zur Nebenfigur geworden ist.

Dreißig Stunden Musik

Gewöhnlich beginnt der Filmkomponist seine Arbeit nach dem Ende der Dreharbeiten. In der »Zweiten Heimat« ist die Musik keine Angelegenheit der Post-Production, sondern Bestandteil der Handlung.

Als ich noch mitten in der Arbeit am Drehbuch steckte, stand ich mit Nikos Mamangakis bereits in Verbindung. In vielen Filmszenen wird musiziert, und diese Musiken mußten lange vor Drehbeginn fertig sein, damit die Darsteller die Stücke einstudieren konnten. Aber es waren auch inhaltliche Fragen, die wir damals diskutiert haben. Welche Musik macht Hermann, machen seine Freunde? Womit beschäftigen sich Studenten der Musikhochschule in München 1960? Außerdem sollte die – nennen wir sie mal so – »On-Musik« in einem inneren Zusammenhang stehen mit der eigentlichen Filmmusik, also der »Off-Musik«.
Die Filmmusik ist nach und nach entstanden. In der Drehpause zwischen dem 5. und dem 6. Teil war ich in Athen bei Mamangakis. Eine Woche lang haben wir im Studio Aufnahmen gemacht, und dieses Material habe ich mitgenommen nach München. Mit der Cutterin Susanne Hartmann habe ich an Teil 1 ausprobiert, wie diese Musik zu den Szenen wirkt. Dazu muß der Schnitt

ungefähr schon stimmen, denn die Verbindung, der Synchronismus oder Asynchronismus von Bild und Musik, ist entscheidend. Wenn man später umschneidet, ändert sich sofort auch der Bezug, und deswegen halte ich mich an das Prinzip: Der Rohschnitt erfolgt ohne Musik, der Feinschnitt von vornherein mit Musik. Überall, wo sich Konsequenzen für den Bildschnitt ergeben, werden die Änderungen sofort ausgeführt. So arbeitet man sich Schritt für Schritt durch einen Film und fügt gleichzeitig die Musik hinzu. Allerdings erwies sich in diesem Fall bald, daß die mitgebrachte Musik bei weitem nicht ausreiche, und wir haben die Feinschnittarbeit erst einmal wieder aufgegeben.

Die Dreharbeiten gingen weiter, und ganz am Schluß, als alles abgedreht war, hat Mamangakis eine zweite Musikproduktion gemacht, der eine mehrwöchige Besprechung vorausging. Er hat den Rohschnitt von fast allen Teilen gesehen, und anschließend sind wir die Szenen am Schneidetisch durchgegangen. Das Ergebnis war eine umfangreiche Liste mit genauen Angaben: welche Musik für welche Szene und wie lang. Aber er hat nie nach dieser Liste auch nur ein Stück komponiert. Seine Ideen für den Film hat er notiert und mit seinem Sampler die Instrumente imitiert, Aufnahmen gemacht und weiter gesammelt. Eines Tages schickte er eine Kassette, die ich angehört und kommentiert habe. So entstand eine Art Wunschliste, mit der er noch einmal ins Studio ging. Meist nimmt er verschiedene Versionen mit unterschiedlichen Längen auf, variiert ein Thema durch unterschiedliche Instrumentierung. So kam die zweite Lieferung von ihm, ungefähr zehn Stunden Musik. Es war nicht die letzte.

Erst im Winter 1992, wirklich sehr spät, haben wir diese Musiken abgehört, Vorlieben gebildet und überlegt, was in Frage kommt und uns inspiriert. Dann sind wir an den Schneidetisch gegangen, haben Musiken angelegt und dabei aus dem vorhandenen Material geschöpft. Von nahezu keinem Stück war vorher bekannt, zu welcher Szene es einmal gehören wird. Aus rund 30 Stunden Musik haben wir Motive herausgesucht und überspielt, sie am Schneidetisch vor- und zurückgeschoben, bis die Musik paßte. Szene für Szene, fünf Monate lang.

Ähnlich wie sich die Erzählstruktur unterscheidet, ist auch das musikalische Konzept anders. Bei »Heimat« hat Nikos Mamangakis ziemlich konsequent mit Leitmotiven gearbeitet, die den Hauptpersonen zugeordnet sind. Man könnte von Portraits sprechen; die Musik charakterisiert die Figuren, verleiht ihnen Konturen. Dieses wirkungsvolle Konzept, das einem gewissen Wiedererkennungseffekt dient, wird in der »Zweiten Heimat« nicht durchgehalten: Beziehungen lösen sich auf, man bewegt sich auf unsicherem Boden, und auch die Musik schafft keinen festen Rahmen für eine Figur.

»Heimat« lebt von einem familiären Gefühl. Man mag die Leute nicht missen, sie sind uns vertraut, und wir verfolgen ihren Lebensweg mit Sympathie und Neugierde. Das erste, was auf einer Familienfeier gefragt wird, ist: Was macht der, was ist aus dem geworden? Dieses Interesse prägt die Erzählweise von »Heimat«. Bei der »Zweiten Heimat« geht es um den Verbleib der Gefühle. Alle Personen stehen für irgendein Streben, hier lauten die Fragen: Was wird denn aus diesem Wunsch? Was wird aus der Liebe, was wird aus dem Projekt? Dieser Film ist nicht so stark auf die Personen bezogen, sondern mehr von ihren Sehnsüchten und Antrieben bestimmt. Deswegen haben wir auf musikalische Motive für einzelne Personen verzichtet. Wir hatten solche Musiken, es gab ein Hermann-Thema, ein Hermann-und-Clarissa-Thema, ein Juan-und-Helga-Thema. Aber ich merkte bald, wenn ich bei Juans erstem Auftreten sein

Thema erklingen lasse, gibt es überhaupt kein Bedürfnis, es bei seinem zweiten Auftreten zu wiederholen. Es würde einen Zusammenhang suggerieren, der gar nicht besteht. Trotzdem gibt es Leitmotive, die Kontinuität schaffen. Das Motiv Erster Kuß zum Beispiel. Nach dem ersten Kuß rennt Hermann in die Musikhochschule und improvisiert am Klavier, komponiert dieses Stück, das hin und wieder auftaucht, wenn Hermann und Clarissa sich begegnen oder einander ganz nah sind. So etwas läßt sich wieder aufgreifen. Es gibt auch ein München-Thema, diesen Walzer, der durch den ganzen Film hindurchgeht bis zuletzt. Da wird ein bißchen die ständige Präsenz der Stadt thematisiert mit einer volkstümlichen, fast bayerisch klingenden Melodie.

Einige Darsteller, die auch Musiker sind, tragen eigene Werke vor.

Daniel Smith hat sein Marimba-Stück selbst komponiert, Salome Kammer das »Schlaflied für Arnoldchen«. Armin Fuchs, der Komposition studiert hat, schrieb für den Film das experimentelle Klavier/Cello-Stück »Pizz a gogo«. Ich habe sie dazu animiert: Ich wollte nicht, daß Mamangakis – der natürlich verschiedene Stile imitieren kann – Stücke komponiert, die in der Fiktion des Films von Juan oder Volker stammen, ich wollte, daß die Darsteller mit ihrer eigenen musikalischen Phantasie zum Film beitragen.

Die zitierten Musikstücke, die klassischen wie die avantgardistischen, haben Sie selbst ausgewählt?

Ja, wobei die Wahl mit davon bestimmt wurde, welche Stücke die Darsteller mit einer gewissen Virtuosität beherrschen. Die César-Franck-Sonate, die Salome Kammer als Clarissa spielt, gehört zu ihrem Repertoire. Ähn-

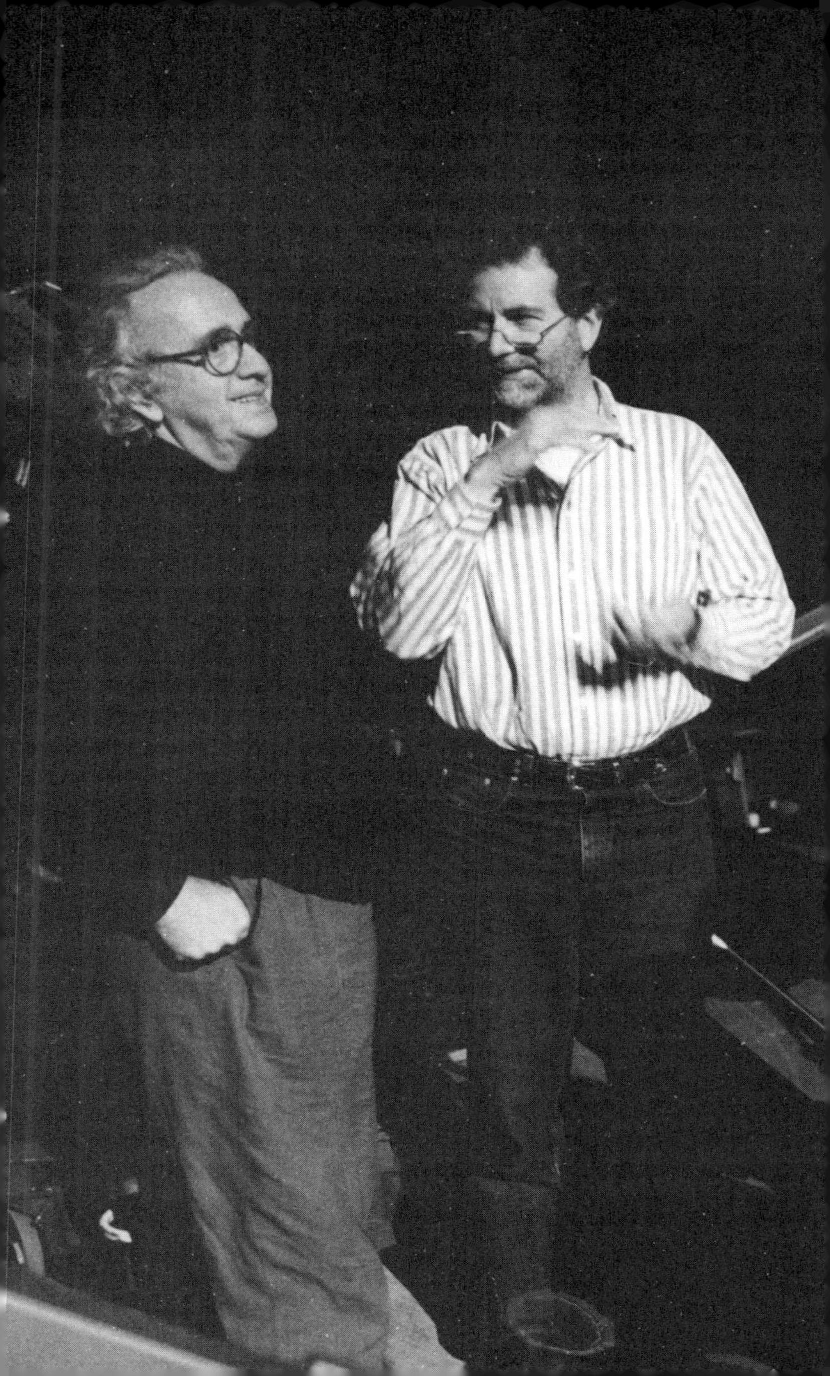

liches gilt für die Stücke, die Henry Arnold auf dem Klavier oder der Gitarre spielt.
Während der Dreharbeiten brachte Salome Kammer beim Heidelberger Musikfestival »Pierrot lunaire« zur Aufführung. Schönbergs Komposition ist für Schauspieler musikalisch nicht zu bewältigen, und stellt für Sängerinnen, was den Vortrag angeht, ebenfalls eine Überforderung dar. Dieser Sprechgesang entsprach genau Salomes stimmlichen Möglichkeiten. Die Aufführung wurde ein großer Erfolg; seitdem gibt sie damit vielbeachtete Konzerte. Ein Stück daraus trägt sie auch in der »Zweiten Heimat« vor.
Clarissa und Salome haben sich wechselseitig beeinflußt. Bei der Entwicklung der Filmfigur habe ich mich von Solomes Biographie inspirieren lassen: Auch sie gab das Cello auf, hat sich für die Schauspielerei und Gesang entschieden. Umgekehrt hat Salome, nach der Auseinandersetzung mit der Rolle Clarissa, sich ein großes Repertoire mit Neuer Musik, vorwiegend aus den sechziger Jahren, erarbeitet.

Und die Liedertexte, die Edgar Reitz geschrieben hat?

In fast allen Fällen handelt es sich um frühe Jugendgedichte, Texte, die ich im Alter von 20, 22 Jahren verfaßt und nun aus alten Schachteln herausgekramt habe. Auch bei »Heimat« habe ich das praktiziert: Hermanns Klärchen-Lied, das im Film von Gudrun Landgrebe gesungen wird, geht zurück auf einen Text, den ich mit 16 geschrieben habe.

Haben Sie ihn noch einmal bearbeitet?

Nein. Es wäre nicht mehr dasselbe Gedicht gewesen. Auch das »Lied für Ansgar« und das »Regenlied« in der »Zweiten Heimat« sind Texte aus der Zeit, als ich so alt wie Hermann war. Einige andere Texte habe ich erst jetzt geschrieben, wobei ich die literarischen Stile der sechziger Jahre aufgegriffen habe. »Wortkatze« ist ein Stückchen konkrete Lyrik, ein Sprachspiel, nach Methoden der Avantgarde gebaut.

Viele Bälle in der Luft

Zu den zitierten Musikstücken gehört das »Lautgedicht« von Josef Anton Riedl. Mit dem Komponisten haben Sie bei Ihren ersten Kurzfilmen zusammengearbeitet.

Während des Studiums bin ich oft in Konzerte mit Neuer Musik gegangen. Karl-Amadeus Hartmann veranstaltete damals in München die Reihe »musica viva«. Ende der fünfziger Jahre drehte ich im Auftrag der Bavaria Verkehrserziehungsfilme – 5-Minuten-Spots, jede Woche einen –, und nutzte diese Arbeit zum Experimentieren. Ich hatte von elektronischer Musik gehört und machte mich auf die Suche nach einem Komponisten. Vom Tonkünstler-Verband erfuhr ich den Namen Josef Anton Riedl.
Er hatte am Oskar-von-Miller-Ring ein Studio für elektronische Musik, das einzige in München. Finanziert wurde es von Siemens: Riedl konnte die Herren vom Vorstand überzeugen, daß die Firma neue Wege beschreiten müsse in der Erforschung der Klangerzeugung. Übrigens machte er sein Experimentalstudio allen Komponisten zugänglich, die auf dem Gebiet der elektronischen Musik arbeiten wollten. Alle wichtigen Komponisten der Neuen Musik kamen irgendwann vorbei: Boulez, Ligeti, Berio und Kagel. Auch Nikos Mamangakis, den ich dort kennenlernte.
Ich war fasziniert von der Arbeit dieses Studios. Ihre Struktur entsprach der Filmarbeit: Man entwarf zunächst eine Art Drehbuch, dann wurde mit Klanggeneratoren

das Material produziert und aufgenommen. Mit Hilfe der Elektronik ließen sich rhythmische Formen realisieren, die manuell unspielbar sind. Die Tonbänder sammelten sich an wie bei Dreharbeiten das Filmmaterial. Anschließend erfolgte der Schnitt, wozu man die Bänder auf parallel zueinander laufenden Spuren montierte, und die Mischung. Avantgardistisch waren auch die ästhetischen Prinzipien, nach denen das Material geordnet wurde: Wiederholung und Phrasierung, die Verbindung von heterogenem Material, die Arbeit nach dem Zufallsprinzip.
Diese Methoden, die Zeit nach bestimmten Rhythmen zu strukturieren, habe ich versucht, in die Filmarbeit zu überführen. Für meine Kurzfilme schrieb ich keine Drehbücher, sondern Partituren (mit einer eigens erfundenen Notation).

Am Anfang der Filmographie von Edgar Reitz, dem Erzähler mit dem langem Atem, steht ein Kurzfilm: »Geschwindigkeit«.

Norbert Handwerk, Inhaber der Münchner Insel Film, war von meiner Partitur beeindruckt: Er ließ mir freie Hand und ermöglichte mir, über ein Jahr – der Film ist 13 Minuten lang – an diesem Experiment zu arbeiten. Die Montage erfolgte nach musikalischen Gesichtspunkten, das gesamte Formenalphabet der Avantgarde wurde durchbuchstabiert. Der Grundgedanke: Geschwindigkeit ist eine Erfahrung unserer Zeit, der moderne Straßenverkehr erfordert vom Menschen eine neue, schnellere Wahrnehmung. Entsprechend arbeitete der Film mit kurzen Schnitten: Filme für Autofahrer – und jeder ist heutzutage Autofahrer – sehen anders aus als Filme für Fußgänger.
Die Avantgarde hat neue Welten eröffnet, aber – das ist ihre Tragik – der Kontakt zum Publikum ist gerissen. Vielleicht hat sie einfach ein zu hohes Tempo eingeschla-

gen: Bis Mitte der siebziger Jahre war Fortschritt gleichbedeutend mit Schnelligkeit. Man erfand eine Formenwelt, die nicht mehr kommunikativ ist.

In der »Zweiten Heimat«, gleich zu Beginn im 1. Teil, bekommt Hermann vom schwadronierenden Herrn Edel einige Ratschläge auf den Weg. Mir erschienen diese Sprüche wie Narren-Weisheiten. Eine Sentenz des Herrn Edel möchte ich zitieren: »Die Avantgarde muß langsamer werden.«
Ihr Film enthält viele avantgardistische Elemente und die Dramaturgie folgt keinem konventionellen Muster. Doch bei einem derart langen Film ändert sich auch die Wahrnehmung: Man schaut anders hin, läßt sich anderes zeigen. Die verlangsamte Avantgarde erreicht ein großes Publikum.

Ich habe von der Avantgarde gelernt. Die Neue Musik zum Beispiel lehnt die Harmonie ab, sucht das Unerwartete oder das nicht berechenbare Nebeneinander von Eindrücken. Von solchen Prinzipien habe ich mich leiten lassen. Die konventionelle Dramaturgie, vom amerikanischen Kino geprägt und auch im europäischen Film immer noch vorherrschend, beruht darauf, daß einmal geweckte Erwartungen prompt bestätigt werden müssen. Dieser Dramaturgie widerspricht alle Lebenserfahrung. Sie lehrt uns: erstens kommt es, zweitens anders, drittens als man denkt. Dies gilt auch für »Die Zweite Heimat«. Nie sollte man sich ausrechnen können, was die nächste Szene bringt. Hermann geht zur Aufnahmeprüfung in die Musikhochschule, ihm begegnet dort ein junger Mann namens Juan. Ein erstes Gespräch, und nun verschwindet Hermann im Prüfungszimmer. Der Zuschauer erwartet, daß der eben geknüpfte Kontakt wieder aufgegriffen wird, das Gespräch mit Juan seine Fortsetzung findet.

Doch an unerwarteter Stelle wird Juan wieder auftauchen. Dagegen ist die Dramaturgie des Alltags von lauter Zufällen bestimmt.

Es handelt sich nicht um Zufall. Ich suche nach den Gesetzen, nach denen auch das Leben Ereignisse aneinanderreiht. Nichts, was man berührt, darf einfach verschwinden. Alles muß noch ein zweitesmal vorkommen, nicht nur aus formal-rhythmischen Gründen. Einmal ist Zufall, die Wiederkehr künstlerische Notwendigkeit.

Folgt daraus nicht geradezu ein Wiederholungszwang?

Deshalb mache ich lange Filme: Ich möchte immer viele Bälle in der Luft haben, so daß ich Raum gewinne für das Wiederholungsprinzip – zwischen dem ersten und dem zweiten Auftreten einer Sache kann ich Stunden vergehen lassen.

Der Erzähler muß lügen dürfen

»Heimat« erzählt auch ein Stück Mediengeschichte: Eduard ist ein leidenschaftlicher Amateurfotograf, Paul Simon ein Radiobastler. Anton, der älteste Sohn Marias, wird während des Krieges Kameraassistent in der Propagandakompagnie.
In der »Zweiten Heimat« schildern Sie die Entwicklung des Neuen Deutschen Films anhand der drei Freunde Reinhard, Rob und Stefan. Die jungen Filmemacher präsentieren im Fuchsbau ihr erstes Werk: »Schicksal einer Oper«.

Anfang der fünfziger Jahre war Jean Cocteau in München, besichtigte die Runie der Oper und sagte in einem Interview: »Hier müßte man einen Film machen.«

Vor kurzem ist das Cocteau-Tagebuch veröffentlicht worden. Er schreibt, daß es in Deutschland an Filmmaterial mangelt und »daß alle diese jungen Leute nicht unterscheiden zwischen der Tinte und der fast manuellen Arbeit, die ein Film verlangt«.

Uns – Bernhard Dörries, Stefan Meuchel und mich – kann er nicht gemeint haben. Ich bin in aller Unschuld zu Arnold & Richter gegangen, um eine Kamera auszuleihen. Der alte Arnold, Erfinder der berühmten Arriflex, war ein sonderbarer Herr, der in seinem Fabrikhof umherlief und die weggeworfenen Schrauben aufsammelte. Er stellte mir eine Bedingung: Ich mußte seine Kamera in alle Einzelteile zerlegen und wieder zusammensetzen können. Als ich das gelernt hatte, zogen wir mit einer 35er Arriflex auf dem Fahrradgepäckträger los und filmten die Oper und die Residenz, die ebenfalls noch in Trümmern lag. Unser Rohmaterial stammte von den Amis: Sie warfen 20-Meter-Reste aus der Kassette, und wir sammelten sie wieder auf.

Ich habe Kamera-, Schnitt- und Produktionsassistenz gemacht, Kultur- und Industriefilme gedreht. Dabei habe ich jede Gelegenheit genutzt. Aus nicht verwendeten Aufnahmen für den Industriefilm »Post und Technik« entstand der Kurzfilm »Kommunikation«. Auf einer Südamerikareise, wo ich Aufnahmen für einen Kulturfilm über Baumwolle drehte, machte ich einen Abstecher zu den Ruinen der Maya-Städte und realisierte den experimentellen Dokumentarfilm »Yucatan«. Meine Arbeiten wurden prämiert und zu Festivals eingeladen – mit »Yucatan« und »Kommunikation« war ich 1961 und 1962 bei den Kurzfilmtagen in Oberhausen –, aber ich brauchte eine feste Anstellung: Ich war verheiratet und hatte zwei Kinder zu ernähren. Also bewarb ich mich bei allen möglichen Produktionsfirmen. Eine positive Antwort kam lediglich von Herrn Handwerk, Insel-Film.

Wie hat man sich die Firma vorzustellen?

In einem ehemaligen Tanzsaal hatte man zwei Studios eingerichtet. Im Vorgebäude, früher die Gastwirtschaft, befanden sich ein Tonstudio und zwei Büros. Außerdem gab es noch ein Stadtbüro in der Sonnenstraße, zwei Etagen im Obergeschoß in einem Minikino: Platz für zehn, zwölf Leute, alles nierenförmig geschwungen, ein plüschiger kleiner Vorhang und eine Hausbar. In den fünfziger Jahren gab es ja nichts Schickeres als eine Hausbar. Ansonsten war der Betrieb völlig auf Werbung abgestellt.

Vor kurzem stand die Todesanzeige in der Zeitung: Norbert Handwerk, diverse Firmen und Verbände, Träger des Bayerischen Verdienstordens, Generalkonsul der Republik Ruanda.

Damals hatte er noch keinen Titel. Aber in der Filmbranche war der Konsultitel schon immer sehr verbreitet.
Diesem Mann gegenüber empfinde ich auch heute noch Gefühle der Dankbarkeit. Er hat mir sofort ein ungeheures Vertrauen geschenkt, mir eine eigene Abteilung eingerichtet in seiner Firma, und ich fing an, sein ganzes Firmenimage umzukrempeln. Ich wollte alles in eine experimentell modernistische Richtung treiben. Er hat mich noch jahrelang in seinem Firmenprospekt als Mitarbeiter geführt, und ich hab nicht widersprochen.
Er war ein Chef, zu dem man hingehen und sagen konnte: Ich habe heute nacht etwas geträumt und würde das gerne ausprobieren. Man darf nicht vergessen, daß die sechziger Jahre eine Zeit der Hochkonjunktur waren: Die Firmen investierten in ihre Forschungs- und Entwicklungsabteilungen. Norbert Handwerk verstand etwas vom Geschäft: Aus dem Restmaterial zu »Geschwindigkeit« entstand ein Werbefilm für eine Autorei-

fenfirma, damit hatte die Insel-Film mehr als die Herstellungskosten immer drin.
Konsul Handschuh in der »Zweiten Heimat« ist von ihm inspiriert, doch hat sich die Figur dann anders entwickelt – ein Denkmal konnte ich ihm in diesem Film nicht setzen. Wenn man einer realen Person eine Reverenz erweisen will, ist man nicht mehr frei in der künstlerischen Gestaltung. Überall dort, wo das Private bleibt, wird der Film schwach. Bei »Heimat« ging es mir so bei der Klärchen-Geschichte: Ganze Passagen, die ich gedreht habe und die mir gefielen, mußte ich rausschneiden, weil sie zu sehr persönliche Erinnerung waren und die Fiktion störten.

Die ersten 50 Seiten von Heiner Müllers Autobiographie »Krieg ohne Schlacht« sind enttäuschend. Er wird aufgefordert, etwas über seinen Vater zu erzählen und sagt nur, darüber habe er bereits eine Kurzgeschichte geschrieben. Offenbar gibt es nun nichts mehr zu erzählen. Wird mit der künstlerischen Bearbeitung die persönliche Erinnerung ausgelöscht?

Wenn ich an bestimmte Ereignisse in meinem Leben denke, die ich – wie meine erste Liebe – immer wieder verfilmt habe, kann ich heute nicht mehr mit Bestimmtheit sagen, wie es wirklich war. Erinnerung und Erfindung, ich kann es selbst oft nicht mehr unterscheiden.

Wer eine Sache häufig erzählt hat, verbessert sie immer weiter und weiß irgendwann nicht mehr, wie es tatsächlich war. In der Volkskunde, die sich mit Märchen und Sagen beschäftigt, gibt es den Begriff »zurechterzählen«.

Der ursprüngliche Antrieb zum Erzählen ist der Wunsch, sein Leben zurechtzurücken. Man erzählt Ge-

schichten, um die eigene Biographie zu korrigieren. Und kann dabei alles viel schöner gestalten, sich im Nachhinein Erlebnisse verschaffen, die man nie hatte. »Ein Film ist schöner als das Leben«, hat Truffaut gesagt.
Aber ich muß ein allgemeines Mißverständnis aufdecken. Hermann kommt wie ich aus dem Hunsrück, er geht wie ich nach München zum Studium und wird Künstler. Die Frage liegt nahe und wird oft gestellt: Wieviel Autobiographisches enthält der Film? Die Antwort: Sehr viel weniger, als man denkt. Es handelt sich um einen Trick: Ich begebe mich in Zeiten und Räume, die ich gut kenne – um freier erfinden zu können.

»VariaVision«, ein Höhepunkt in Hermanns Künstlerbiographie, ist keine Erfindung. Während der Internationalen Verkehrsausstellung in München 1965 leistete es sich die Bundesbahn, dieses avantgardistische Unternehmen der Insel-Film zu finanzieren. Die »Süddeutsche Zeitung« schrieb von »einem Extrem an Experiment« und sah in »VariaVision« das »Totalkino der Zukunft«.

»VariaVision« war ein filmisches Perpetuum mobile. Auf Dutzenden von Leinwänden lief das Programm in Permanenz; der Zuschauer wanderte von Leinwand zu Leinwand und setzte sich auf diese Weise seinen eigenen Film im Kopf zusammen. Dann ging es aber noch weiter: Wir haben auch die Leinwand aufgelöst – Auflösung ist ja ein Zauberwort der Avantgarde. Ich hatte eine raffinierte Lamellentechnik erfunden: Die Leinwände bestanden aus schmalen Segmenten, die motorisch angetrieben wurden und herumgekippt werden konnten, so daß der Projektionsstrahl sie nicht mehr traf. Vor dem Auge des Zuschauers entstanden Projektionsflächen und verschwanden auch wieder. Es gab Momente, wo auf allen Leinwänden ein durchgehendes Bild zu sehen war, ein riesiges Panoramabild in Rundum-Projektion. Im

nächsten Augenblick zersplitterte es und löste sich in 120 kleine selbständige Elemente auf.
Wir haben uns den Scherz erlaubt, bei der Filmbewertungsstelle in Wiesbaden ein Prädikat zu beantragen. Nun konnte man »VariaVision« nicht dort hinschicken, also mußte die Kommission anreisen. Die Herren gingen durch die Halle, es wurde eigens für sie dieses Perpetuum mobile eingeschaltet, und nach einer Stunde zogen sie sich in ein Konferenzzimmer zurück. Ergebnis: Prädikat »besonders wertvoll«.

Existieren die Filme noch?

Ja, »Yucatan« und »VariaVision« kommen in der »Zweiten Heimat« vor, doch ich habe sie nicht direkt zitiert. Man kann den Figuren nicht immer die eigenen Werke andichten. Außerdem: Solange ich in der Erinnerung mit diesen Dingen umgehe, verändere ich sie, verfälsche sie auch und passe sie meiner Geschichte an. Das Zitat ist nicht veränderbar und nicht wirklich Bestandteil der Geschichte; das Verwenden von Dokumenten in einer Fiktion reißt immer aus der Erzählung heraus. Es bindet den Erzähler an die Wirklichkeit. Man muß aber immer lügen dürfen.

Die Obermünchhausener

Die Geburtsstunde des Neuen Deutschen Films ist das Oberhausener Manifest von 1962. Sie gehörten zu den Mitunterzeichnern, und in der »Zweiten Heimat« verbreitet das Filmemacher-Kleeblatt Reinhard, Rob und Stefan den berühmten Slogan »Papas Kino ist tot«.

Es begann mit einem lockeren Freundeskreis, einem Stammtisch der Kurzfilmer. Man traf sich jeden Donnerstag in einem chinesischen Restaurant – im »Hong-

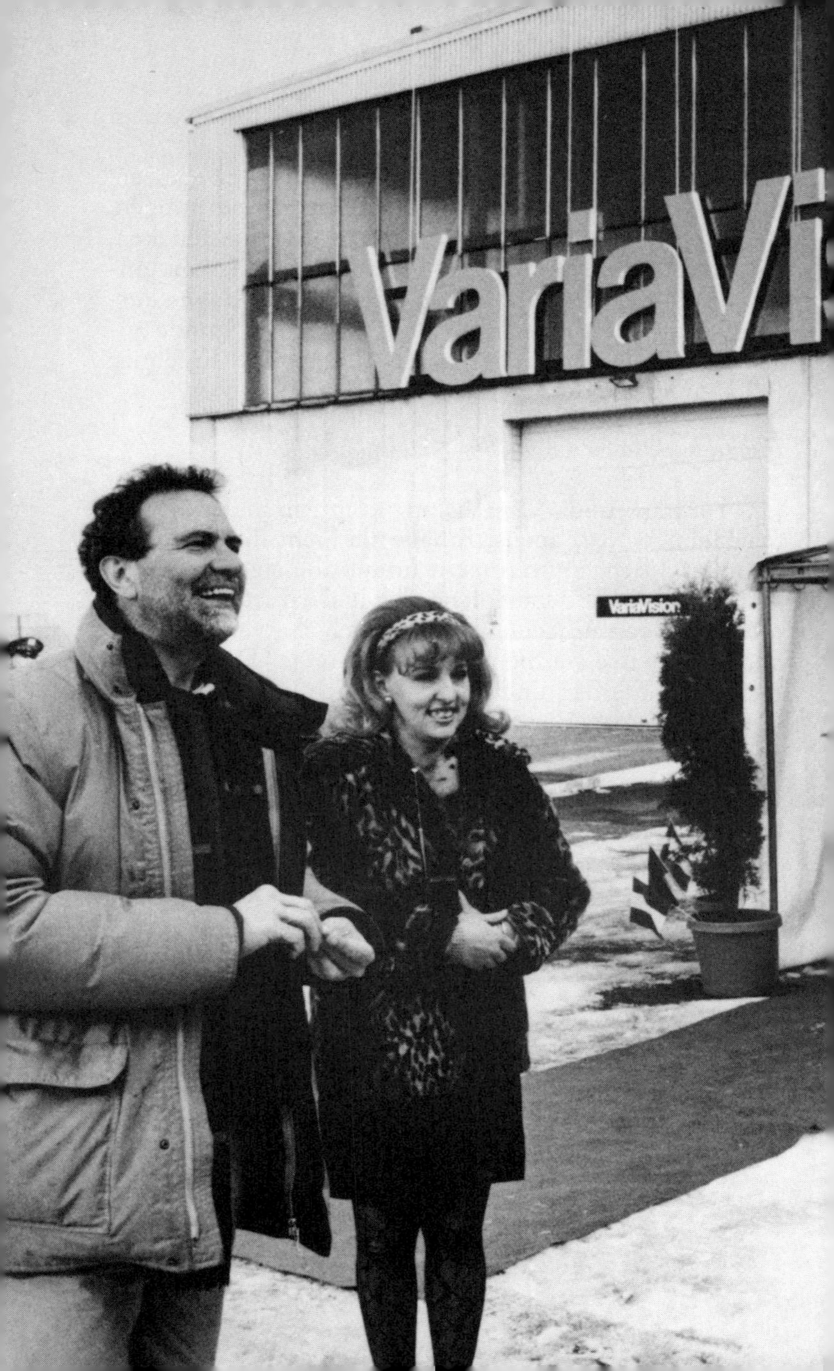
VariaVi
VariaVision

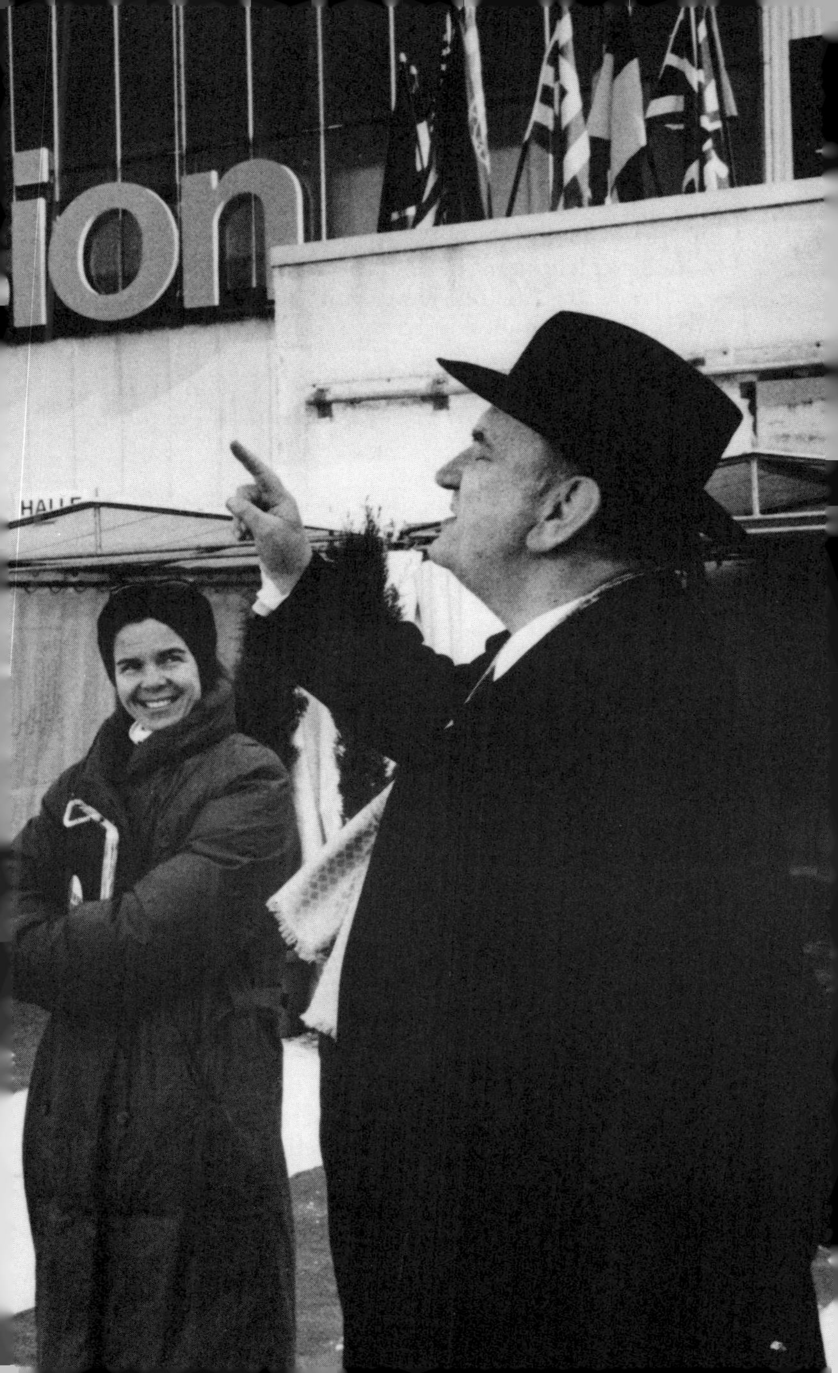
ion
HALLE

kong« in der Tengstraße, oben im Nebenzimmer. Haro Senft war dabei, auch Peter Schamoni, mit dem ich zusammen Theater gemacht hatte. Für Schamonis Dokumentarfilm »Brutalität in Stein« hatte Alexander Kluge die Texte geschrieben; er stieß später hinzu. Die Altbranche krachte zusammen, die Ufa machte pleite. Das war der letzte Anstoß, jetzt traute man sich, den Mund aufzumachen. In diesem Kreis ist das Oberhausener Manifest formuliert worden.

Die Oberhausener Gruppe war eigentlich eine Münchner Gruppe.

Deswegen nannte man sie die Obermünchhausener.

In dem Wortspiel steckt auch der Lügenbaron. Wieviel Bluff war dabei, als die Oberhausener wie selbstverständlich den Anspruch erhoben, den Neuen Deutschen Film zu schaffen?

Wir wollten keine Kurzfilme mehr machen, sondern jeder verfolgte Spielfilmideen. Nach dem Oberhausener Manifest ging man nicht mehr nach Oberhausen. Man hatte ein Versprechen einzulösen.
Wir waren alle schlecht ausgebildet – eigentlich gar nicht. Unsere Arbeitsweise war den Dokumentarfilmteams nachgebildet, und es gab Bereiche – Maske, Kostüm, Ausstattung zum Beispiel –, von denen man keine Ahnung hatte. Die Continuity-Problematik kannten wir nicht. Unseren ersten Spielfilmen ist es anzusehen; »Mahlzeiten« zum Beispiel wirkt wie ein Pseudo-Dokumentarfilm. Man filmte mit der Handkamera – immer die Nouvelle Vague vor Augen. Bei der Rollengestaltung gab es diese merkwürdige Vermischung zwischen dem Privaten und der Figur; die Darsteller spielten sich alle selbst. Auch die Arbeitsorganisation kann man nur lai-

enhaft nennen. Bei »Mahlzeiten« bestand unser Team aus sechs Leuten: Regisseur, Kameramann, sein Assistent, Tonmann, ein Scriptgirl, das gleichzeitig Regieassistenz machte, und Aufnahmeleiter. Er war außerdem für die gesamte Organisation und die finanzielle Abwicklung zuständig. In diesem Rahmen sind alle Filme des Neuen Deutschen Films entstanden.
Es war alles recht abenteuerlich. Aus der Unprofessionalität haben wir eine Tugend gemacht, sie ließ sich verbinden mit den Prinzipien der Avantgarde. Zum Beispiel die Auflösung der Kontinuität: Was schadete es, daß wir die Continuity-Probleme nicht bewältigen konnten, Sprünge im Erzählfluß führten zum angestrebten Bruch mit der Fiktion. Es gibt Filmemacher, die diese Mischung von Avantgarde und Laienkunst ihr Leben lang fortgesetzt haben.

Herbert Achternbusch zum Beispiel.

Er ist später geboren, später dazugekommen, aber eine ganz typische Erscheinung des sogenannten Neuen Deutschen Films.
Für mich war eines Tages ganz entscheidend, aus dieser Ecke herauszukommen. »Professionell« war für uns früher ein ähnlich schlimmes Wort wie »Unterhaltung«. Profesionell war die Altbranche. Heute verstehe ich darunter die Anwendung aller Mittel auf dem Niveau der internationalen Filmproduktion. Warum sollten wir schlechter sein als der kommerzielle Film?

1968, zugespitzt

Nach E.T.A. Hoffmanns Erzählung »Das Fräulein von Scuderi« hatte ich ein Drehbuch geschrieben, doch mein Interesse galt nicht der Literaturverfilmung. »Cardillac« war zugleich ein Portrait meines Vaters, der Uhrmacher

und Goldschmied war. Also eine sehr individuelle Geschichte, und mein erster Fehler war, daß ich diesen zutiefst persönlichen Stoff dem aktuellen Diskussionsstand der Studentenbewegung anzupassen versuchte. Es wurde nicht bloß das Buch verfilmt, sondern auch die Reflexion darüber: Die Darsteller diskutierten ihre Rolle, und auch das wurde in den Film aufgenommen.
Es war eine sehr typische 68er Geschichte, und ich war nicht unschuldig daran. Wir drehten in Berlin, wo die Debatten am heftigsten waren. Die antiautoritäre Bewegung stellte Herrschaftsstrukturen in Frage und wollte sie auch im kulturellen Überbau abschaffen. Demokratisierung hieß die Parole. Die Arbeitsteilung in der Kunst galt als ein Abbild der Feudalgesellschaft. Wir wollten erproben, ob man im Film kollektiv arbeiten kann. Ich setzte mich selbst ab, wollte nicht länger die Rolle des Regisseurs spielen. Nachts wurde diskutiert und gemeinsam das Programm für den nächsten Drehtag festgelegt. Als ich merkte, daß der Film schlecht wird, habe ich versucht, die Produktion zu retten und wieder die Macht zu ergreifen. Mein zweiter Fehler.
Es kam zu einem regelrechten Aufstand. Ich hatte eine Drehbuchprämie, DM 200.000 vom Bundesinnenministerium, und nun hieß es, das sei Geld des Volkes, und im Namen des Volkes enteignete das Team den Regisseur. In diesem Chaos – die Dreharbeiten mußten unterbrochen werden – tauchte plötzlich Ulrike Meinhof mit ihren Zwillingen auf; sie hatte gerade ihren Ehemann in Hamburg verlassen und suchte eine Kamera, um ihren »Bambule«-Film für den Südwestfunk zu drehen. Die Kamera mußte ihr zur Verfügung gestellt werden. Aber ich habe das Heft wieder in die Hand bekommen. Nach dem Abbruch der Dreharbeiten stellte sich heraus, daß ein Teammitglied sämtliche Tonaufnahmen heimlich beiseite geschafft hatte. Erst nach monatelangen Verhandlungen bekam ich sie ausgehändigt: Alle Diskussi-

onsteile, mehrere tausend Meter Material, waren gelöscht worden. Ich habe dann in München den Film alleine fertiggestellt.

Die Dreharbeiten zu Stefans Spielfilm in Teil 12 der »Zweiten Heimat« entgleisen auf ähnliche Art: Das Team rebelliert gegen den Regisseur. Und im Hintergrund einer Szene ist das Original-Filmplakat zu »Cardillac« zu sehen.

Diese Geschichte habe ich übernommen, weil ich die 68er Mentalität nie wieder so zugespitzt erlebt habe. Außerdem konnte ich die Pointe mit der amerikanischen Produktion, auch eine sehr zeittypische Geschichte, hineinbringen: Letztlich bezahlt Hollywood die Revolte gegen Stefan. Trotzdem erscheint mir die Episode in der »Zweiten Heimat« nicht ganz geglückt.
Meine Haltung zu der Figur Stefan ist merkwürdig ambivalent. Ich weiß nie, ob er mir leid tut oder ich ihm ganz gerne Schaden andichte. Vielleicht liegt es an seiner bürgerlichen Herkunft. Stefan ist eben einer, der Jura studiert hat. Allgemein empfinde ich Juristen als geheimnislose Menschen, weil sie sich immer nach der Macht ausrichten. Juristen sind Pragmatiker, und das kann ein Künstler nicht sein.

Hermann ist etwas zu alt, um aktiv an der Studentenbewegung teilzunehmen: Er ist schon ein junger Familienvater. Aber nicht zuletzt durch Schnüßchen, eine »Spätstudentin«, wird er mit den antiautoritären Ideen konfrontiert.

Beim Erzählen bin ich hier ein bißchen in Not geraten. Der Freundeskreis bricht auseinander: Alle streben in den Beruf, in ihre Karriere; die Liebesgeschichten sind in Sackgassen geraten oder haben sich in Ehen verwandelt.

In dieser Situation, wo die Clique zerfällt, formiert sich an anderer Stelle ein neues Gruppengefühl: die ApO. Ich konnte sie nicht zum zentralen Thema machen, dazu hätte ich andere Figuren gebraucht: Personen aus der Generation, die eigentlich die Studentenbewegung bildete. Hermann hat 1960 das Abitur gemacht; er konnte 1968 kein Student mehr sein. Aber er hat noch so viele unerfüllte Träume in sich, daß er den Rebellen näher steht als den Establishment.

Renate sagt im Film: »Wir sind für die Revolution genau acht Jahre zu alt.« Sie sind noch einmal acht Jahre älter als Ihr Hermännchen. Wie haben Sie persönlich 1968 erlebt?

Die Demonstrationen fanden vor unserer Haustür statt: Wir wohnten in München in unmittelbarer Nähe zum Springer-Haus in der Schellingstraße. Man floh vor der Polizei in unsere kleine Wohnung und startete von dort aus wieder ins Gefecht. Wir beteiligten uns an allen möglichen politischen Aktivitäten und Aktionen, gingen zum Beispiel auf die Berliner Filmfestspiele mit der Absicht, sie nach den damals üblichen Methoden umzufunktionieren.
Die ersten Produktionen des Neuen Deutschen Films entstanden im Jahr 1966. Mit Kluges »Abschied von gestern«, an dem ich mitarbeitete, begann es. 1967 habe ich meinen ersten Spielfilm »Mahlzeiten« gemacht. Und dann kam 1968. Das Publikum wurde mehr und mehr zur Zielgruppe degradiert, der künstlerische Kreativitätsprozeß abgewürgt. In jeder Diskussion, bei der es um Film, Literatur oder Kunst ging, wurde immer nur die Frage gestellt: in wessen Auftrag und Diensten? Der Antrieb aus dem eigenen Ich, dem innersten, individuellen Bereich, war schlicht indiskutabel. Solchen bürgerlichen Individualismus konnte man nicht rechtfertigen,

und ich habe es ja auch eingesehen. Der permanente Legitimationszwang hemmte meine Phantasie: Fast alles, was ich machte, war nicht ausreichend begründbar, und ich kam mir immer wie ein gemaßregelter Schulbub vor. Man konnte nicht frei werden. Niemand konnte diesem Anspruch der 68er Linken gerecht werden, und die heftigsten Kämpfe haben sich als Fraktionskämpfe abgespielt. Sobald man irgendetwas Spontanes machte, war man Links- oder Rechtsabweichler.

Wie sieht Ihre Bilanz aus: Waren es verlorene Jahre? Herr Edel verheißt Hermann am Anfang: »Der erste von euch, der ideologiefrei wird, wird Erfolg haben.«

Erfolg ist nicht alles. Ich empfinde gegenüber dieser Zeit eine Trauer, die irritierend ist. 1968 steht für eine Zeit des Aufbruchs; inzwischen haben wir Abschied nehmen müssen von den einstigen Utopien. Die Stimmung, die am Ende der »Zweiten Heimat« herrscht, führt in unsere Gegenwart hinein. Wir sind ideologiefrei geworden, wie Edel sagt, wir sind erfolgreich geworden. Aber wir sind ziemlich ratlos und ohne Perspektive. Nicht einmal die Rückbesinnung wird radikal betrieben; man erledigt dies eher im Sinne einer Stippvisite bei Muttern. Es ist eine verhältnismäßig komfortable Gesellschaft, in der wir leben. Zukunftsentwürfe gibt es nicht, wir leben in einer Gesellschaft ohne Vison und Hoffnung.

Deutschland ist ein Buch mit herausgerissenen Seiten

Der Aufstand der Jugend gegen das Establishment schuf ein Wir-Gefühl: Eine ganze Generation rebellierte gegen die Eltern, die unter dem Verdacht standen, mit den Nazis kollaboriert zu haben. Ich halte die sechziger Jahre genauso für eine Brutstätte von Geschichten wie die dreißiger, in denen das Dritte Reich entstanden ist.

> »Heimat« ist in Amerika heftig attackiert worden. In dem Wochenblatt »Village Voice« hieß es, die Ungeheuerlichkeiten der deutschen Geschichte dürften nicht in einer Atmosphäre des Gewöhnlichen und Alltäglichen beschrieben werden. Und in der »New York Review of Books« wurde die Frage aufgeworfen: »Was ist mit Auschwitz? Wo bleibt das moralische Urteil des Regisseurs?«

Man hat mir den Vorwurf gemacht, »Heimat« würde den Deutschen das Vergessen, das Verdrängen der Nazi-Verbrechen erleichtern. Der Film wurde als Ausdruck des Helmut-Kohl-Staates hingestellt. So leicht sollte man es sich nicht machen. Es gibt die Geschichte von Otto Wohlleben: Als Halbjude verliert er seine Ingenieursstelle und wird zum Bombenentschärfen abkommandiert – ein Himmelfahrtskommando. Irgendwann gehört dem Uhrmacher Kröber in Simmern das Haus; es war ganz billig, denn die jüdischen Eigentümer hat man vertrieben. Aber das sind Geschichten am Rande; das Schicksal der Juden im Dritten Reich ist nicht Thema des Films, und ich weigerte mich, nur um solchen Angriffe von vornherein zu begegnen, einen »Pflichtjuden« (wie es ihn in fast jeder Fernsehspiel-Produktion gibt, die diesen Zeitabschnitt behandelt) in die Geschichte einzubauen.

Deutschland ist ein Buch mit herausgerissenen Seiten, es fehlt ein ganzes Kapitel. Meine Mutter hat immer gesagt, das war eine verlorene Zeit: Als Hitler an die Macht kam, war sie 22 Jahre alt, bei Kriegsende 35. Deswegen war es für mich viel wichtig, den Nationalsozialismus der kleinen Leute zu schildern. »Weihnachten wie noch nie«, Teil 3 von »Heimat«, spielt 1934/35: Das Gefühl der deutschen Innigkeit unter dem Christbaum ließ sich instrumentalisieren, die deutsche Weihnacht entpuppte sich als Kriegsvorbereitung. Das kleine Licht,

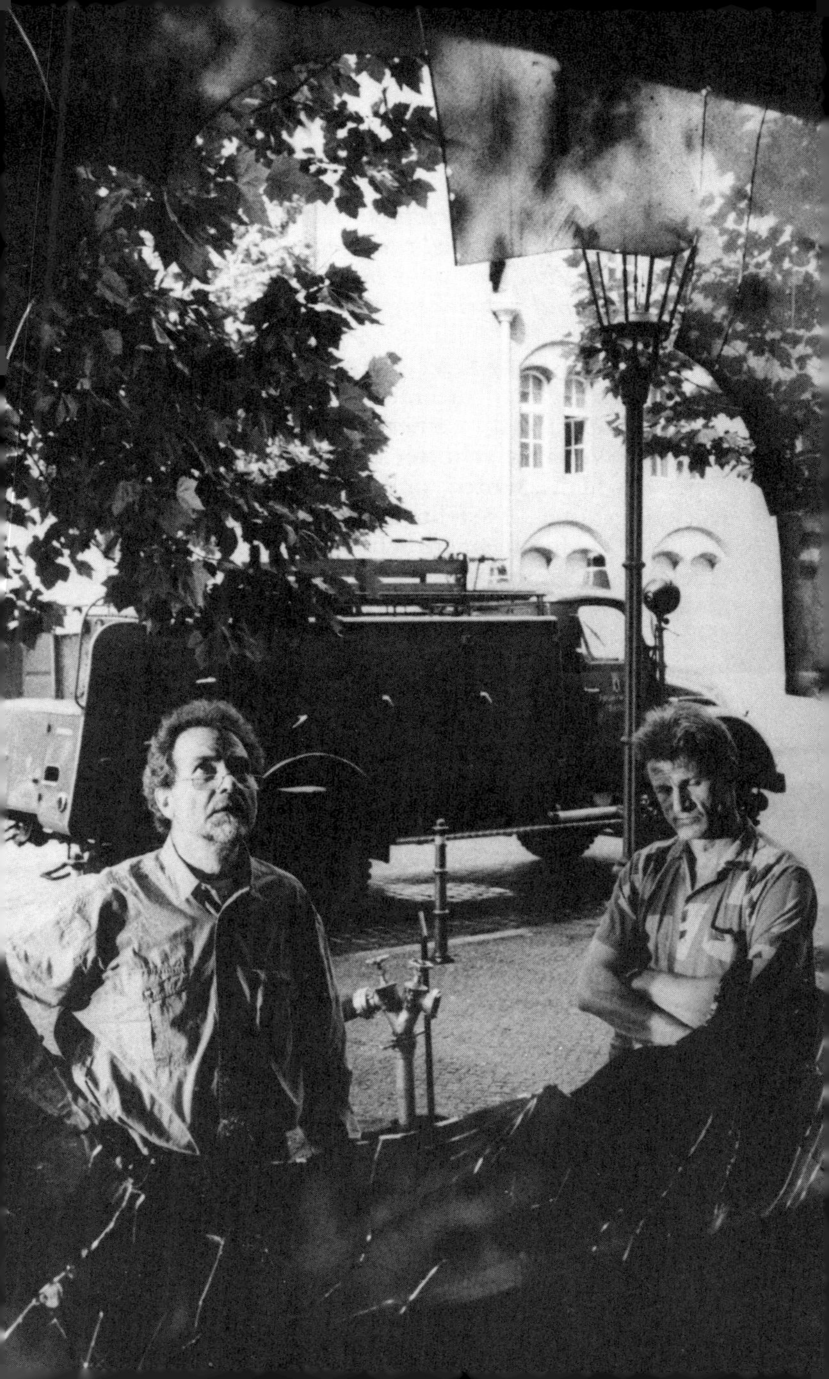

der Mitläufer, war am Ende eine kleine, unbedeutende Leiche.

Das Elternhaus stellt Heimat dar. Das Schicksal von Esther, die in Venedig lebt und eigentlich Anspruch auf die Cerphal-Villa hat, steht für die Heimatlosigkeit der aus Deutschland vertriebenen Juden.

Dieser Erzählstrang setzt sich zusammen aus verschiedenen Geschichten, die mir im Leben begegnet sind. Ich habe selbst mal in einer Villa gewohnt, die der Erbin eines Verlages gehörte. Und dann wollte ich eines Tages ein Haus kaufen, und es wurde mir ein Grundstück angeboten. Es stellte sich heraus, daß der Verkäufer es 1934 durch einen Scheinvertrag von dem jüdischen Eigentümer übertragen bekommen hatte und dieser im Exil gestorben war. Da das Grundstück im Grundbuch auf den neuen Namen eingetragen war, konnte man es ihm nicht mehr nehmen. Ich habe intensive Recherchen angestellt, obwohl ich das Haus gar nicht mehr kaufen wollte, es war mir unheimlich geworden. Die dritte Geschichte: Ich war mit einer Frau befreundet, deren Vater ein SS-Mann war und ihre Mutter eine Jüdin, die man deportiert hat. Ihr Leben lang war sie auf der Suche nach der Mutter, deren Spuren sich irgendwo verlieren, und zugleich liebte sie ihren Vater, bei dem sie aufgewachsen war. Ich habe einen Weg gesucht, diese Geschichten zu vereinen: die Verlegervilla, die Bürger mit ihrem Kampf ums Eigentum, aber auch die Welt der gutsituierten Intellektuellen, in der sich so eine tragische Verbindung ergeben konnte wie die zwischen dem feschen SS-Mann und der jüdischen Tochter aus gutem Hause. Es gab ja auch jüdische Familien mit deutschnationaler Gesinnung, Ausnahmefälle von privilegierten Juden, denen die Nazis zunächst nichts antaten.

Esthers Verhältnis zum Deutschtum ist vollkommen widersprüchlich, es hat ihre Identität bis zum Kern erschüttert. Esther Goldbaum denkt deutsch, spricht deutsch, müßte aber eigentlich alle Deutschen hassen. Ihr Vater hat ihre Mutter ans Messer geliefert, sie weiß es. Sie müßte ihn hassen und liebt ihn. Als Reinhard bei ihr in Venedig ist, gesteht sie ihm: »Das ist mein Vater, Herr Gattinger, ein SS-Mann.« Er erzählt von seinem Vater, der Flieger bei der Legion Condor im Spanischen Bürgerkrieg war und Bomben auf Guernica geworfen hat. Darauf sagt Esther zu ihm: »Dann ist dein Vater also auch ein Mörder!?« Und er sagt: »Ja, aber lieb. Und er hat meine Mutter glücklich gemacht, wenigstens ein paar Jahre.« Solche Ambivalenzen faszinieren mich.

Künstlerische Arbeit ist niemals naiv

»Heimat« hatte eine erstaunliche Resonanz. Offensichtlich spiegelte der Film kollektive Erinnerungen; viele Menschen erkannten ihre eigensten Lebenserfahrungen wieder. Bisher empfanden sie ihr Leben als eher durchschnittlich und ziemlich langweilig. Der Film gibt ihnen das Gefühl, auch ihre Geschichte sei es wert, aufgezeichnet zu werden.

Seit der Sendung von »Heimat« habe ich mindestens 100 Lebensläufe und Lebensgeschichten zugeschickt bekommen. Dicke Manuskripte, vorwiegend von älteren Menschen. Sie haben sich die Mühe gemacht, ihre Lebensgeschichte aufzuschreiben. In bewegten Zeiten haben sie Schweres durchgemacht und blicken nun – mit einem gewissen Stolz, was sie alles überstanden haben – zurück auf ihre Biographie. Es handelt sich um »wahre Geschichten«, auch wenn dem Lebensbericht immer ein leichtes Pathos beigefügt ist, um ihm den Charakter des Besonderen zu verleihen. Für den Historiker mag das interessantes Quellenmaterial sein. Doch die Leute schicken mir diese Aufzeichnungen, weil sie ihre Biographie für verfilmenswert halten. Dahinter steckt ein grundlegendes Mißverständnis.

Die künstlerische Arbeit ist niemals naiv. Nicht ein starkes Gefühl, sondern Formbewußtsein ist ihre Voraussetzung. Es handelt sich immer um Prozesse des Entdeckens und der Verarbeitung. Das ursprünglich autobiographische Material wird einem Prozeß der Objektivierung unterworfen. Distanz ist notwendig: Die Lebensgeschichte darf nicht Selbstdarstellung bleiben, sondern muß Material werden: Jeder Satz, jedes Wort, jedes Bild, jede Bewegung, jeder Gestus ist auseinandernehmbar und veränderbar. Vielleicht ist der Begriff »Objektivierung« falsch, weil er etwas Abstraktes impliziert. Gemeint ist damit: Die Geschichte muß aus der Gefühlssphäre des Subjekts herausgerissen werden, so daß man mit ihr arbeiten kann. Das Material muß Bestandteil einer Konstruktion werden – der Künstler nähert sich den Dingen, indem er sich von ihnen entfernt. Erst dann fängt die Geschichte an zu leben.

Der Umgang mit dem Material und seinen Eigengesetzlichkeiten kann einen weit entfernen von dem ursprünglichen Plan. Auch von dem tatsächlichen Geschehen, das vielleicht einmal den Ausgangspunkt bildete. Die Verpflichtungen gegenüber dem Material sind immer größer als gegenüber der Wahrheit. »Die Zweite Heimat« kann nicht als zeitgeschichtliche Quelle über die sechziger Jahre dienen, denn Erlebtes und Erfundenes vermischen sich ununterscheidbar. Aber der Zuschauer mobilisiert sein eigenes Leben oder seine eigenen Erinnerungen, und so nähert sich der Film wieder einer subjektiven Wahrheit. Im Film stecken so viele Wahrheiten, wie er Zuschauer findet.

Die Arbeit mit dem Material erfolgt nach formalen Gesetzen, die sich auch aus dem Medium herleiten. Mit dem Projekt »Heimat«/»Zweite Heimat« – ein Werk eigener Art, das eine Spieldauer von mehr als 42 Stunden hat – sprengen Sie alle bisher gekannten Dimensionen des Kinos.

Wie lang kann ein Film sein? Es gibt keine generellen Grenzen: Vom Sekundenfilm bis zur Endlosschleife, alles ist vorstellbar. Die Ausmaße werden bestimmt vom Stoff und der Erzählweise; die Literatur mit ihrem Formenreichtum hat uns das längst vorexerziert. Der klassische 90-Minuten-Spielfilm führt zu einer novellistisch zugespitzten Form und ist immer noch einer Theater-Dramaturgie verhaftet. Eine epische Erzählweise läßt sich damit nur schwer vereinbaren.
Versuche, aus der novellistischen Form auszubrechen, gibt es seit Anfang der Filmgeschichte. Erich von Stroheims »Greed« ist ein frühes Beispiel. Meist sind sie auf eine entsetzliche Weise gescheitert an den Geschäftspraktiken der Branche: Die Filme wurden fürchterlich verstümmelt, bevor sie in die Öffentlichkeit gelangten; ihre ursprüngliche Form ist heute nicht einmal mehr rekonstruierbar. Aber man hat immer wieder versucht, aus dem 90-Minuten-Schema auszubrechen. Ingmar Bergman hat mit »Szenen einer Ehe«, der eher feuilletonartig ist, bis »Fanny und Alexander«, der durchaus Romancharakter hat, die lange Form gesucht. Auch »1900« von Bertolucci ist ein Film dieser Art; es gibt viele weitere Beispiele.

Fassbinders »Berlin Alexanderplatz« war – darüber mögen später Kulturhistoriker sich Gedanken machen – eine fast zeitgleiche Produktion wie »Heimat«. Auch Fassbinders 16stündiges Epos sprengte die konventionelle Seriendramaturgie.

Ich habe bei keiner Unterbrechung verstanden, warum, die Aufteilung in 13 Folgen ist willkürlich. »Berlin Alexanderplatz« ist ein Film mit einer durchgehenden Erzählung, wirklich ein filmischer Roman. Vom erzählerischen Bedürfnis empfinde ich eine sehr große Verwandtschaft. Nicht im Stil: Fassbinders Film spielt in einer Studioatmosphäre, einer künstlichen Welt, in der Dunkelheit eine sehr große Rolle spielt – es ist immer und ewig Nacht in diesem Film, und die Figuren agieren theatralisch, fast expressionistisch. Auch die Sprache, das Berlinern, ist stark stilisiert (wie früher das Kunstbayerisch, das Fassbinder sich von Marie-Luise Fleißer abgeguckt hat). Aber er hat eine solche Affinität zu Döblins Welt, daß »Berlin Alexanderplatz« eben nicht nur eine Literaturverfilmung ist, sondern in ganz vielen Elementen originärer Fassbinder: Franz Biberkopf scheint weniger einem fremden Roman entsprungen als dem Fassbinderschen Werk. Auch die Frauen sind Fassbinder-Frauen. Das ist echtes Autorenkino.

Spiel mit dem eigenen Ruin

Sie sind nicht nur Autor und Regisseur des Films, sondern auch der Produzent.

Ich habe alle meine Filme selbst produziert. Natürlich gerät man dabei in entsetzliche Konflikte. Wenn ich nachts etwas träume – und während der Drehzeit träumt man jede Nacht von dem Film –, möchte ich am nächsten Tag etwas davon in die Arbeit hinüberretten und denke nicht mehr ans Geld. Ich komme dann oft mit Ideen, die jeden Produktionsleiter wahnsinnig machen müssen.

Bei jedem Film habe ich wirtschaftliche Abenteuer auf mich genommen zugunsten der künstlerischen Beweglichkeit. Es macht schon einen Unterschied, ob man fremdes Geld riskiert oder mit seinem eigenen Ruin spielt.

Zum Autorenfilm-Prinzip gehört es, daß der Regisseur sich nicht in Abhängigkeit begibt, sondern seine Filme selbst produziert, also eine eigene Produktionsgesellschaft gründet. Meist sind diese Firmen in der Größenordnung eher mit kleinen Handwerks- oder Familienbetrieben vergleichbar. Projekte wie »Heimat« und »Die Zweite Heimat« erfordern ein Großunternehmen.

Großunternehmen ist übertrieben, wirklich mächtige und finanziell potente Produktionsfirmen sehen anders aus. Seit Anfang der siebziger Jahre hat meine Firma in der Agnesstraße zwei Schneideräume, eine kleine Vorführung und zwei Büros. Für »Die Zweite Heimat« haben wir im Hinterhaus eine Etage mit sechs oder sieben Zimmern hinzugemietet; das reichte nicht aus, so daß wir in der Theresienstraße Räume für den Kostümfundus und die Masken- und Garderobenabteilung zusätzlich mieten mußten. Auch bei mir zuhause waren bald fast alle Räume belegt. Bis zu 70 Personen waren zeitweise in der Produktion beschäftigt, Mitarbeiter in den technischen und organisatorischen Bereichen. Allein um die Spesen auszuzahlen und die Gagen abzurechnen, braucht man zwei Leute. Besondere Ausmaße nimmt das an, wenn an einem Drehtag viele Komparsen beteiligt sind; manchmal haben wir bis zu zehn Maskenbildner beschäftigt.

Wieweit delegieren Sie diese Arbeit während des Drehens? Besteht nicht die Gefahr, daß Sie – mitten in der Hektik des Produktionsalltags den Überblick über die finanzielle Situation verlieren?

Zur Tätigkeit des Produzenten gehört, daß ich während des Drehens jeden Abend nach der Arbeit ins Büro gehe. Jede Überweisung – Rechnungen zwischen 3,80 DM und 350.000 DM – wird von mir unterschrieben; ich will über jede Mark, die ausgegeben wird, Bescheid wissen. So habe ich, selbst wenn ich es nicht nachrechnen kann, immer ein Verhältnis zu den laufenden Produktionskosten. Ich spüre, wann wir kürzer treten müssen. Die Rohfilmrechnungen werden zu hoch, also muß ich mit dem Kameramann darüber sprechen, daß wir die Klappen kürzer drehen müssen.

Die Produzentenrolle ist für mich eigentlich der anstrengendste Teil. Es ist der Umstieg in eine andere Existenzform: Plötzlich ist man Geschäftsmann und muß sich mit der Kalkulation, der Finanzierung, Vertragsfragen, Urheberrechtsangelegenheiten, der Steuererklärung und der Bilanz beschäftigen. Als Produzent verausgabt man sich, doch das Ergebnis ist nie ganz befriedigend. Kommt man mit dem Geld aus und hat am Ende keine Schulden, gilt es schon als Erfolg. Ein wirklicher Erfolg wäre, wenn man sich Freiheit für das nächste Projekt erwirtschaften könnte.

Liebeserklärung an das Leben

»Heimat« war ein Filmereignis, das ein lange Zeit verdrängtes Thema wieder in die gesellschaftliche Diskussion brachte. Die Wahl des Titels war ausgesprochen mutig, schließlich stand der deutsche Heimatfilm für verlogenen Kitsch. Sie haben einen fragwürdig gewordenen Begriff – politisch mißbraucht, kommerziell ausgenutzt – wieder rehabilitiert.

Diese publizistische Resonanz hat auch mich etwas überrollt. Der Film ist nicht gemacht worden, um den Titel zu illustrieren, sondern ich habe ihn »Heimat« ge-

nannt, weil dieses Wort nicht übersetzbar ist in andere Sprachen, das damit verbundene Gefühl aber allgemein menschlich ist. Das ist die einzige Form der Identität mit einer Kultur, die ich akzeptiere.
Heimat ist etwas Verlorenes, hat mit Erinnerung zu tun, mit Kindheit, mit den frühen Erfahrungen, die ein Mensch macht, und ist etwas, was man als Erwachsener immer auf eine sehnsüchtige Weise sucht. Wir leben in einer Epoche von neuen Völkerwanderungen, sind immer mehr umgeben von Menschen, die Heimat verlieren und die dieses Gefühl, auch den Schmerz, die Wunde des Verlustes in sich tragen. Und dafür kein Wort haben oder nur Umschreibungen.
Das Wort Heimat ist an sich unschuldig. Daß reaktionäre Volkstümler oder die Nazis dieses Wort benutzt haben, darf uns nicht abschrecken. Im Gegenteil: Warum soll man es ihnen überlassen? Man kann den Begriff nicht einfach als ideologisch abtun. Nein, dieses Wort bezeichnet eine Realität, eine reale Erfahrung. Es ist in jedem Menschenleben verschieden; manch einer hat sich sehr weit entfernt oder muß erst Umwege gehen, doch ohne ein Verhältnis zu seiner Heimat findet er keine Identität.

»Die Zweite Heimat« endet nicht damit, daß Hermann und Clarissa sich finden. Nach der Begegnung in Amsterdam, wo sie sich ihre Liebe gestehen, verschwindet Clarissa. Hermann ist allein im Hotelzimmer. Im Spiegel sieht er sein Bild und wirft plötzlich einen Aschenbecher in den Spiegel: Er kann sich nicht mehr ertragen. Aber nun sieht er sein Bild vervielfältigt in den Scherben auf dem Fußboden.
Man kann sich selbst nicht entkommen. Hermann ist an einem Wendepunkt in seinem Leben, er kehrt – nicht für immer – in seine Heimat zurück. Auch Sie haben diese Erfahrung gemacht: Nach einem Mißerfolg sind Sie in

den Hunsrück zurückgekehrt und haben mit »Heimat« einen neuen Anfang gefunden.

Ich war immer ein sogenannter »heimatloser Intellektueller«, um in der Nazi-Terminologie, in der Tradition der Diffamierung von Worten zu bleiben. In den sechziger Jahren, den siebziger Jahren war es für mich wichtig zu betonen: Das Deutsche spielt in meiner Vorstellungswelt keine Rolle – ich verstand mich als Europäer. Doch in einem bestimmten Moment meines Lebens stieß ich auf diese Frage und konnte an ihr einfach nicht vorbei. Meine gesamte berufliche Existenz war in Frage gestellt, ich befand mich in einer Krise, denn ich hatte überhaupt keinen Erfolg, kein Glück. Bevor ich mich entscheiden konnte, ganz neu anzufangen, war es wichtig, den Weg noch einmal zurückzugehen. Wie war es dazu gekommen, daß ich als Kind einer Handwerkerfamilie aus dem Hunsrück, wo niemand in der ganzen Verwandtschaft eine Universität besucht hatte, diesen Weg gegangen bin. Ich bin darauf gestoßen, daß ich mit meiner sogenannten Fortentwicklung, mit meiner sogenannten intellektuellen Reifung eine Unmenge von Bildern und Geschichten verloren hatte.

Sieben Jahre Arbeit, das bedeutet auch: Sie haben mit dem Film gelebt. Nun ist die Arbeit abgeschlossen – empfinden Sie darüber Trauer oder Befriedigung?

Beides. Der unfertige Film war mir lieber; jetzt ist auch »Die Zweite Heimat« abgeschlossenes, überschaubares Material. Andererseits: Man hat etwas geschaffen, etwas in die Welt gesetzt – und jetzt lebt der Film weiter. Erzählen ist keine einseitige Angelegenheit, auch nicht beim Film: Das Publikum dichtet weiter. Für den Autor ist dies oft ein überraschendes Erlebnis, er erfährt, daß sein Film mehr enthält, als ihm bewußt gewesen ist. Es kann passieren, daß der Film, den die Leute sehen, schöner ist als der Film, den man gedreht hat. Das möchte ich erreichen.

Filmen bedeutet, so ein berühmter Satz von Godard, dem Tod bei der Arbeit zuzusehen. In vielen Szenen der »Zweiten Heimat« wird Abschied genommen. Ich denke dabei an den frühen Tod von Ansgar und Reinhard, aber auch an das Verrinnen der Zeit. Im Film sagt Clarissa: »Jeden Augenblick stirbt etwas. Jetzt ist Hermanns Hochzeit auch schon wieder vorbei.«

Grundmotiv für jede künstlerische Aktivität ist, dem Flüchtigen Bestand zu verleihen. Je flüchtiger etwas in der Wirklichkeit (im Leben) ist, um so reizvoller die Aufgabe, es künstlerisch darzustellen. Die »ewigen« Themen oder die »Wahrheiten« sind eher Sache der Philosophie als der Kunst. Thema der Kunst ist das zerbrechliche Leben. Zerbrechlich, also immer vom Tod und Zerfall bedroht, ist unsere gesamte Existenz. Die Augenblicke des Lebens zu beschreiben, die Geschichte der Sekunden zu erzählen, das ist insbesondere die Aufgabe der Filmkunst. Es ist ihre eigene Faszination, daß wir mit Hilfe der Kamera Bewegungen festhalten können, wir bewegtes Leben konservieren. Film kann Zeit wiederholbar machen.
Ich will nicht dem Tod bei der Arbeit zusehen, ich will ihm ein Stück Leben entreißen. Jeder Künstler kämpft mit seiner Arbeit gegen die Vergänglichkeit. In unserem Gedächtnis zerfällt die Vergangenheit in lauter Facetten und Bruchstücke, Fragmente der Erinnerung. Das vergangene Leben ist ein Scherbenhaufen in unserer Seele. Der Künstler baut aus diesen Scherben ein neues Leben. Letztlich ist dies der Grund, warum ich Filme mache: Aus Liebe zum Leben.

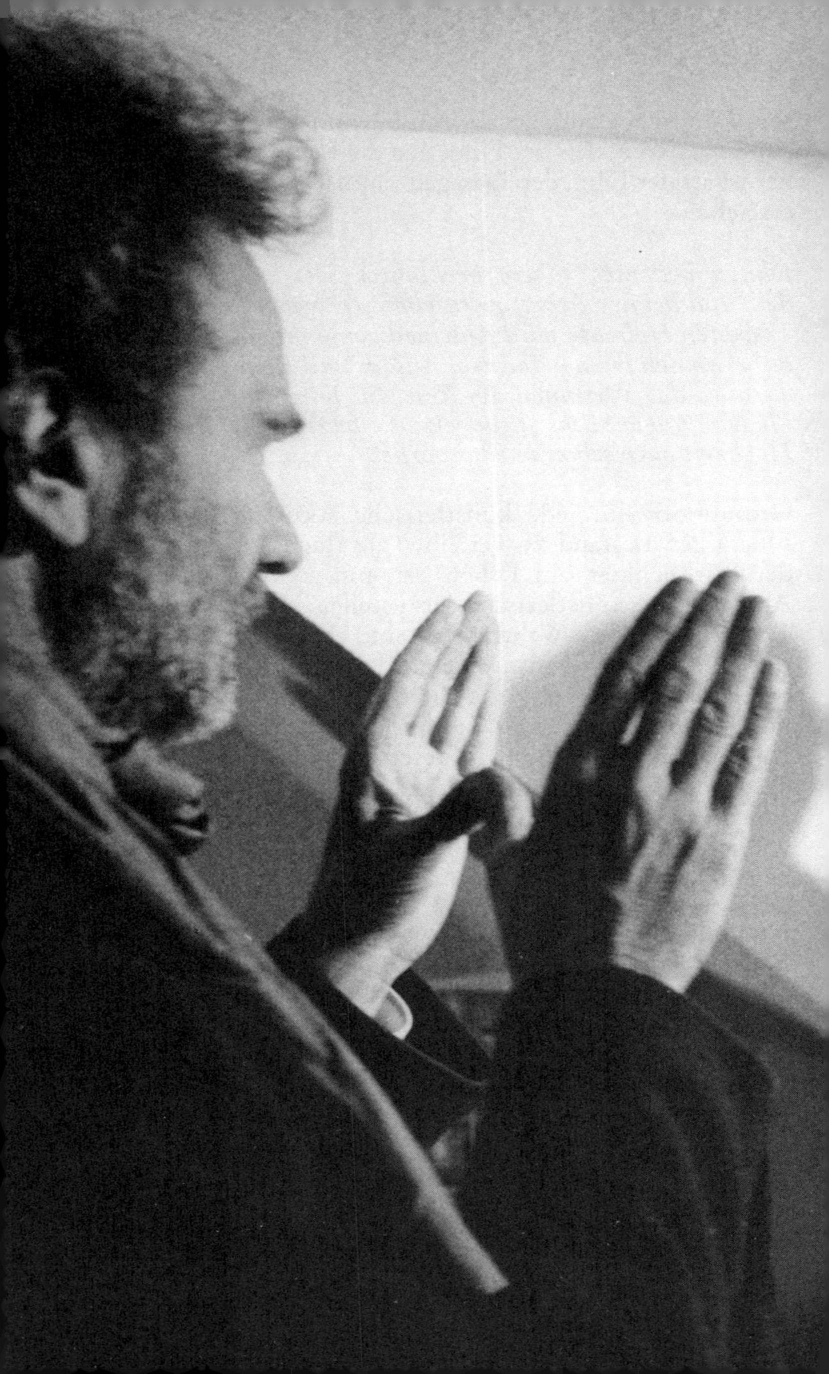

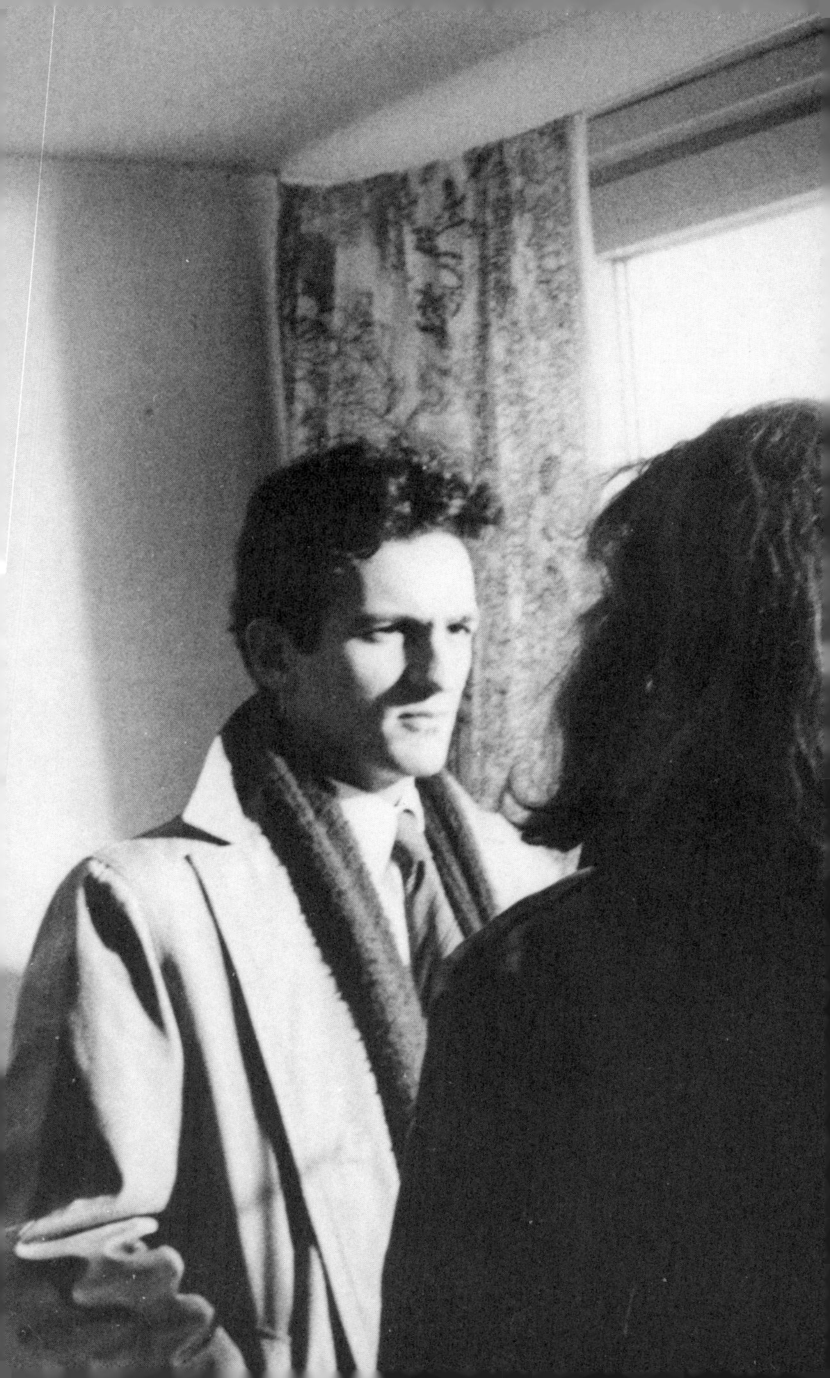

Filmographie

Heimat
Eine Chronik in elf Teilen

1. Fernweh. (119 Min.) – 2. Die Mitte der Welt. (90 Min.) – 3. Weihnacht wie noch nie. (58 Min.) – 4. Reichshöhenstraße. (58 Min.) – 5. Auf und davon und zurück. (58 Min.) – 6. Heimatfront. (58 Min.) – 7. Die Liebe der Soldaten. (59 Min.) – 8. Der Amerikaner. (102 Min.) – 9. Hermännchen. (138 Min.) – 10. Die stolzen Jahre. (82 Min.) – 11. Das Fest der Lebenden und der Toten. (100 Min.).

Regie: Edgar Reitz. *Drehbuch:* Edgar Reitz, Peter Steinbach. *Bildgestaltung:* Gernot Roll. *Musik:* Nikos Mamangakis. *Casting/Co-Regie:* Robert Busch. *Schnitt:* Heidi Handorf. *Ausstattung:* Franz Bauer. *Kostüme:* Reinhild Paul, Ute Schwippert, Regine Bätz. *Maske:* Lore Sottung, Paul Schmidt, Birgit Reinert, Ruth Noe, Evelyn Döhring, Rita Feigl. *Ton:* Gerhard Birkholz. *Mischung:* Willi Schwadorf. *Regie-Assistenz:* Elke Vogt, Martin Höner. *Schnitt-Team:* Ursula Goetz-Dickopp, Caroline Meier, Margarete Rose, Kirsten Liesenborghs, Carola Aulitzky. *Kamera-Assistenz:* Rainer Gutjahr. *Beleuchtung:* Klaus Weischer, Günther Bauer. *Standfotos:* Christian Reitz. *Kamerabühne:* Heinz Sottung, Herbert Sporrer, Volker Meyer. *Baubühne:* Ernst Tietze, Helmut Gistke. *Requisite:* Peter Junghans, Bernd Klinkert. *Scriptgirl:* Monica Fritz. *Garderobe:* Ilse Brassers, Doris Hunnius, Lilli Weckmüller. *Pyrotechnik:* Charly Baumgartner. *Geschäftsführung:* Inka Buss. *Produktionsfahrer:* Horst Wilhelm, Harald Sullivan.

Darsteller: Marita Breuer (Maria Simon), Dieter Schaad (Paul Simon), Michael Lesch (junger Paul), Eva Maria Bayerwaltes (Pauline Kröber), Karin Kienzler (junge Pauline), Rüdiger Weigang (Eduard Simon), Gertrud Bredel (Katharina Simon), Karin Rasenack (Lucie Simon), Willi Burger (Mathias Simon), Eva-Maria Schneider (Marie-Goot), Wolfram Wagner (Mäthes-Pat), Mathias Kniesbeck (Anton Simon), Markus Reiter (mittlerer Anton), Rolf Roth (Kind Anton), Michael Kausch (Ernst Simon), Roland Bongard (mittlerer Ernst), Ingo Hoffmann (Kind Ernst), Peter Harting (Hermann Simon), Jörg Richter (junger Hermann), Sabine Wagner (Martha Simon), Johannes Lobewein (Alois Wiegand), Hans Jürgen Schatz (Wilfried Wiegand), Gabriele Blum (Lotti Schirmer), Kurt Wagner (Glasisch-Karl), Johannes Metzdorf (Fritz Pieritz), Gudrun Landgrebe (Klärchen Sisse), Jörg

Hube (Otto Wohlleben), Arno Lang (Robert Kröber), Gertrud Scherer (Martha Wiegand), Marlies Assmann (Apollonia), Helga Bender (Martina), Andreas Mertens (Horstchen), Alexander Scholz (Hänschen Betz), Joachim Bernhard (Pollak), Thomas Kylau (Hauptmann Zielke), Gerd Riegauer (Gschrey), Kurt Wolfinger (Gauleiter Simon), Otto Henn (Glockzieh), Manfred Kuhn (Wirt), Virginie Moreno (Reiterin), Rudolf Wessely (Emigrant) u.a.

Produktion: Edgar Reitz Filmproduktions GmbH, München / SFB, Berlin / WDR, Köln. *Produktionsleitung:* Inge Richter. *Aufnahmeleitung:* Jo Schäfer, Dieter Duhme, Carl Hoestermann, Eric Nellessen, Florian Richter, Klaus Handorf. *Produktions-Assistenz:* Anne Neunecker, Dagmar Heyer. *Redaktion:* Joachim von Mengershausen (WDR), Hans Kwiet (SFB).
Länge: 15 h, 22 min (TV-Fassung); 15 h, 31 min (Kinofassung). *Format:* 35 mm, s/w und Farbe. *Drehorte:* Woppenroth, Rohrbach, Gehlweiler, Maitzborn, Griebelschied sowie 45 weitere Orte im Hunsrück, Wiesbaden, Baden-Baden, Regensburg, München, Koblenz, Trier. *Drehzeit:* 30. 4. 1981 – 31. 10. 1982 (282 Tage). *Uraufführung:* 30. 6/ 1. 7. 1984, München (Filmfest).

Die Zweite Heimat
Chronik einer Jugend in 13 Filmen

1. Die Zeit der ersten Lieder. (119 Min.) – **2. Zwei fremde Augen.** (115 Min.) – **3. Eifersucht und Stolz.** (116 Min.) – **4. Ansgars Tod.** (100 Min.) – **5. Das Spiel mit der Freiheit.** (119 Min.) – **6. Kennedys Kinder.** (108 Min.) – **7. Weihnachtswölfe.** (110 Min.) – **8. Die Hochzeit.** (120 Min.) – **9. Die ewige Tochter.** (118 Min.) – **10. Das Ende der Zukunft.** (132 Min.) – **11. Zeit des Schweigens.** (120 Min.) – **12. Die Zeit der vielen Worte.** – (121 Min.) – **13. Kunst oder Leben.** (115 Min.).

Regie: Edgar Reitz. *Drehbuch:* Edgar Reitz. *Kamera:* Gernot Roll (Film 1-5), Gerard Vandenberg (6-8), Christian Reitz (9-13). *Musik:* Nikos Mamangakis. *Casting/Co-Regie:* Robert Busch. *Schnitt:* Susanne Hartmann. *Ausstattung:* Franz Bauer. *Kostüme:* Bille Brassers, Nikola Hoeltz. *Maske:* Mia Schoepke. *Ton:* Heiko Hinderks, Manfred Banach, Rainer Wiehr, Heymo Heyder, Reinhard Gloge. *Mischung:* Manfred Arbter. *Tonschnitt:* Friederike Treitz. *Regie-Assistenz:* Stefan Spreer, Friederike von Aigner. *Schnitt-Team:* Helga Beyer, Beate von Strauch, Birgit Trautwein, Marina Arxleben, Verena Grimm, Virginie Said, Pia Orlando. *Kamera-Assistenz:* Herbert Sporrer, Constantin Kesting, Erwin Lanzensberger, Christoph Dammast, Daniel Dietenberger. *Kamera-Bühne:* Gerhard Utz, Peter Kunze, Mirko Wittig. *Licht-Team:* Heinrich Pfeilschifter, Francisco Bataller, Franz Hujber, Klaus Weischer, Hans Hiendl, Mirko Wittig, Holger Seidel, Josef Hujber. *Standfotos:* Graziano Arici, Rolf von der Heydt, Stefan Spreer. *Ton-Assistenz:* Alois Unger, Ernst Münzhuber, Rudolf Hellwig, Holger Gimpel, Gottfried Drexler, Thomas Rennert, Olaf Behrens, Heino Herrenbrück. *Kostüm-Assistenz:* Yella Rottländer, Reinhard Klebeck. *Requisite:* Les Oelvedy, Axel Meinhardt, Konrad Schnell, Christian Hartmann, Christian Meyer, Herbert Ratzesberger, Frank Peter Scheffel. *Continuity Script:* Patricia Leray, Ulla Geiger, Kirsten Liesenborghs, Martina Niegel, Sandra Piffrader. *Garderobe:* Stefanie Bieker, Barbara Zumstein, Nadine Wittig, Antje Stallmann, Elke Müller, Hermann Luther. *Maskenbildner:* Sabine Utke, Ulrike Madey, Gert Reitinger, Hannelore Faber. *Bauentwurf Hexenpassion:* Toni Lüdi. *Trickberatung:* Theo Nischwitz. *Choreographie:* Susanne Reitz. *Spezialeffekte:* Max Gretmann, Ulli Nefzer. *Lichtbestimmung:* Ingrid Lingenberg, Jens Vosswinkel. *Synchronaufnahmeleitung:* Teda Vogel, Sandra Schwittau. *Geschäftsführung:* Ursel Reinfeld, Renate Urban. *Produktionsfahrer:* Malte Bittner, Jo Baumgärtel, Roman Geib.

Darsteller: Henry Arnold (Hermann Simon), Salome Kammer (Clarissa Lichtblau), Anke Sevenich (Schnüßchen, alias Waltraud Schneider), Noemi Steuer (Helga Aufschrey), Daniel Smith (Juan Ramon Fernandez Subercaseaux), Gisela Müller (Evelyne Cerphal), Michael Seyfried (Ansgar Herzsprung), Armin Fuchs (Volker Schimmelpfennig), Martin Maria Blau (Jean-Marie Weber), Michael Schönborn (Alex), Lena Lessing (Olga Müller), Peter Weiß (Rob Stürmer), Frank Röth (Stefan Aufhäuser), Laszlo I. Kish (Reinhard Dörr), Susanne Lothar (Esther Goldbaum), Sabine von Maydell (Elisabeth), Franziska Traub (Renate Leineweber), Holger Fuchs (Bernd), Michael Stephan (Clemens), Carolin Fink (Katrin), Hannelore Hoger (Elisabeth Cerphal), Manfred Andrae (Gerold Gattinger), Franziska Stömmer (Frau Ries), Hanna Köhler (Frau Moretti), Fred Stillkrauth (Kohlenjosef), Kurt Weinzierl (Dr. Bretschneider), Edith Behleit (Mutter Lichtblau), Reinhold Lampe (Dr. K.), Eva Maria Schneider (Marie-Goot), Eva Maria Bayerwaltes (Tante Pauline), Alexander May (Konsul Handschuh), Gwendolyn von Ambesser (Haselchen, seine Frau), Thomas Kylau (Eberhard Zielke), Marinus Georg Brandt (Herr Groß), Johanna Bittenbinder (Erika), Anna Thalbach (Trixi), Irene Kugler (Marianne Westphal), Veronika Ferres (Dorli), Hannes Deming (Vater Aufschrey), Tana Schanzara (Oma Aufschrey), Alfred Edel (Herr Edel), Ute Cremer (Tommys Mutter), Dieter Steinbrink (Tommys Vater), Tommy (Daniel Muck), Wolf-Dietrich Berg (Mercedes-Fahrer), Horst Reichel (Immobilienmakler), Robinson Reichel (Immobilienmakler), Ossi Eckmüller

(Nachbar), Wookie Mayer (Dagmar), Dirk Salomon (Dirk), Abbie Conant (Camilla) u.a.

Produktion: Edgar Reitz Filmproduktion GmbH, München / WDR, Köln / SFB, Berlin / BR, München / NDR, Hamburg / SWF, Baden-Baden / HR, Frankfurt / BBC, London / TVE, Madrid / SVT, Stockholm / A 2, Paris / arte / NRK, Oslo / YLE, Finnland / ORF, Wien / DR, Dänemark / SBS, Australien. *Produktionsleitung:* Inge Richter, Joachim Huth, Karl Markgraf, Cornel Neata. *Aufnahmeleitung:* Laszlo Varga, Florian Nilson, Susanne Kümpel, Helmut Dinkl. *Produktions-Assistenz:* Katharina Hembus, Heike Weidler, Inga Gordan, Michaela Meier, Meada Mounajed. *Redaktion:* Joachim von Mengershausen.
Länge: 25 h., 15 min. *Format:* 35 mm, s/w und Farbe, Stereo-Lichtton.
Drehorte: München, Berlin, Wasserburg, Neuburg, Dülmen, Rosenheim, Augsburg, Heidelberg, Köln, Paris, Straßburg, Venedig, Amsterdam, Ammersee und im Hunsrück. *Drehzeit*: 18.1.1988-7.11.1991 (557 Tage). *Uraufführung:* 31.8-7.9.1992, Internationale Filmfestspiele Venedig / 5.9.-8.9.1992, Münchner Prinzregententheater.

Geschichten aus den Hunsrückdörfern
117 Min., 35 mm, s/w und Farbe
Dokumentarfilm, gedreht im März 1980. *Regie, Buch, Kamera:* Edgar Reitz. *Mitarbeit:* Peter Steinbach. *Regie-Assistenz:* Petra Kiener. *Kamera-Assistenz:* Christian Engländer. *Ton:* Vladimir Vizner. *Schnitt:* Heidi Handorf. *Schnitt-Assistenz:* Claudia Remak. *Musik:* Nikos Mamangakis. *Produktionsleitung:* Inge Richter, Dagmar Heyer. *Redaktion:* Joachim von Mengershausen. *Produktion:* Edgar Reitz Filmproduktion GmbH 1981

Ein Denkmal für den Hunsrück
Ein paar Tage mit Edgar Reitz
45 Min.
Buch und Regie: Christa Tornow. *Kamera:* Jörg Schömmel. *Ton:* Hasso Scheele, Peter Braun, Alexander Mc Ghie. *Tonmischung:* Egon Nietzsch. *Schnitt:* Heidemarie Warlich. *Sprecherin:* Margit Schwalm. *Produktion:* SWF, Landesstudio Rheinland-Pfalz 1982

Beständiger Wechsel
Das Dorf, die Zeiten und der Heimatfilm
55 Min., Video
Buch und Regie: Stephan Köster. *Kamera:* Stephan Köster, Manfred Scheer. *Ton:* Jörg Eberle, Michael Nopens. *Schnitt:* Jörg Eberle, Stephan Eberle. *Technik:* Adi Schnell. *Produktionsleitung:* Monika Siebert. *Redaktion:* Joachim von Mengershausen. *Produktion:* Tag/Traum Filmproduktion Köln im Auftrag von WDR 1984

Abschied vom Drehbuch
Edgar Reitz dreht »Die Zweite Heimat«
76 Min., 16 mm, Farbe
Regie: Petra Seeger. *Kamera:* Kay Gauditz. *Schnitt:* Jean-Marc Lesguillons. *Produktion:* Wolfgang Ettlich München im Auftrag des WDR 1990

Bis zum Augenblick der Wahrheit
Edgar Reitz bei der Vorbereitung zu seinem Film »Die Zweite Heimat«
Beobachtet von Robert Busch
68 Min., Video
Kamera: Christian Reitz, Stefan Spreer. *Ton:* Brian Greenman, Lorenz Kloska, Carsten Steigerwald. *Schnitt:* Helga Beyer. *Postproduktion:*

Kajetan Forstner. *Produktionsleitung:* Inge Richter. *Redaktion:* Christhart Burgmann. *Regie:* Robert Busch. *Produktion:* Edgar Reitz Filmproduktion GmbH 1993 im Auftrag des WDR

Liebe zum Kino
Porträt Edgar Reitz
62:30 Min., Video
Regie und Buch: Gretl Brand, Rainer Ostendorf. *Kamera:* Torbjörn Karvang. *Ton:* José Luis Delgado. *Schnitt:* Alexander Gorny. *Sprecher:* Bernhard Murer, Brigitte Naulet. *Produktionsleitung:* Uwe Herpich. *Redaktion:* Axel Hofmann, Suzanne Biermann. *Produktion:* FADMA Audio- und Videoproduktion Köln im Auftrag von WDR / arte / Inter Nationes 1993

Ein Film kommt auf die Welt
82 Min., Video
Regie: Petra Seeger. *Kamera:* Kay Gauditz, Klaus Sturm. *Schnitt:* Josef van Ooyen. *Produktion:* Tag/Traum Filmproduktion Köln im Auftrag von WDR / arte 1992.

Edgar Reitz – Return to Heimat
Written and presented by Carole Angier. 59'36 Min. Film Cameramen: Jürgen Martin, John Daly, Ron Corbet, Colin Waldeck. Sound Recordists: Heimo Sahliger, Jim Greenhorn, Bruce Gallaway. Dubbing Mixer: Aad Wirtz. Dubbing Editor: Mark Summers. Video Tape Editor: Ed Wooden. Rostrum Camera: Bert Walker. Programme Servicing Manager: Warwick Gee. Unit Managers: Paula Leonard, Susan Wills. Subtitels: Carole Angier, Andrew Jenkins. Production Assistants: Linda Dalling, Alma Pegg, Beth Millward, Carol Akillian. Executive Producers: Nigel Williams, Andrew Snell. Film Editor: Malcolm Daniel. Director: Nadia Hagger. Production: BBC London 1993.

Bibliographie

Interviews sowie Drehberichte und Artikel zu verschiedenen Aspekten der Rezeption werden chronologisch aufgeführt, Kritiken und Aufsätzen alphabetisch nach Verfassernamen erfaßt.
Redaktionsschluß dieser Bibliographie: 10. März 1993

Edgar Reitz/Peter Steinbach: »Heimat. Eine deutsche Chronik«. Nördlingen (Greno) 1985. Taschenbuchausgabe: ebd. 1988. (= Greno 10/20 99).

Edgar Reitz: »Heimat. Eine Bildchronik«. München (Bucher) 1985.

Edgar Reitz: »Die Zweite Heimat. Chronik einer Jugend«. München (Goldmann) 1993.

Edgar Reitz: »Liebe zum Kino. Utopien und Gedanken zum Autorenfilm 1962 – 1983«. Köln (Köln 78) 1984.

Interviews

Frauke Liesenborghs: »›... die Nähe zu den Menschen nicht einzubüßen‹«. In: medium. 1983. H. 2/3. S. 56 – 59.

Bernd Eichinger/Edgar Reitz: »Ein Gespräch«. In: Neue Constantin Film: Presseheft zu »Heimat«. München 1984, unp. – Auszug in: Cinema, Hamburg. 1984. H. 9. S. 35.

Thomas Thieringer: »In eine Welt gelangen, in der es Lebensglück gibt«. In: Süddeutsche Zeitung, 17.10.1984.

Armin Weyand: »Heimat: eine Entfernung. Ein Gespräch mit Edgar Reitz über den Hunsrück, seine verlassene Heimat, die Faschismus-Darstellung und den Farbwechsel«. In: Frankfurter Rundschau, 20.10.1984.

Thomas Wessel: »Heimat – die große Sehnsucht«. In: Hessische Allgemeine, 21.10.1984.

Pierre Murat: »Entretien avec le raelisateur Edgar Reitz: ›Comment cela fut-il possible?‹« In: Télerama. 1984. H. 1819. S. 27 – 29.

Louis Marcorelles: »›Un peu plus fort que la vie elle-même‹«. In: Le Monde, 22.11.1984. (Interview mit Edgar Reitz und Marita Breuer.)

Marie-Claude Reverdin: »Qu'elle était brune ma vallée... Un entretien avec Edgar Reitz«. In: Le Nouvel Observateur, 23.11.1984.

Suzanne Ragondin: »Edgar Reitz: ›J'avis besoin de me retrouver‹«. In: Libération, 24./25.11.1984.

Don Ranvaud: »Germany through a looking glass«. In: The Guardian, 24.11.1984.

A. Kieffer/A. Tournès/B. Nave: »Edgar Reitz parle de Heimat«. In: Jeune Cinéma. 1984. Nr. 162. S. 33 – 36.

H.-E. Hess: »›Heimat‹ – das Filmkonzept aus dem Familien-Album«. In: fotomagazin. 1985. H. 9. S. 6 – 11.

Heike Hurst/Daniel Sauvaget: »Rencontre avec Edgar Reitz«. In: Revue du Cinéma. 1986. H. 405. S. 74-78.

Franz A. Birgel: »You can go home again«. In: Film Quarterly. 1986. Nr. 4. S. 2 – 10.

Leonardo Quaresima/Elfie Reiter: »La vita non scrive romanzi«. In: Edgar Reitz: »La cinepresa e l'orologio«. Hg. von Leonardo Quaresima. Florenz (La casa usher) 1988. S. 13 – 22.

Joachim Schmitt-Sasse: »Ich hoffe, daß ich so bin wie die Leute«. In: medium. 1989. H. 1. S. 12 – 15.

Joachim Schmitt-Sasse: »Risse gehen durch jeden«. In: Deutsche Volkszeitung/die tat, 24.2.1989.

Michael W. Schlicht: »Gespräch mit Edgar Reitz«. In: Michael W. Schlicht/Siegfried Quandt (Hg.): Szenische Geschichtsdarstellung. Marburg (Hitzeroth) 1989. (= Geschichte. Grundlagen und Hintergründe 2). S. 89 – 104.

Gerdin Linthorst: »In donkere hoeken, daar werkt de fantasie«. In: De Volkskrant, 12.10.1990.

Petra Seeger: »Der Autor arbeitet Tag und Nacht«. In: WDR: Presseheft zu »Die Zweite Heimat«. Köln 1991. S. 26 – 29.

Thomas Thieringer: »Der neue Blick auf die eigenen alten Gefühle«. In: Süddeutsche Zeitung, 11.9.1991.

Thomas Thieringer: »Mit der Ankunft in München war die Angst vorbei«. In: Süddeutsche Zeitung, 12.9.1991.

Margret Köhler: »›Es gibt keinen deutschen Film‹«. In: film-dienst. 1991. H. 20 (1.10.1991). S. 8 – 10.

Thomas Thieringer: »Wie's ›Herrmännsche‹ aus Schabbach '68 nach Schwabing zieht«. In: Frankfurter Rundschau, 19.8.1992.

Angie Dullinger: »Wir müssen weitergehen, ohne unsere Vergangenheit zu verlieren«. In: Abendzeitung, München, 29./30.8.1992.

Gebhard Hölzl/Andreas Bildt: »›Seifenopern – die haben was!‹«. In: Münchner. 1992. H. 9. S. 28 – 29.

Sibylle Penkert: »Die Zweite Heimat«. In: Filmfaust. 1992. H. 86. S. 8.

Klaus Eder: »›Es ist in dieser Welt keine Wärme‹«. In: Filmbulletin. 1992. H. 5. S. 25 – 35.

Goggo Gensch: »Nichts ist interessanter als die Lebenszeit«. In: Stuttgarter Nachrichten, 17.11.1992.

Hans M. Eichenlaub: »›Die Hingabe an den Augenblick‹«. In: Die Weltwoche, Zürich, 3.12.1992.

Brigitte Pätzold: »Dans la mine d'or du temps«. In: l'Humanité, 16.12.1992.

Philippe Cusin: »Edgar Reitz: 'L'identité allemande est faite de cassures«. In: Le Figaro, 21.12.1992.

Heike Hurst: »›Deutschland ist ein Buch mit rausgerissenen Seiten...‹«. In: Kino. Informationsdienst der Export-Union des Deutschen Films. 1993. H. 1. S. 5.

Christiane Peitz: »Erzählen, erzählen«. In: die tageszeitung, 12.2.1993.

Peter Praschl/Hilke Rosenboom: »Die zweite Heimat des Edgar Reitz«. In: Stern. 1993. H. 10 (4.3.1993). S. 44 – 58.

Zu »Heimat«

Drehberichte, Aspekte der Rezeption

Alf Mayer: »Heimkehr in den Hunsrück. Edgar Reitz dreht in seiner Heimat ›Made in Germany‹«. In: Der Tagesspiegel, Berlin, 20.12.1981.

Waldemar Schmidt: »Poetischer Realismus mit heimatmusealen Funktionen: ›Made in Germany‹. Edgar Reitz dreht im Hunsrück eine elfteilige Familiengeschichte für die ARD-Häuser WDR und SFB«. In: Funk-Korrespondenz, 6.1.1982.

Arnold Hohmann: »Das Fenster öffnen und den elften Teil sehen. Die Filmarbeit als ein Stück Leben: Edgar Reitz dreht eine zehnteilige Serie über den Hunsrück«. In: Süddeutsche Zeitung, 18.1.1982.

Wilhelm Roth: »Ein amphibisches Ereignis. Edgar Reitz' elfteilige TV-Serie ›Heimat‹ hatte Kino-Premiere«. In: epd/Kirche und Rundfunk. 1984. H. 53 (7.7.1984). S. 3 – 4.

dpa: »›Jetzt wisse die Fremde endlich, daß se do sen‹. Die Fernsehserie ›Heimat‹ und ihre Folgen im Hunsrück«. In: Frankfurter Allgemeine Zeitung, 20.10.1984.

Dieter Buslau: »Dorf im Hunsrück wurde durch Fernsehserie zur Touristen-Attraktion«. In: Berliner Morgenpost, 24.10.1984.

Wolfram Schütte: »Neue ›Heimat‹«. In: Frankfurter Rundschau, 24.10.1984.

Wei. (= Birgit Weidinger): »›Es hat was mit Gefühl zu tun . . .‹«. In: Süddeutsche Zeitung, 24.10.1984 (Zuschauer-Echo).

Anna Mikula: »Edgar Reitz, ein Deutscher«. In: Die Zeit, Magazin, 26.10.1984.

Wolfgang Würker: »Schabbach contra Dallas – ›Heimat‹ im Ersten deutschen Fernsehen«. In: epd/Film. 1984. H. 11. S. 4.

Elke Heidenreich: »Was hat Edgar denn?« In: Die Zeit, 16.11.1984.

Wolfgang Sandner: »Ein deutsches Meisterwerk«. In: Frankfurter Allgemeine Zeitung, 18.2.1985. (Zur Vorführung in London).

F. Thorn: »Geschichte auf dem Handteller. Zur Rezeption von Edgar Reitz' ›Heimat‹ in London«. In: Süddeutsche Zeitung, 1.3.1985.

anonym: »Schweigen gebrochen«. In: Der Spiegel, 18.3.1985. (Zu: internationale Rezeption).

Roland Hill: »Blick über den Hunsrück in deutsche Seelen«. In: Stuttgarter Zeitung, 23.3.1985. (Zur Vorführung in London).

Herbert Fritz: »Zurück in die Heimat. Besuch in einem wohlbekannten Dorf«. In: Frankfurter Rundschau, 20.4.1985. (Woppenroth).

Jordan Mejias: »Ärgernisse. ›Heimat‹ in New York«. In: Frankfurter Allgemeine Zeitung, 2.5.1985.

Jürgen Drews: »Heimat – ein Gefühl macht Karriere«. In: HörZu. 1985. H. 31. S. 16 – 18.

Georg Ramsegger: »Für Augenmenschen«. In: Börsenblatt für den deutschen Buchhandel. 1985. H. 80 (8.10.1985). S. 2664 – 2667. (Zum Bildband).

Yael Gouri: »Ich spüre die Brandwunde. Eindrücke einer Israelin von zwölf Tagen in der Bundesrepublik«. In: Südeutsche Zeitung, 23./24.11.1985.

Christoph Hummel: »Eine deutsche Chronik. Drei Bücher zum Fernsehfilm ›Heimat‹«. In: Frankfurter Allgemeine Zeitung, 3.12.1985.

Wolfgang Brenner: »Neues aus der Heimat«. In: tip, Berlin. 1986. H. 10 (1.5.1986). S. 222 – 224. (»Heimat« und die Folgen in Woppenroth).

Gina Thomas: »Ahnungsloser Applaus. Edgar Reitz' ›Heimat‹ im britischen Fernsehen«. In: Frankfurter Allgemeine Zeitung, 2.5.1986.

Johannes Groschupf: »Was einmal Heimat war. Aus den Annalen eines Dorfes, das in den achtziger Jahren als ›Schabbach‹ eine vielbeachteten Filmkarriere machte«. In: Die Zeit, 29.3.1991.

Kritiken

Hans Bachmüller: »Geschichten von unten. Die ersten sechs ›Heimat‹-Teile«. In: epd/Kirche und Rundfunk. 1984. H. 80 (10.10.1984). S. 11–13.

Hans Bachmüller: »Was Fernsehen sein kann, wenn es sich traut. ›Heimat‹ – die fünf weiteren Teile«. In: epd/Kirche und Rundfunk. 1984. H. 86 (31.10.1984). S. 13–16.

Henri de Bresson: »Un pays se trouve âme et refuge«. In: Le Monde, 14.9.1992.

Peter Buchka: »Ein Kinoereignis, das alle Grenzen sprengt«. In: Süddeutsche Zeitung, 3.7.1984.

Spencer Davidson: »Conjuring Thoughts of Home. A West German mini-series catches a growing national mood«. In: Time, 5.11.1984.

Klaus Eder: »Querschnitt durchs Jahrhundert«. In: Deutsche Volkszeitung/die tat, 14.9.1984.

Thomas Elsaesser: »Heimat«. In: Monthly Film Bulletin. 1985. H. 612. S. 48–51.

Effi Horn: »Ein Teppich aus tausend Schicksalen«. In: Rheinischer Merkur, 14.9.1984.

Urs Jenny: »Lebenszeit, neue Zeit, Mitte der Welt«. In: Der Spiegel, 10.9.1984.

Erwin Keusch: »Der Hunsrück als Mitte der Welt«. In: konkret. 1984. H. 9. S. 84–85.

Peter Kurath: »›Requiem der gewöhnlichen Leute‹ als ›gigantisches Fresko‹«. In: Funk-Korrespondenz, 14.9.1984.

Peter Kurath: »Geschichte in Erlebnisse und Gefühle umgewandelt«. In: Zoom. 1984. H. 19. S. 29–33.

Malte Ludin: »Wo der Misthaufen noch friedlich dampft«. In: Deutsches Allgemeines Sonntagsblatt, 16.9.1984.

Derek Malcolm: »A small town in Germany«, In: The Guardian, 14.2.1985.

Louis Marcorelles: »Avec ›Heimat‹, Edgar Reitz confirme l'avènement du téléfilm«. In: Le Monde, 8.9.1984.

Klara Obermüller: »Unheil wabert im Tann«. In: Die Weltwoche, Zürich, 20.9.1984.

Maxine Pollack: »Edgar Reitz Portraying the Impact of War and Time On a Rural German Region«. In: International Herald Tribune, 13.3.1985.

David Robinson: »Home truths«. In: The Times, 4.2.1985.

Wilhelm Roth: »Heimat«. In: epd/Film. 1984. H. 9. S. 36 – 37.

Wolfram Schütte: »Immer wieder: Es war einmal... oder: Kino-Epik (meist auf TV-Pump)«. In: Frankfurter Rundschau, 15.9.1984.

Hans-Dieter Seidel: »Der Hunsrück als Mitte der Welt«. In: Frankfurter Allgemeine Zeitung, 5.7.1984.

Jacques Siclier: »›Heimat‹, le feuilleton de l'Allemagne (1919-1982)«. In: Le Monde, 22.11.1984.

T.T. (= Thomas Thieringer): »Meisterwerk«. In: Frankfurter Rundschau, 1.10.1984.

R.V. (= Ralf Vollmann): »Also, ich lese lieber«. In: Stuttgarter Zeitung, 18.11.1984.

Karsten Witte: »Niemand sucht nach der verlorenen Heimat«. In: Die Zeit, 13.9.1984.

Karsten Witte: »Von der Größe der kleinen Leute«. In: Die Zeit, 14.9.1984.

Aufsätze, Analysen

John Ardagh: »Fassbinder, Herzog and Reitz's ›Heimat‹: triumphs for the Cinderella of German arts«. In: ders., Germany and the Germans. London usw. (Penguin) 1988. S. 287 – 307.

Timothy Garton Ash: »The Life of Death«. In: New York Review of Books, 19.12.1985. Deutsche Übersetzung, gekürzt: »Das Leben des Todes. Anmerkungen zu zwei Arten, die Vergangenheit zu betrachten:

Edgar Reitz' ›Heimat‹ und Claude Lanzmanns ›Shoah‹«. In: die tageszeitung, 15.2.1986.

Peter Buchka: »Weggehen, um anzukommen. Überlegungen zu ›Heimat‹, einem deutschen Filmroman von Edgar Reitz«. In: Süddeutsche Zeitung, 15./16.9.1984.

A. C. (= Alfred Cattani): »›Heimat‹ und Nationalsozialismus«. In: Neue Zürcher Zeitung, 25.10.1984.

»›Deshalb waren unsere Muttis so sympathische Hühner‹ (Edgar Reitz). Diskussion zu ›Heimat‹ mit Friedrich P. Kahlenberg, Gertrud Koch, Klaus Kreimeier, Heide Schlüpmann«. In: Frauen und Film. 1985. H. 38. S. 96 – 106.

Michael E. Geisler: »›Heimat‹ and the German Left: The Anamnesis of a Trauma«. In: New German Critique. 1985. H. 36. S. 25 – 66.

Miriam Hansen (Red.): »Dossier on ›Heimat‹«. In: New German Critique. 1985. H. 36. S. 3 – 24.

Anton Kaes: »Die Sehnsucht nach Identität. Alltagsgeschichte und Erinnerungsarbeit in Edgar Reitz' ›Heimat‹«. In: ders., Deutschlandbilder. München (text + kritik) 1987. S. 171 – 204. Englische Übersetzung: »From Hitler to Heimat. The Return of History as Film«. Cambridge (Harvard University Press) 1989.

Gertrud Koch: »Kann man naiv werden? Zum neuen Heimat-Gefühl«. In: Frauen und Film. 1985. H. 38. S. 107 – 109.

Bernard Nave: »Une Allemagne jamais racontée: les petites gens de 1919 à 1984...« In: Jeune cinéma. 1984. Nr. 162. S. 26 – 29.

Ruth Perlmutter: »German Revisionism: Edgar Reitz's ›Heimat‹«. In: Wide Angle. 1987. H. 3. S. 21 – 37.

Robert C. und Carol J. Reimer: »Nazi-retro Film. How German Narrative Cinema Remembers the Past«. New York (Twayne) 1992. (= Twayne's Filmmakers Series). S. 188 – 192.

Eric L. Santner: »Screen Memories Made in Germany: Edgar Reitz's ›Heimat‹ and the Question of Mourning«. In: ders., Stranded Objects. Ithaca und London (Cornell University Press) 1990. S. 57 – 102.

Eric L. Santner: »On the Difficulty of Saying ›We‹: The Historians' Debate and Edgar Reitz's ›Heimat‹«. In: Bruce A. Murray/Christopher J. Wickham (Hg.): Framing the Past. Carbondale und Edwardsville (Southern Illinois University Press) 1992. S. 261 – 279.

Horst Schäfer: »Respekt vor den Dingen«. In: Walter Schobert/Horst Schäfer (Hg.), Fischer Film Almanach 1985. Frankfurt/M. (Fischer) 1985. (= Fischer Taschenbuch 4456). S. 239 – 253.

ms. (= Martin Schlappner): »Von Wiederfinden und Verlust der Heimat. Anmerkungen zu der Filmserie ›Heimat‹ von Edgar Reitz«. In: Neue Zürcher Zeitung, 20.9.1984.

ms. (= Martin Schlappner): »Vom Vertrauen und vom Misstrauen in die Heimat. Anmerkungen zu Edgar Reitz' epischer Chronik ›Heimat‹«. In: Neue Zürcher Zeitung, 25.10.1984.

Jochen Schmidt-Sasse: »›In die Küch' zu Vadter und Mudter‹. Edgar Reitz' ›Geschichten aus den Hunsrückdörfern‹«. In: Augen-Blick. Themenheft »Heimat«. 1988. H. 5. S. 92 – 112.

Martin Swales: »Symbolik der Wirklichkeit. Zum Film ›Heimat‹«. In: Neue Zürcher Zeitung, 31.5.1991.

Georg Seeßlen: »Made in Germany. ›Heimat‹: Stichworte zu Edgar Reitz' schönem Film«. In: medium. 1984. H. 9. S. 4 – 10.

Andrée Tournès: »... En marge de la grande Histoire«. In: Jeune cinéma. 1984. Nr. 162. S. 29 – 32.

Zu »Die Zweite Heimat«

Drehberichte, Aspekte der Rezeption

Roland Timm: »Neuanfang mit der Utopie im Kopf«. In: Süddeutsche Zeitung, 13./14.1.1990.

Carole Angier: »Edgar Reitz«. In: Sight & Sound. 1991. H. 1. S. 33 – 40.

Ute Thon: »Hermännchens Studienjahre«. In: die tageszeitung, 19.7.1991.

Hilke Rosenboom: »Heimat-Kunde«. In: Stern, TV-Magazin, 4.10.1991.

Gabriella Lorenz: »Schabbach zieht um: Vom Hunsrück in die zweite Heimat München«. In: Abendzeitung, München, 8.11.1991.

Thomas Thieringer: »Hermann in München. ›Die zweite Heimat‹ ist abgedreht«. In: Süddeutsche Zeitung, 8.11.1981.

Ute Fischbach: »Suche nach dem Zuhause«. In: Die Welt, 9.11.1991.

Wilfried Geldner: »552 Drehtage, 46000 Klappen«. In: Süddeutsche Zeitung, 7.9.1992.

Mathes Rehder: »Bilder einer verlorenen Zeit«. In: Hamburger Abendblatt, 26./27.9.1992.

Sten Nadolny: »›Die zweite Heimat‹: Ein Ereignis für alle fünf Sinne«. In: WDR Print. 1992. H. 198 (Oktober 1992). S. 4.

Birgit Weidinger: »›Wann kommt die Dritte Heimat?‹ Eine Aufführung von Edgar Reitz' 26-Stunden-Film in London«. In: Süddeutsche Zeitung, 19.11.1992.

han. (= Joseph Hanimann): »Zeugsein des Zeugs: ›Die zweite Heimat‹ in Frankreich«. In: Frankfurter Allgemeine Zeitung, 2.2.1993.

Bauschmid, Elisabeth: »Süchtig nach der Endlosschleife«. In: Süddeutsche Zeitung, 18.2.1993. (Zur 2. Vorführung im Prinzregententheater).

Viktoria von Schirach: »Heimat due. Edgar Reiz reüssiert in Rom«. In: Frankfurter Rundschau, 2.4.1993.

Kritiken

anonym (= Urs Jenny): »Schwabing ist nicht Schabbach«. In: Der Spiegel. 1992. H. 37 (7.9.1992). S. 258 – 264.

Aline Arénilla/Louis Arénilla: »Une polyphonie dont les personnages sont les voix.« In: La Quinzaine littéraire. 1993. H. 618 (28.2.1993). S. 28 – 29.

Inge Bongers: »Süchtig macht nur das Epos aus Schwabing«. In: Rheinischer Merkur, 11.9.1992.

Philip Brady: »Long shot«. In: The Times Literary Supplement, 4.12.1992.

Robert Fischer: »Vom Verlust der Hybris«. In: die tageszeitung, 12.9.1992.

Eric Hansen: »Die zweite Heimat: Leaving Home«. In: Variety, 7.12.1992.

Simon Hattenstone: »The long way home«. In: The Guardian, 29./30.8.1992.

Günter Jurczyk: »Von Zeit und Menschen«. In: Stuttgarter Zeitung, 11.9.1992.

Tullio Kezich: »Patria, una nostalgia alla tedesca«. In: Corriere della Sera, 18.2.1993.

Andreas Kilb: »Wahre Zeit, falsche Zeit«. In: Die Zeit, 11.9.1992.

Dietrich Leder: »Investition in die Zukunft«. In: Funk-Korrespondenz, 10.9.1992.

Anja Lösel: »Heimat, die süchtig macht«. In: Stern. 1992. H. 38 (10.9.1992). S. 208 – 209.

Derek Malcolm: »A lot of soap but not much froth«. In: The Guardian, 9.9.1992.

Sigrid Nebelung: »Hermännchen ist wieder da«. In: Deutsches Allgemeines Sonntagsblatt, 11.9.1992.

Ponkie: »München schillert – bunt, besoffen und kalt«. In: Abendzeitung, München, 10.9.1992.

Maurizio Porro: »Una patria chiamata Germania«. In: Corriere della Sera, 8.9.1992.

Wolfram Schütte: »Szenen aus dem Leben der Bohème«. In: Frankfurter Rundschau, 3.9.1992.

Hans-Dieter Seidel: »Das Leben, wie es sich begibt«. In: Frankfurter Allgemeine Zeitung, 10.9.1992.

Jacques Siclier: »La seconde patrie«. In: Le Monde, 14.9.1992.

Jacques Siclier: »Les années d' apprentissage de Hermann Simon«. In Le Monde, 4.3.1993.

Giovanni Spagnoletti: »Millestorie della Piccola Patria«. In: il manifesto, 18.2.1993.

Christoph Terhechte: »Nächster Halt Schwabing«. In: tip, Berlin. 1992. H. 20 (7.10.1992). S. 52 – 55. Auch in: berlinaletip. 1993. H. 1 (11.2.1993). S. 22 – 23.

Aufsätze

Carole Angier: »Like life itself«. In: Sight and Sound/The Guardian: London Film Festival Supplement. November 1992. S. 6 – 7.

Peter Buchka: »Die wiedergefundene Zeit«. In: Süddeutsche Zeitung, 10.9.1992.

Frauke Döhring: »Auf und davon und zurück«. In: Deutsches Allgemeines Sonntagsblatt, 5. 3. 1993.

Klaus Eder: »Auf der Suche nach Heimat«. In: Filmbulletin. 1992. H. 5. S. 10 – 24.

Pascale Hugues: »Le feuilleton qui a psychanalysé les Allemands«. In Libération, 16. 12. 1992.

Andreas Kilb: »Scénes de la vie parallèle. Temps et narration dans ›Die Zweite Heimat‹ d'Edgar Reitz«. In: Positif. Januar 1993. S. 64 – 66. (Übersetzung: Michel Sineux).

Dietrich Leder: »Das Ende der Schlipse«. In: film-dienst. 1992. H. 20. S. 36 – 39.

Sten Nadolny: »Fortgehen und sich vollenden«. In: WDR: Presseheft zu »Die Zweite Heimat«. Köln 1991. S. 9 – 12.

Wolfram Schütte: »Eine deutsche ›L'éducation sentimentale‹ in den sechziger Jahren«. In: Frankfurter Rundschau, 19.9.1992.

Reinhold Rauh: »Edgar Reitz. Film als Heimat«. München (Heyne) 1993. (= Heyne Filmbibliothek).

Christopher Schwarz: »Edgar Reitz. Die 2. Heimat« In: Frankfurter Allgemeine Zeitung, Magazin, 2.4.1993

Thomas Thieringer: »Un pays a l'intérieur de soi« In: Le Monde, 14.1.1993. (Übersetzung: Nicole Roethel).

Karsten Visarius: »Die Unvollendeten«. In: epd/Film. 1993. H. 1. S. 16 – 21.

Editorische Notiz, Anmerkungen

Heimat. Ein Entwurf. Erstdruck in: Horst Bienek (Hg.), »Heimat. Neue Erkundungen eines alten Themas«, München 1985.
Die Schönheit der Nebensachen. Die Auszüge aus dem Produktionstagebuch zu »Heimat« wurden erstmals veröffentlich in: Edgar Reitz, »Liebe zum Kino«, Köln 1984.
Die Zweite Heimat. Ein Entwurf. Erstveröffentlichung in diesem Band.
511. Drehtag. Die Eintragung aus dem Produktionstagebuch zu »Die Zweite Heimat« stammt aus dem WDR-Presseheft 1991.
Drehort Heimat. Auszüge aus einem Gespräch, das Michael Töteberg für dieses Buch am 15./16.1. und am 9./10.2.1993 führte.

Anmerkungen zu den Fotos: S. 28/29: Die Drehbuchautoren Edgar Reitz und Peter Steinbach; *S. 65:* Kameramann Gernot Roll; *S. 126/127:* Die Kunst der Maske: Marita Breuer spielt sowohl die siebzehn- wie die siebzigjährige Maria Simon; *S. 160/161:* Der Drehbuchautor und Filmemacher Reinhard Dörr wird von Laszlo I. Kish dargestellt; *S. 170/171:* Christian und Edgar Reitz, Gernot Roll sowie die Darsteller Kurt Weinzierl und Salomme Kammer; *S. 181:* Michael Seyfried (Ansgar) mit seinem Dummy; *S. 193:* Auf dem Kamerakran: Edgar und Christian Reitz; *S. 224/225:* Hannelore Hoger spielt das Fräulein Cerphal; *S. 289:* Der Komponist Nikos Mamangakis
Bildnachweis: Die Dreharbeiten zu »Heimat« fotografierte Christian Reitz; die Aufnahmen zu »Die Zweite Heimat« stammen von Graziano Arci, Rolf von der Heydt und Stefan Spreer. Rechte: Edgar Reitz Filmproduktionsgesellschaft mbH.

Für Hilfe bei der Redaktion des Buches und der Zusammenstellung der Bibliographie hat der Herausgeber Christiane Bornemann und Wilfrid Euler zu danken.

Edgar Reitz, geboren am 1. November 1932 in Morbach (Hunsrück), studierte nach dem Abitur in München Theaterwissenschaft und Kunstgeschichte. Seit Mitte der fünfziger Jahre Filmarbeit, Autor und Regisseur von Kultur-, Dokumentar- und Industriefilmen, daneben intensive Beschäftigung mit der Avantgarde. Mitglied der »Oberhausener Gruppe«, die 1962 bei den Kurzfilmfilmtagen »Papas Kino« für tot erklärte. Gemeinsam mit Alexander Kluge gründet Reitz im folgenden Jahr die Abteilung Film an der Hochschule für Gestaltung in Ulm, wo er bis zur Schließung 1968 Dozent ist. 1965 Kamera bei Kluges Film »Abschied von gestern«, 1966 erster Spielfilm »Mahlzeiten«: Beide Filme begründen den Neuen Deutschen Film. Seit 1971 verfügt er über eine eigene Produktionsfirma, die auch Projekte anderer Regisseure realisiert. Zahlreiche Veröffentlichungen über Filmtheorie und Filmästhetik, gesammelt in dem Band »Liebe zum Kino« (1984).

Für sein Filmschaffen wurde Edgar Reitz mit zahlreichen Preisen ausgezeichnet, u.a. erhielt er für »Heimat« den Fipresci-Preis bei den Filmfestspielen in Venedig, den Berliner und den Londoner Kritiker-Preis, den Bundesfilmpreis, die Goldene Kamera sowie den Adolf-Grimme-Preis in Gold. Die British Film Academy wählte 1986 »Heimat« zum besten ausländischen Film. Für »Die Zweite Heimat« wurde Reitz 1992 mit dem Spezialpreis der Biennale Venedig und dem Kulturellen Ehrenpreis der Stadt München ausgezeichnet.

Filme: *Schicksal einer Oper* (Kurzfilm, zus. mit Bernhard Dörries, 1957/58); *Baumwolle* (Dokumentarfilm, 1959/60); *Yucatan* (Kurzfilm, 1960); *Kommunikation – Technik der Verständigung* (Experimentalfilm, 1961); *Geschwindigkeit. Kino Eins* (Experimentalfilm, 1962/63); *VariaVision* (Kinoexperiment, 1964/65); *Die Kinder* (Kurzfilm, 1966); *Mahlzeiten* (Spielfilm, 1966); *Fußnoten* (experimenteller Spielfilm, 1966/67); *Filmstunde* (Dokumentarfilm, 1968); *Cardillac* (Spielfilm, 1968/69); *Geschichten vom Kübelkind* (Spielfilm-Serie, zus. mit Ula Stöckl, 1969/70); *Kino Zwei* (Fernsehfilm, 1971); *Das goldene Ding* (Spielfilm, zus. mit Ula Stöckl, Alf Brustellin, Nikos Perakis, 1971); *Die Reise nach Wien* (Spielfilm, 1973); *In Gefahr und größter Not bringt der Mittelweg den Tod* (Spielfilm, zus. mit Alexander Kluge, 1974); *Stunde Null* (Spielfilm, 1976); *Deutschland im Herbst* (Omnibus-Film, Episode: *Grenzstation*, 1977/78); *Der Schneider von Ulm* (Spielfilm, 1978); *Geschichten aus den Hunsrückdörfern* (Dokumentarfilm, 1980/81); *Heimat. Eine Chronik in elf Teilen* (Film-Roman, 1981-84); *Filmgeschichte(n). Die Stunde der Filmemacher* (4 Fernsehfilme, zus. mit Alexander Kluge, 1985); *Die Zweite Heimat. Chronik einer Jugend in 13 Filmen* (Film-Roman, 1985-92)

LICHTSPI